1 計算をしなさい。（1つ6点）

① 　435
　＋294

② 　576
　＋385

③ 　658

JN065095

④ 　637
　－482

⑤ 　781
　－597

⑥ 　1825
　－　918

2 かけ算をしなさい。（①〜⑧1つ5点，⑨〜⑫1つ6点）

① 　32
　×　3

② 　48
　×　2

③ 　23
　×　4

④ 　79
　×　6

⑤ 　96
　×　7

⑥ 　87
　×　8

⑦ 　712
　×　　4

⑧ 　926
　×　　3

⑨ 　184
　×　　5

⑩ 　698
　×　　5

⑪ 　889
　×　　9

⑫ 　706
　×　　8

1 計算をしなさい。(1つ5点)

① 3×10

② 10×8

③ 0×0

④ 7×0

⑤ $7 \times 9 + 7$

⑥ $4 \times 9 + 4$

⑦ $9 \times 1 - 9$

⑧ $3 \times 1 - 3$

2 わり算をしなさい。(1つ5点)

① $48 \div 8$

② $54 \div 6$

③ $36 \div 6$

④ $28 \div 7$

⑤ $24 \div 3$

⑥ $20 \div 5$

⑦ $29 \div 6$

⑧ $53 \div 7$

⑨ $34 \div 4$

⑩ $42 \div 8$

⑪ $17 \div 6$

⑫ $67 \div 9$

1 計算をしなさい。(1つ4点)

① 4×0

② 0×7

③ 10×5

④ 6×10

⑤ $8 \times 9 + 8$

⑥ $7 \times 1 - 7$

⑦ $56 \div 7$

⑧ $7 \div 1$

⑨ $0 \div 2$

⑩ $4 \div 4$

2 計算をしなさい。(1つ5点)

①
$$\begin{array}{r} 135 \\ +247 \\ \hline \end{array}$$

②
$$\begin{array}{r} 423 \\ +378 \\ \hline \end{array}$$

③
$$\begin{array}{r} 659 \\ +852 \\ \hline \end{array}$$

④
$$\begin{array}{r} 638 \\ +291 \\ \hline \end{array}$$

⑤
$$\begin{array}{r} 429 \\ +706 \\ \hline \end{array}$$

⑥
$$\begin{array}{r} 538 \\ +962 \\ \hline \end{array}$$

⑦
$$\begin{array}{r} 381 \\ -152 \\ \hline \end{array}$$

⑧
$$\begin{array}{r} 572 \\ -169 \\ \hline \end{array}$$

⑨
$$\begin{array}{r} 843 \\ -675 \\ \hline \end{array}$$

⑩
$$\begin{array}{r} 536 \\ -473 \\ \hline \end{array}$$

⑪
$$\begin{array}{r} 1436 \\ -789 \\ \hline \end{array}$$

⑫
$$\begin{array}{r} 1721 \\ -527 \\ \hline \end{array}$$

1 かけ算をしなさい。(1つ5点)

① $\begin{array}{r} 1\,2 \\ \times\ \ 3 \\ \hline \end{array}$
② $\begin{array}{r} 3\,8 \\ \times\ \ 2 \\ \hline \end{array}$
③ $\begin{array}{r} 7\,5 \\ \times\ \ 4 \\ \hline \end{array}$

④ $\begin{array}{r} 2\,4\,3 \\ \times\ \ \ \ 2 \\ \hline \end{array}$
⑤ $\begin{array}{r} 1\,3\,9 \\ \times\ \ \ \ 7 \\ \hline \end{array}$
⑥ $\begin{array}{r} 6\,3\,7 \\ \times\ \ \ \ 8 \\ \hline \end{array}$

2 わり算をしなさい。(1つ5点)

① $90 \div 3$
② $80 \div 2$

③ $490 \div 7$
④ $640 \div 8$

⑤ $39 \div 3$
⑥ $55 \div 5$

3 計算をしなさい。(1つ5点)

① $\dfrac{2}{3} + \dfrac{1}{3}$
② $\dfrac{1}{5} + \dfrac{3}{5}$

③ $\dfrac{5}{7} + \dfrac{2}{7}$
④ $\dfrac{2}{6} + \dfrac{2}{6}$

⑤ $\dfrac{3}{4} - \dfrac{1}{4}$
⑥ $\dfrac{5}{7} - \dfrac{3}{7}$

⑦ $1 - \dfrac{1}{5}$
⑧ $1 - \dfrac{7}{9}$

3日 4けたの数のたし算の筆算 (1)

3492＋4183 の筆算 <ruby>筆算<rt>ひっさん</rt></ruby>

計算のしかた

❶ 一の位の計算をする

```
  3 4 9 2
+ 4 1 8 3
        5
```

→

❷ 十の位の計算をする

```
  3 4 9 2
+ 4 1 8 3
      7 5
```

→

❸ 百の位の計算をする

```
  3 4 9 2
+ 4 1 8 3
    6 7 5
```

→

❹ 千の位の計算をする

```
  3 4 9 2
+ 4 1 8 3
  7 6 7 5
```

□をうめて，計算のしかたをおぼえよう。

❶ 一の<ruby>位<rt>くらい</rt></ruby>の計算は 2＋3＝① □ で，一の位に
① □ を書きます。

くり上がりが1回
ある計算だよ。

❷ 十の位の計算は 9＋8＝② □ で，十の位に
③ □ を書き，百の位に1くり上げます。

❸ 百の位の計算は 1＋4＋1＝④ □ で，百の位に ④ □ を書きます。

❹ 千の位の計算は 3＋4＝⑤ □ で，千の位に ⑤ □ を書きます。

答えは，3492＋4183＝⑥ □ になります。

おぼえよう けた数の多いときは，筆算をします。たし算の筆算は，くり上がりに<ruby>注<rt>ちゅう</rt></ruby><ruby>意<rt>い</rt></ruby>して，一の位からじゅんに計算していきます。

計算してみよう

1 たし算をしなさい。

①
$$
\begin{array}{r}
2145 \\
+1326 \\
\hline
\end{array}
$$

②
$$
\begin{array}{r}
3053 \\
+4682 \\
\hline
\end{array}
$$

③
$$
\begin{array}{r}
6427 \\
+2940 \\
\hline
\end{array}
$$

④
$$
\begin{array}{r}
8052 \\
+7426 \\
\hline
\end{array}
$$

⑤
$$
\begin{array}{r}
1005 \\
+4789 \\
\hline
\end{array}
$$

⑥
$$
\begin{array}{r}
2714 \\
+5192 \\
\hline
\end{array}
$$

⑦
$$
\begin{array}{r}
7907 \\
+1562 \\
\hline
\end{array}
$$

⑧
$$
\begin{array}{r}
4130 \\
+8734 \\
\hline
\end{array}
$$

⑨
$$
\begin{array}{r}
8246 \\
+1738 \\
\hline
\end{array}
$$

⑩
$$
\begin{array}{r}
6452 \\
+3076 \\
\hline
\end{array}
$$

⑪
$$
\begin{array}{r}
3738 \\
+5611 \\
\hline
\end{array}
$$

⑫
$$
\begin{array}{r}
9055 \\
+5712 \\
\hline
\end{array}
$$

⑬
$$
\begin{array}{r}
2673 \\
+4219 \\
\hline
\end{array}
$$

⑭
$$
\begin{array}{r}
5312 \\
+4296 \\
\hline
\end{array}
$$

⑮
$$
\begin{array}{r}
7603 \\
+1694 \\
\hline
\end{array}
$$

⑯
$$
\begin{array}{r}
8014 \\
+5643 \\
\hline
\end{array}
$$

⑰
$$
\begin{array}{r}
1459 \\
+2318 \\
\hline
\end{array}
$$

⑱
$$
\begin{array}{r}
4721 \\
+4183 \\
\hline
\end{array}
$$

4けたの数のたし算の筆算 (2)

月　日

5638＋2547 の筆算（ひっさん）

計算のしかた

❶ 一の位の計　　❷ 十の位の計　　❸ 百の位の計　　❹ 千の位の計
　算をする　　　　算をする　　　　算をする　　　　算をする

```
   5638          5638          5638          5638
 + 2547    →   + 2547    →   + 2547    →   + 2547
      5            85          185          8185
```

◻︎をうめて，計算のしかたをおぼえよう。

❶ 一の位の計算は 8＋7＝①◻︎ で，一の位に ②◻︎ を書き，十の位に１くり上げます。

くり上がりが2回ある計算だよ。

❷ 十の位の計算は １＋3＋4＝③◻︎ で，十の位に ③◻︎ を書きます。

❸ 百の位の計算は 6＋5＝④◻︎ で，百の位に ⑤◻︎ を書き，千の位に１くり上げます。

❹ 千の位の計算は １＋5＋2＝⑥◻︎ で，千の位に ⑥◻︎ を書きます。

答えは，5638＋2547＝⑦◻︎ になります。

おぼえよう　たし算の筆算は，くり上がりに注意（ちゅうい）して，一の位からじゅんに計算していきます。

7

計算してみよう

1 たし算をしなさい。

① 3275
  +4336

② 1537
  +6829

③ 7063
  +5871

④ 5274
  +3069

⑤ 4725
  +2746

⑥ 8127
  +7639

⑦ 6008
  +2597

⑧ 5632
  +8945

⑨ 7266
  +4571

⑩ 3746
  +1184

⑪ 4683
  +1785

⑫ 5739
  +2714

⑬ 2685
  +3148

⑭ 8350
  +6572

⑮ 4708
  +4613

⑯ 7674
  +1682

⑰ 9315
  +5178

⑱ 8392
  +4085

ふくしゅう テスト (1)

時間▶15分
【はやい10分・おそい20分】

得点

月　　日

合格▶80点

点

1 たし算をしなさい。(①～⑧1つ5点, ⑨～⑱1つ6点)

①
```
  2357
+ 4216
```

②
```
  3044
+ 3487
```

③
```
  5843
+ 1625
```

④
```
  3672
+ 2944
```

⑤
```
  5327
+ 7451
```

⑥
```
  7436
+ 5248
```

⑦
```
  2534
+ 3829
```

⑧
```
  5274
+ 2431
```

⑨
```
  3824
+ 9453
```

⑩
```
  1348
+ 2634
```

⑪
```
  3427
+ 1954
```

⑫
```
  1675
+ 2713
```

⑬
```
  7582
+ 1283
```

⑭
```
  3652
+ 3871
```

⑮
```
  7536
+ 9218
```

⑯
```
  6583
+ 7244
```

⑰
```
  7623
+ 8516
```

⑱
```
  5553
+ 2048
```

ふくしゅう テスト(2)

1 たし算をしなさい。(①～⑧1つ5点, ⑨～⑱1つ6点)

①
$$4518 + 3163$$

②
$$2763 + 5845$$

③
$$4816 + 2637$$

④
$$2753 + 3128$$

⑤
$$5374 + 1252$$

⑥
$$9062 + 8753$$

⑦
$$3964 + 4527$$

⑧
$$6295 + 2377$$

⑨
$$6104 + 8452$$

⑩
$$7682 + 1245$$

⑪
$$2135 + 9408$$

⑫
$$7537 + 1742$$

⑬
$$6534 + 2756$$

⑭
$$4167 + 7525$$

⑮
$$6533 + 5816$$

⑯
$$2793 + 5631$$

⑰
$$3836 + 1921$$

⑱
$$4972 + 8614$$

6日 4けたの数のひき算の筆算 (1)

6524－2361 の筆算

計算のしかた

❶ 一の位の計算をする

```
 6524
-2361
    3
```

→

❷ 十の位の計算をする

```
 6⁴5̸24
-2361
   63
```

→

❸ 百の位の計算をする

```
 6⁴5̸24
-2361
  163
```

→

❹ 千の位の計算をする

```
 6⁴5̸24
-2361
 4163
```

▢をうめて，計算のしかたをおぼえよう。

❶ 一の位の計算は 4－1=▢① で，一の位に ▢① を書きます。

くり下がりが1回ある計算だよ。

❷ 十の位の計算は，2から6はひけないから百の位から1くり下げて，▢②－6=6 で，十の位に ▢③ を書きます。ひかれる数の百の位は，十の位に1くり下げたので▢④ になります。

❸ 百の位の計算は ▢④－3=1 で，百の位に ▢⑤ を書きます。

❹ 千の位の計算は 6－2=▢⑥ で，千の位に ▢⑥ を書きます。
答えは，6524－2361=▢⑦ になります。

おぼえよう　けた数の多いときは，筆算をします。ひき算の筆算は，くり下がりに注意して，一の位からじゅんに計算していきます。

計算してみよう

1 ひき算をしなさい。

①
```
  3462
- 1246
```

②
```
  4875
- 2693
```

③
```
  5384
- 3762
```

④
```
  7456
- 4181
```

⑤
```
  2568
- 1409
```

⑥
```
  8627
- 5713
```

⑦
```
  6029
- 3513
```

⑧
```
  5664
- 3590
```

⑨
```
  7285
- 6178
```

⑩
```
  9537
- 7185
```

⑪
```
  3184
- 2167
```

⑫
```
  6749
- 4826
```

⑬
```
  5376
- 1963
```

⑭
```
  4261
- 2137
```

⑮
```
  8748
- 3672
```

⑯
```
  7068
- 5039
```

⑰
```
  3742
- 1912
```

⑱
```
  6245
- 4193
```

7日 4けたの数のひき算の筆算 (2)

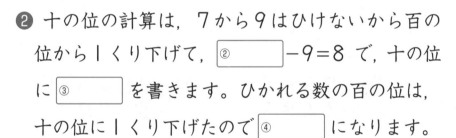

5376－3591 の筆算

計算のしかた

❶ 一の位の計算をする　❷ 十の位の計算をする　❸ 百の位の計算をする　❹ 千の位の計算をする

```
   5376        5376        5376        5376
 － 3591   →  － 3591   →  － 3591   →  － 3591
      5          85         785        1785
```

▭をうめて，計算のしかたをおぼえよう。

❶ 一の位の計算は 6－1＝① ▭ で，一の位に ① ▭ を書きます。

くり下がりが2回ある計算だよ。

❷ 十の位の計算は，7から9はひけないから百の位から1くり下げて，② ▭ －9＝8 で，十の位に ③ ▭ を書きます。ひかれる数の百の位は，十の位に1くり下げたので ④ ▭ になります。

❸ 百の位の計算は，2から5はひけないから千の位から1くり下げて，⑤ ▭ －5＝7 で，百の位に ⑥ ▭ を書きます。ひかれる数の千の位は，百の位に1くり下げたので ⑦ ▭ になります。

❹ 千の位の計算は 4－3＝⑧ ▭ で，千の位に ⑧ ▭ を書きます。

答えは，5376－3591＝⑨ ▭ になります。

おぼえよう ひき算の筆算は，くり下がりに注意して，一の位からじゅんに計算していきます。

13

計算してみよう

1 ひき算をしなさい。

①
```
  7856
- 3187
```

②
```
  5243
- 3528
```

③
```
  4367
- 1693
```

④
```
  3467
- 2849
```

⑤
```
  6562
- 4185
```

⑥
```
  7632
- 5961
```

⑦
```
  5568
- 1794
```

⑧
```
  4735
- 2927
```

⑨
```
  3241
- 1089
```

⑩
```
  8477
- 6198
```

⑪
```
  7364
- 4483
```

⑫
```
  9546
- 5829
```

⑬
```
  6473
- 3756
```

⑭
```
  5137
- 3068
```

⑮
```
  2562
- 1691
```

⑯
```
  4375
- 2983
```

⑰
```
  3764
- 1817
```

⑱
```
  6452
- 1278
```

1 ひき算をしなさい。(①〜⑧1つ5点, ⑨〜⑱1つ6点)

①
$$3165 - 1038$$

②
$$2746 - 1387$$

③
$$5362 - 2748$$

④
$$7682 - 4951$$

⑤
$$4637 - 2728$$

⑥
$$2783 - 1592$$

⑦
$$5763 - 3587$$

⑧
$$4254 - 2739$$

⑨
$$3264 - 1192$$

⑩
$$6473 - 3841$$

⑪
$$7452 - 5891$$

⑫
$$3251 - 1061$$

⑬
$$4263 - 3149$$

⑭
$$7568 - 4694$$

⑮
$$3459 - 1745$$

⑯
$$4567 - 3173$$

⑰
$$5432 - 2761$$

⑱
$$4234 - 1168$$

1 ひき算をしなさい。(①〜⑧1つ5点, ⑨〜⑱1つ6点)

①
$$\begin{array}{r} 5674 \\ -3259 \\ \hline \end{array}$$

②
$$\begin{array}{r} 4637 \\ -1569 \\ \hline \end{array}$$

③
$$\begin{array}{r} 6551 \\ -3827 \\ \hline \end{array}$$

④
$$\begin{array}{r} 3245 \\ -1832 \\ \hline \end{array}$$

⑤
$$\begin{array}{r} 5063 \\ -3245 \\ \hline \end{array}$$

⑥
$$\begin{array}{r} 3406 \\ -2385 \\ \hline \end{array}$$

⑦
$$\begin{array}{r} 2941 \\ -1876 \\ \hline \end{array}$$

⑧
$$\begin{array}{r} 7346 \\ -5828 \\ \hline \end{array}$$

⑨
$$\begin{array}{r} 4536 \\ -3419 \\ \hline \end{array}$$

⑩
$$\begin{array}{r} 5632 \\ -2912 \\ \hline \end{array}$$

⑪
$$\begin{array}{r} 8127 \\ -6363 \\ \hline \end{array}$$

⑫
$$\begin{array}{r} 4768 \\ -2584 \\ \hline \end{array}$$

⑬
$$\begin{array}{r} 2746 \\ -1328 \\ \hline \end{array}$$

⑭
$$\begin{array}{r} 9274 \\ -7683 \\ \hline \end{array}$$

⑮
$$\begin{array}{r} 2634 \\ -1902 \\ \hline \end{array}$$

⑯
$$\begin{array}{r} 5205 \\ -2141 \\ \hline \end{array}$$

⑰
$$\begin{array}{r} 3045 \\ -1783 \\ \hline \end{array}$$

⑱
$$\begin{array}{r} 8452 \\ -7179 \\ \hline \end{array}$$

9日 まとめテスト (1)

1 たし算をしなさい。(①〜④1つ5点, ⑤〜⑨1つ6点)

①　　2146
　　+3418

②　　5237
　　+2381

③　　6432
　　+2635

④　　8364
　　+7213

⑤　　2538
　　+6379

⑥　　3764
　　+8126

⑦　　2452
　　+3557

⑧　　4164
　　+2928

⑨　　7681
　　+3705

2 ひき算をしなさい。(①〜④1つ5点, ⑤〜⑨1つ6点)

①　　3261
　　−1037

②　　8384
　　−2540

③　　4573
　　−3291

④　　8636
　　−3396

⑤　　3638
　　−2369

⑥　　4365
　　−3972

⑦　　2048
　　−1793

⑧　　5370
　　−3468

⑨　　7126
　　−2354

まとめ テスト (2)

1 たし算をしなさい。(①〜④1つ5点, ⑤〜⑨1つ6点)

① 　3749
　+5180

② 　5683
　+7215

③ 　2537
　+4511

④ 　4173
　+4318

⑤ 　4863
　+7096

⑥ 　4525
　+9367

⑦ 　5910
　+4162

⑧ 　3528
　+1705

⑨ 　6483
　+2831

2 ひき算をしなさい。(①〜④1つ5点, ⑤〜⑨1つ6点)

① 　6517
　−3456

② 　4381
　−1090

③ 　3526
　−3217

④ 　8362
　−2181

⑤ 　5318
　−3654

⑥ 　7635
　−5379

⑦ 　6548
　−1839

⑧ 　9483
　−4506

⑨ 　7441
　−3490

10日 4けたの数のたし算の筆算 (3)

4756＋3689 の筆算(ひっさん)

計算のしかた

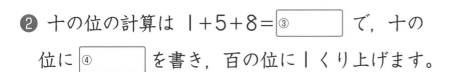

❶ 一の位の計算をする
```
  4756
 +3689
     5
```

❷ 十の位の計算をする
```
  4756
 +3689
    45
```

❸ 百の位の計算をする
```
  4756
 +3689
   445
```

❹ 千の位の計算をする
```
  4756
 +3689
  8445
```

◻︎をうめて，計算のしかたをおぼえよう。

❶ 一の位の計算は 6＋9＝◻︎①　　　で，一の位に ◻︎②　　　を書き，十の位に1くり上げます。

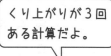
くり上がりが3回 ある計算だよ。

❷ 十の位の計算は 1＋5＋8＝◻︎③　　　で，十の 位に ◻︎④　　　を書き，百の位に1くり上げます。

❸ 百の位の計算は 1＋7＋6＝◻︎⑤　　　で，百の位に ◻︎⑥　　　を書き， 千の位に1くり上げます。

❹ 千の位の計算は 1＋4＋3＝◻︎⑦　　　で，千の位に ◻︎⑦　　　を書き ます。

答えは，4756＋3689＝◻︎⑧　　　になります。

おぼえよう くり上がりが3回あるので，くり上げた1を計算するのをわすれないよ うに注意(ちゅうい)します。

計算してみよう

1 たし算をしなさい。

①
```
  2674
+ 3859
```

②
```
  6257
+ 5384
```

③
```
  7582
+ 8493
```

④
```
  4825
+ 6947
```

⑤
```
  3786
+ 1576
```

⑥
```
  6378
+ 4549
```

⑦
```
  5663
+ 8741
```

⑧
```
  8536
+ 4948
```

⑨
```
  1754
+ 3486
```

⑩
```
  9075
+ 2688
```

⑪
```
  4863
+ 7560
```

⑫
```
  3657
+ 8439
```

⑬
```
  2869
+ 4759
```

⑭
```
  5368
+ 7587
```

⑮
```
  7726
+ 5847
```

⑯
```
  3756
+ 5679
```

⑰
```
  6094
+ 5278
```

⑱
```
  4936
+ 8073
```

11日 4けたの数のたし算の筆算 (4)*

8574＋7968 の筆算

計算のしかた

❶ 一の位の計算をする	❷ 十の位の計算をする	❸ 百の位の計算をする	❹ 千の位の計算をする

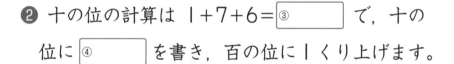

```
    8574          8574          8574          8574
  ＋7968   →    ＋7968   →    ＋7968   →    ＋7968
       2            42           542         16542
```

□をうめて，計算のしかたをおぼえよう。

❶ 一の位の計算は 4＋8＝① [　　　] で，一の位に

② [　　　] を書き，十の位に1くり上げます。

くり上がりが4回
ある計算だよ。

❷ 十の位の計算は 1＋7＋6＝③ [　　　] で，十の

位に④ [　　　] を書き，百の位に1くり上げます。

❸ 百の位の計算は 1＋5＋9＝⑤ [　　　] で，百の位に⑥ [　　　] を書き，

千の位に1くり上げます。

❹ 千の位の計算は 1＋8＋7＝⑦ [　　　] で，千の位に⑧ [　　　]，一万

の位に1を書きます。

答えは，8574＋7968＝⑨ [　　　] になります。

おぼえよう　くり上がりが4回あるので，くり上げた1を計算するのをわすれないように注意します。

計算してみよう

1 たし算をしなさい。

① 　4538
　+7683

② 　3765
　+6345

③ 　5906
　+6097

④ 　6746
　+5485

⑤ 　2675
　+7326

⑥ 　4783
　+8529

⑦ 　3847
　+8357

⑧ 　5643
　+5968

⑨ 　6094
　+4927

⑩ 　8276
　+2795

⑪ 　4867
　+5196

⑫ 　2867
　+9454

⑬ 　8569
　+7958

⑭ 　9978
　+5869

⑮ 　7985
　+8798

⑯ 　9678
　+7859

⑰ 　4826
　+5385

⑱ 　7236
　+2764

12日 ふくしゅうテスト (5)

1 たし算をしなさい。(①〜⑧1つ5点, ⑨〜⑱1つ6点)

①
$$\begin{array}{r} 5263 \\ +3859 \\ \hline \end{array}$$

②
$$\begin{array}{r} 6705 \\ +7348 \\ \hline \end{array}$$

③
$$\begin{array}{r} 7268 \\ +4346 \\ \hline \end{array}$$

④
$$\begin{array}{r} 4568 \\ +9353 \\ \hline \end{array}$$

⑤
$$\begin{array}{r} 6438 \\ +7983 \\ \hline \end{array}$$

⑥
$$\begin{array}{r} 5357 \\ +6247 \\ \hline \end{array}$$

⑦
$$\begin{array}{r} 3846 \\ +7384 \\ \hline \end{array}$$

⑧
$$\begin{array}{r} 5063 \\ +9457 \\ \hline \end{array}$$

⑨
$$\begin{array}{r} 2736 \\ +1565 \\ \hline \end{array}$$

⑩
$$\begin{array}{r} 5762 \\ +8253 \\ \hline \end{array}$$

⑪
$$\begin{array}{r} 5673 \\ +8458 \\ \hline \end{array}$$

⑫
$$\begin{array}{r} 4271 \\ +8449 \\ \hline \end{array}$$

⑬
$$\begin{array}{r} 2748 \\ +8554 \\ \hline \end{array}$$

⑭
$$\begin{array}{r} 2456 \\ +4674 \\ \hline \end{array}$$

⑮
$$\begin{array}{r} 8275 \\ +4736 \\ \hline \end{array}$$

⑯
$$\begin{array}{r} 6540 \\ +3973 \\ \hline \end{array}$$

⑰
$$\begin{array}{r} 5584 \\ +8496 \\ \hline \end{array}$$

⑱
$$\begin{array}{r} 4637 \\ +2394 \\ \hline \end{array}$$

1 たし算をしなさい。(①~⑧1つ5点, ⑨~⑱1つ6点)

①
$$2675 \\ +4685$$

②
$$5634 \\ +8459$$

③
$$8059 \\ +6674$$

④
$$4652 \\ +5763$$

★⑤
$$5679 \\ +6842$$

⑥
$$3849 \\ +7649$$

★⑦
$$4535 \\ +8496$$

⑧
$$6274 \\ +7368$$

⑨
$$4289 \\ +3812$$

⑩
$$4683 \\ +9541$$

★⑪
$$6294 \\ +5726$$

⑫
$$8763 \\ +7158$$

★⑬
$$3495 \\ +6876$$

⑭
$$3275 \\ +5829$$

⑮
$$6283 \\ +5049$$

⑯
$$7682 \\ +4540$$

★⑰
$$3748 \\ +6285$$

⑱
$$5743 \\ +1887$$

13日 4けたの数のひき算の筆算 (3)

7245−2487 の筆算（ひっさん）

計算のしかた

❶ 一の位の計
算をする

❷ 十の位の計
算をする

❸ 百の位の計
算をする

❹ 千の位の計
算をする

```
    3               1 3           6 1 3           6 1 3
  7 2 4̸ 5        7 2 4̸ 5       7̸ 2 4̸ 5        7̸ 2 4̸ 5
− 2 4 8 7      − 2 4 8 7     − 2 4 8 7      − 2 4 8 7
─────────  →  ─────────  →  ─────────  →  ─────────
        8            5 8          7 5 8        4 7 5 8
```

▢をうめて，計算のしかたをおぼえよう。

❶ 一の位（くらい）の計算は，十の位から１くり下げて

　15−7=▢① 　　で，一の位に▢① 　　を書き

ます。ひかれる数の十の位は，一の位に１くり

下げたので▢② 　　になります。

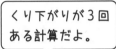
くり下がりが3回
ある計算だよ。

❷ 十の位の計算は，百の位から１くり下げて

　▢③ 　　−8=5 で，十の位に▢④ 　　を書きます。ひかれる数の

百の位は，十の位に１くり下げたので▢⑤ 　　になります。

❸ 百の位の計算は，千の位から１くり下げて▢⑥ 　　−4=7 で，百

の位に▢⑦ 　　を書きます。ひかれる数の千の位は，百の位に１く

り下げたので▢⑧ 　　になります。

❹ 千の位の計算は 6−2=▢⑨ 　　で，千の位に▢⑨ 　　を書きま

す。答えは，7245−2487=▢⑩ 　　になります。

おぼえよう　くり下がりが3回あるので，くり下げた１を計算するのをわすれないよ
うに注意（ちゅうい）します。

1 ひき算をしなさい。

① 7326
－5457

② 4172
－2689

③ 5415
－3528

④ 12653
－ 7364

⑤ 14381
－ 5193

⑥ 18064
－ 9507

⑦ 6236
－5748

⑧ 8745
－3879

⑨ 7263
－4876

⑩ 24057
－ 6875

⑪ 35242
－ 7163

⑫ 5287
－1598

⑬ 4736
－3897

⑭ 9218
－7849

⑮ 15374
－ 8435

⑯ 72480
－ 6194

⑰ 53616
－ 7258

⑱ 94137
－ 3758

4けたの数のひき算の筆算 (4)*

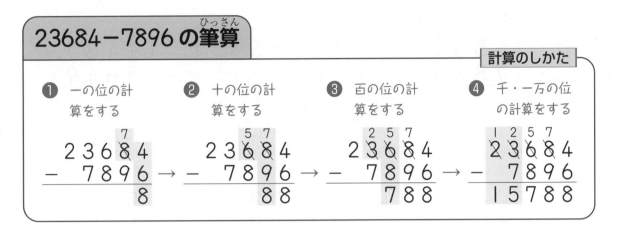

23684−7896 の筆算

計算のしかた

❶ 一の位の計算をする
❷ 十の位の計算をする
❸ 百の位の計算をする
❹ 千・一万の位の計算をする

▭をうめて，計算のしかたをおぼえよう。

❶ 一の位の計算は，十の位から1くり下げて
14−6=▭① で，一の位に▭① を書きます。ひかれる数の十の位は▭② になります。

くり下がりが4回ある計算だよ。

❷ 十の位の計算は，百の位から1くり下げて
▭③ −9=8 で，十の位に▭④ を書きます。ひかれる数の百の位は▭⑤ になります。

❸ 百の位の計算は，千の位から1くり下げて▭⑥ −8=7 で，百の位に▭⑦ を書きます。ひかれる数の千の位は▭⑧ になります。

❹ 千の位の計算は，一万の位から1くり下げて 12−7=▭⑨ で，千の位に▭⑨ を書きます。一万の位は1くり下げたので，一万の位に▭⑩ を書きます。
答えは，23684−7896=▭⑪ になります。

計算してみよう

時間 15分
【はやい10分・おそい20分】
合格 12個
正答
/15個

★
1 ひき算をしなさい。

① 26504
  − 7835

② 13745
  − 6876

③ 11437
  − 5649

④ 30678
  − 4799

⑤ 28403
  − 9628

⑥ 15374
  − 6495

⑦ 21672
  − 7794

⑧ 17430
  − 8675

⑨ 24731
  − 6943

⑩ 12833
  − 4967

⑪ 34522
  − 5849

⑫ 12674
  − 3876

⑬ 27455
  − 8568

⑭ 14561
  − 5782

⑮ 22043
  − 4374

時間 15分 【はやい10分・おそい20分】 得点

合格 80点 　　点

月　　日

1 ひき算をしなさい。(①〜⑤1つ6点, ⑥〜⑮1つ7点)

① 　3845
　−1967

② 　2438
　−1479

③ 　4702
　−3814

④ 　8057
　−5868

⑤ 　25463
　− 7285

⑥ 　17605
　− 8326

⑦ 　52370
　− 9538

⑧ 　60587
　− 5399

⑨ ★ 15483
　− 7596

⑩ ★ 21074
　− 3585

⑪ ★ 32506
　− 7619

⑫ ★ 40620
　− 5743

⑬ ★ 15784
　− 5996

⑭ ★ 27325
　− 8477

⑮ ★ 30052
　− 9368

1 ひき算をしなさい。(①〜⑤1つ6点, ⑥〜⑮1つ7点)

① $$\begin{array}{r} 2567 \\ -1698 \\ \hline \end{array}$$

② $$\begin{array}{r} 3074 \\ -1285 \\ \hline \end{array}$$

③ $$\begin{array}{r} 4316 \\ -3527 \\ \hline \end{array}$$

④ $$\begin{array}{r} 7068 \\ -4679 \\ \hline \end{array}$$

⑤ $$\begin{array}{r} 21342 \\ -5176 \\ \hline \end{array}$$

⑥ $$\begin{array}{r} 14703 \\ -7254 \\ \hline \end{array}$$

⑦ $$\begin{array}{r} 43680 \\ -8752 \\ \hline \end{array}$$

⑧ $$\begin{array}{r} 50476 \\ -6287 \\ \hline \end{array}$$

⑨ $$\begin{array}{r} 16594 \\ -7696 \\ \hline \end{array}$$

⑩ $$\begin{array}{r} 23063 \\ -4765 \\ \hline \end{array}$$

⑪ $$\begin{array}{r} 31604 \\ -5726 \\ \hline \end{array}$$

⑫ $$\begin{array}{r} 40280 \\ -6394 \\ \hline \end{array}$$

⑬ $$\begin{array}{r} 13475 \\ -5879 \\ \hline \end{array}$$

⑭ $$\begin{array}{r} 25436 \\ -7568 \\ \hline \end{array}$$

⑮ $$\begin{array}{r} 50062 \\ -9174 \\ \hline \end{array}$$

1 たし算をしなさい。（①〜④1つ5点, ⑤〜⑨1つ6点）

①
```
  2352
+ 1869
```

②
```
  5624
+ 6490
```

③
```
  3417
+ 8654
```

④
```
  9236
+ 6588
```

⑤ ★
```
  4157
+ 7985
```

⑥ ★
```
  6382
+ 5849
```

⑦ ★
```
  3684
+ 9347
```

⑧ ★
```
  5903
+ 6498
```

⑨ ★
```
  8415
+ 1585
```

2 ひき算をしなさい。（①〜④1つ5点, ⑤〜⑨1つ6点）

①
```
  4253
- 2578
```

②
```
  3311
- 2367
```

③
```
  6480
- 1794
```

④
```
  8526
- 7568
```

⑤ ★
```
  13625
-  9859
```

⑥ ★
```
  22456
-  3658
```

⑦ ★
```
  30571
-  6594
```

⑧ ★
```
  52317
-  8379
```

⑨ ★
```
  20000
-  1234
```

まとめ テスト (4)

1 たし算をしなさい。 (①〜④1つ5点, ⑤〜⑨1つ6点)

①
```
  6472
+ 7953
```

②
```
  8519
+ 4701
```

③
```
  3218
+ 2782
```

④
```
  5386
+ 9467
```

⑤
```
  2934
+ 8098
```

⑥
```
  4573
+ 7669
```

⑦
```
  8462
+ 8758
```

⑧
```
  5167
+ 6954
```

⑨
```
  7468
+ 8536
```

2 ひき算をしなさい。 (①〜④1つ5点, ⑤〜⑨1つ6点)

①
```
  5247
- 3679
```

②
```
  6420
- 2574
```

③
```
  2462
- 1578
```

④
```
  9083
- 6195
```

⑤
```
  30564
-  7586
```

⑥
```
  15320
-  8621
```

⑦
```
  11111
-  2345
```

⑧
```
  48327
-  3749
```

⑨
```
  62505
-  8706
```

17日 10でわるわり算

20÷10，340÷10，7600÷10の計算

計算のしかた

❶ 20÷10
　　=2
) 10でわると，位が1つ下がる
（20の一の位の0をとる）

❷ 340÷10
　　=34
) 10でわると，位が1つ下がる
（340の一の位の0をとる）

❸ 7600÷10
　　=760
) 10でわると，位が1つ下がる
（7600の一の位の0をとる）

☐をうめて，計算のしかたをおぼえよう。

❶ 20を10でわると，位が ① ☐ つ下がるから，20の ② ☐ の位の0をとります。

答えは，20÷10= ③ ☐ になります。

❷ 340を10でわると，位が ④ ☐ つ下がるから，340の ⑤ ☐ の位の0をとります。

答えは，340÷10= ⑥ ☐ になります。

❸ 7600を10でわると，位が ⑦ ☐ つ下がるから，7600の ⑧ ☐ の位の0をとります。

答えは，7600÷10= ⑨ ☐ になります。

おぼえよう | どんな数でも10でわると，位が1つ下がります。一の位の数が0のとき，その一の位の0をとります。

33

1 わり算をしなさい。

① 40÷10　　　　② 90÷10

③ 200÷10　　　④ 700÷10

⑤ 570÷10　　　⑥ 230÷10

⑦ 780÷10　　　⑧ 850÷10

⑨ 1000÷10　　⑩ 3000÷10

⑪ 5000÷10　　⑫ 9000÷10

⑬ 1200÷10　　⑭ 3500÷10

⑮ 6700÷10　　⑯ 8400÷10

⑰ 2450÷10　　⑱ 1670÷10

⑲ 4690÷10　　⑳ 8720÷10

㉑ 10000÷10　㉒ 70000÷10

㉓ 34000÷10　㉔ 62500÷10

㉕ 76920÷10

10 や 100 をかけるかけ算

79×10，79×100 の計算

計算のしかた

❶　79×10
　$= 790$ 〉 10倍すると，位が1つ上がる
　　　　　（79の右に0を1つつける）

❷　79×100
　$= 7900$ 〉 100倍すると，位が2つ上がる
　　　　　（79の右に0を2つつける）

　　　をうめて，計算のしかたをおぼえよう。

❶ 79 を 10 倍すると，位が ① ［　　　］ つ上がるから，79 の右に

　② ［　　　］ を1つつけます。

　答えは，$79 \times 10 =$ ③ ［　　　］ になります。

❷ 79 を 100 倍すると，位が ④ ［　　　］ つ上がるから，79 の右に0を

　⑤ ［　　　］ つつけます。

　答えは，$79 \times 100 =$ ⑥ ［　　　］ になります。

おぼえよう

・どんな数でも 10 倍すると，位が1つ上がります。かけられる数の右に0を1つつけます。

・どんな数でも 100 倍すると，位が2つ上がります。かけられる数の右に0を2つつけます。

計算してみよう

時間 15分
【はやい10分・おそい20分】
合格 18個

正答

/22個

1 かけ算をしなさい。

① 2×10

② 7×10

③ 46×10

④ 80×10

⑤ 300×10

⑥ 500×10

⑦ 207×10

⑧ 875×10

★
⑨ 1000×10

★
⑩ 6850×10

2 かけ算をしなさい。

① 6×100

② 9×100

③ 24×100

④ 73×100

⑤ 80×100

⑥ 60×100

⑦ 100×100

⑧ 400×100

⑨ 349×100

⑩ 917×100

⑪ 241×1000

⑫ 500×1000

1 わり算をしなさい。(1つ4点)

① 30÷10

② 800÷10

③ 460÷10

④ 920÷10

⑤ 7000÷10

⑥ 4000÷10

⑦ 2400÷10

⑧ 7900÷10

⑨ 1750÷10

⑩ 5930÷10

⑪ 40000÷10

⑫ 36000÷10

2 かけ算をしなさい。(1つ4点)

① 9×10

② 30×10

③ 700×10

④ 8376×10

⑤ 4×100

⑥ 50×100

⑦ 96×100

⑧ 31×100

⑨ 7800×100

⑩ 8000×100

⑪ 6×1000

⑫ 27×1000

⑬ 189×1000

1 わり算をしなさい。(1つ4点)

① 50÷10   ② 600÷10

③ 280÷10   ④ 750÷10

⑤ 2000÷10   ⑥ 6000÷10

⑦ 1600÷10   ⑧ 9400÷10

⑨ 1890÷10   ⑩ 7240÷10

⑪ 80000÷10   ⑫ 25000÷10

2 かけ算をしなさい。(1つ4点)

① 85×10   ② 600×10

③ 1740×10   ④ 5284×10

⑤ 46×100   ⑥ 20×100

⑦ 184×100   ⑧ 500×100

⑨ 1234×100   ⑩ 3000×100

⑪ 650×1000   ⑫ 805×1000

⑬ 956×1000

20日 2けたをかけるかけ算の筆算 （1）

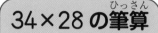
34×28 の筆算

計算のしかた

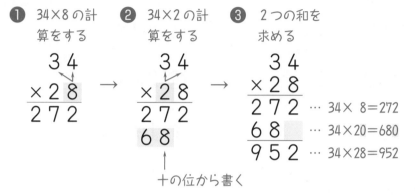

❶ 34×8 の計算をする　❷ 34×2 の計算をする　❸ 2つの和を求める

```
  3 4
× 2 8
  2 7 2  … 34× 8=272
  6 8    … 34×20=680
  9 5 2  … 34×28=952
```

十の位から書く

□をうめて，計算のしかたをおぼえよう。

❶ かけられる数 34 とかける数の ① □ の位の数
8 のかけ算をします。

34×8＝② □ になります。

❷ かけられる数 34 とかける数の ③ □ の位の数
2 のかけ算をします。

34×2＝④ □ になります。このとき，68 の 8 は ⑤ □ の位
に，6 は ⑥ □ の位に書きます。

❸ 272＋680＝⑦ □ の計算をします。

答えは，34×28＝⑦ □

答えが 3 けたになる計算だよ。

おぼえよう

筆算では右のように，位をそろえて書きます。
34×2 の答えの 68 を書くときは，左へ 1 けたずらして十の
位から書いていきます。

```
  3 4
× 2 8
  2 7 2
  6 8
  9 5 2
```

計算してみよう

1 かけ算をしなさい。

① 4×30 ② 8×50

③ 20×40 ④ 30×30

⑤ 16×60 ⑥ 24×20

⑦ 32×30 ⑧ 19×40

2 かけ算をしなさい。

①
$$\begin{array}{r} 14 \\ \times 26 \\ \hline \end{array}$$

②
$$\begin{array}{r} 37 \\ \times 19 \\ \hline \end{array}$$

③
$$\begin{array}{r} 28 \\ \times 27 \\ \hline \end{array}$$

④
$$\begin{array}{r} 19 \\ \times 32 \\ \hline \end{array}$$

⑤
$$\begin{array}{r} 25 \\ \times 24 \\ \hline \end{array}$$

⑥
$$\begin{array}{r} 31 \\ \times 29 \\ \hline \end{array}$$

⑦
$$\begin{array}{r} 8 \\ \times 46 \\ \hline \end{array}$$

⑧
$$\begin{array}{r} 5 \\ \times 88 \\ \hline \end{array}$$

⑨
$$\begin{array}{r} 7 \\ \times 79 \\ \hline \end{array}$$

⑩
$$\begin{array}{r} 9 \\ \times 93 \\ \hline \end{array}$$

⑪
$$\begin{array}{r} 6 \\ \times 75 \\ \hline \end{array}$$

⑫
$$\begin{array}{r} 8 \\ \times 58 \\ \hline \end{array}$$

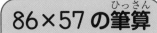 2けたをかけるかけ算の筆算 (2)

86×57の筆算

計算のしかた

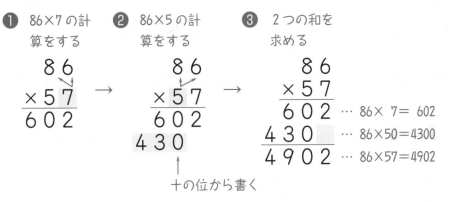

❶ 86×7の計算をする → ❷ 86×5の計算をする → ❸ 2つの和を求める

```
  86              86              86
× 57            × 57            × 57
 602             602             602  … 86× 7= 602
                 430             430   … 86×50=4300
                                4902  … 86×57=4902
```

十の位から書く

☐をうめて，計算のしかたをおぼえよう。

❶ かけられる数86とかける数の ①☐ の位
の数7のかけ算をします。

86×7= ②☐ になります。

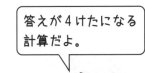

答えが4けたになる計算だよ。

❷ かけられる数86とかける数の ③☐ の位
の数5のかけ算をします。

86×5= ④☐ になります。このとき，430の0は ⑤☐ の位
に，3は ⑥☐ の位に，4は ⑦☐ の位に書きます。

❸ 602+4300= ⑧☐ の計算をします。

答えは，86×57= ⑧☐

おぼえよう

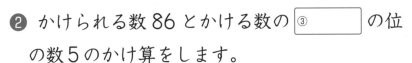

86×5の答えの430を書くときは，左へ1けたずらして
十の位から書いていきます。

```
  86
× 57
 602
 430
4902
```

✏ 計算してみよう

1 かけ算をしなさい。

① 40×70　　　　② 80×50

③ 27×60　　　　④ 59×30

⑤ 84×90　　　　⑥ 65×80

2 かけ算をしなさい。

①
$$\begin{array}{r} 29 \\ \times\ 42 \\ \hline \end{array}$$

②
$$\begin{array}{r} 36 \\ \times\ 47 \\ \hline \end{array}$$

③
$$\begin{array}{r} 58 \\ \times\ 85 \\ \hline \end{array}$$

④
$$\begin{array}{r} 73 \\ \times\ 39 \\ \hline \end{array}$$

⑤
$$\begin{array}{r} 42 \\ \times\ 28 \\ \hline \end{array}$$

⑥
$$\begin{array}{r} 76 \\ \times\ 72 \\ \hline \end{array}$$

⑦
$$\begin{array}{r} 64 \\ \times\ 65 \\ \hline \end{array}$$

⑧
$$\begin{array}{r} 58 \\ \times\ 54 \\ \hline \end{array}$$

⑨
$$\begin{array}{r} 94 \\ \times\ 37 \\ \hline \end{array}$$

⑩
$$\begin{array}{r} 76 \\ \times\ 85 \\ \hline \end{array}$$

⑪
$$\begin{array}{r} 43 \\ \times\ 67 \\ \hline \end{array}$$

⑫
$$\begin{array}{r} 92 \\ \times\ 98 \\ \hline \end{array}$$

⑬
$$\begin{array}{r} 60 \\ \times\ 56 \\ \hline \end{array}$$

⑭
$$\begin{array}{r} 90 \\ \times\ 49 \\ \hline \end{array}$$

1 かけ算をしなさい。(1つ5点)

① 3×20　　　　② 7×80

③ 50×60　　　　④ 90×70

⑤ 27×30　　　　⑥ 14×60

⑦ 54×70　　　　⑧ 93×80

2 かけ算をしなさい。(1つ5点)

①　　　 4　　②　　　 8　　③　　　 7　　④　　 14
　　 $\times 27$　　　　 $\times 93$　　　　 $\times 68$　　　 $\times 19$

⑤　　 26　　⑥　　 42　　⑦　　 76　　⑧　　 98
　　 $\times 29$　　　 $\times 56$　　　 $\times 55$　　　 $\times 64$

⑨　　 87　　⑩　　 50　　⑪　　 70　　⑫　　 80
　　 $\times 99$　　　 $\times 76$　　　 $\times 67$　　　 $\times 96$

ふくしゅう テスト (12)

1 かけ算をしなさい。(1つ5点)

① 6×50　　　② 9×90

③ 70×80　　④ 60×60

⑤ 68×70　　⑥ 97×90

2 かけ算をしなさい。(1つ5点)

① 5 ×58　② 8 ×74　③ 9 ×87　④ 16 ×16

⑤ 24 ×27　⑥ 32 ×48　⑦ 44 ×55　⑧ 61 ×83

⑨ 73 ×96　⑩ 84 ×75　⑪ 28 ×93　⑫ 97 ×98

⑬ 60 ×45　⑭ 90 ×93

44

1 わり算をしなさい。(1つ4点)

① $70 \div 10$　　　　　② $500 \div 10$

③ $670 \div 10$　　　　④ $8000 \div 10$

★
⑤ $18000 \div 10$

2 かけ算をしなさい。(1つ4点)

① 70×10　　　　　② 580×10

③ 5×100　　　　　④ 61×100

⑤ 900×100　　　　⑥ 20×1000

3 かけ算をしなさい。(①②1つ4点, ③〜⑩1つ6点)

① 35×20　　　　　② 74×60

③
$$\begin{array}{r} 28 \\ \times 14 \\ \hline \end{array}$$
④
$$\begin{array}{r} 36 \\ \times 25 \\ \hline \end{array}$$
⑤
$$\begin{array}{r} 8 \\ \times 47 \\ \hline \end{array}$$
⑥
$$\begin{array}{r} 9 \\ \times 83 \\ \hline \end{array}$$

⑦
$$\begin{array}{r} 74 \\ \times 38 \\ \hline \end{array}$$
⑧
$$\begin{array}{r} 65 \\ \times 89 \\ \hline \end{array}$$
⑨
$$\begin{array}{r} 46 \\ \times 28 \\ \hline \end{array}$$
⑩
$$\begin{array}{r} 53 \\ \times 96 \\ \hline \end{array}$$

まとめテスト (6)

時間 20分
【はやい15分・おそい25分】
得点
合格 80点
点

1 わり算をしなさい。(1つ4点)

① 80÷10

② 490÷10

③ 3000÷10

④ 7230÷10

★
⑤ 51640÷10

2 かけ算をしなさい。(1つ4点)

① 6×10

② 90×10

③ 821×10

④ 35×100

⑤ 510×100

★
⑥ 4762×100

3 かけ算をしなさい。(①②1つ4点, ③〜⑩1つ6点)

① 19×50

② 49×80

③
$$\begin{array}{r} 17 \\ \times\ 25 \\ \hline \end{array}$$

④
$$\begin{array}{r} 28 \\ \times\ 33 \\ \hline \end{array}$$

⑤
$$\begin{array}{r} 5 \\ \times\ 64 \\ \hline \end{array}$$

⑥
$$\begin{array}{r} 4 \\ \times\ 96 \\ \hline \end{array}$$

⑦
$$\begin{array}{r} 19 \\ \times\ 80 \\ \hline \end{array}$$

⑧
$$\begin{array}{r} 76 \\ \times\ 58 \\ \hline \end{array}$$

⑨
$$\begin{array}{r} 42 \\ \times\ 65 \\ \hline \end{array}$$

⑩
$$\begin{array}{r} 99 \\ \times\ 77 \\ \hline \end{array}$$

24日 2けたをかけるかけ算の筆算 (3)

146×68の筆算

計算のしかた

❶ 146×8の計算をする

```
  1 4 6
×   6 8
  1 1 6 8
```

→

❷ 146×6の計算をする

```
  1 4 6
×   6 8
  1 1 6 8
  8 7 6
```
↑
十の位から書く

→

❸ 2つの和を求める

```
  1 4 6
×   6 8
  1 1 6 8    … 146× 8=1168
  8 7 6      … 146×60=8760
  9 9 2 8    … 146×68=9928
```

をうめて，計算のしかたをおぼえよう。

❶ かけられる数 146 とかける数の ① □ の位
の数8のかけ算をします。

146×8= ② □ になります。

（3けた）×（2けた）
＝（4けた）になる
計算だよ。

❷ かけられる数 146 とかける数の ③ □ の位
の数6のかけ算をします。

146×6= ④ □ になります。このとき，876の6は ⑤ □ の
位に，7は ⑥ □ の位に，8は ⑦ □ の位に書きます。

❸ 1168+8760= ⑧ □ の計算をします。

答えは，146×68= ⑧ □

おぼえよう

146×6の答えの876を書くときは，左へ1けたずらし
て十の位から書いていきます。

```
    1 4 6
×     6 8
  1 1 6 8
  8 7 6
  9 9 2 8
```

計算してみよう

1 かけ算をしなさい。

① 400×20　　　② 300×30

2 かけ算をしなさい。

① 　234
　×　30

② 　187
　×　50

③ 　308
　×　20

④ 　196
　×　40

⑤ 　267
　×　30

⑥ 　138
　×　56

⑦ 　176
　×　34

⑧ 　194
　×　17

⑨ 　207
　×　38

⑩ 　254
　×　39

⑪ 　293
　×　21

⑫ 　195
　×　34

⑬ 　188
　×　49

⑭ 　150
　×　46

⑮ 　290
　×　29

25日 2けたをかけるかけ算の筆算（4）

469×87の筆算

計算のしかた

① 469×7の計算をする

```
  4 6 9
× 8 7
3 2 8 3
```

→ ② 469×8の計算をする

```
  4 6 9
× 8 7
3 2 8 3
3 7 5 2
```

↑
十の位から書く

→ ③ 2つの和を求める

```
    4 6 9
×   8 7
  3 2 8 3   … 469× 7= 3283
3 7 5 2     … 469×80=37520
4 0 8 0 3   … 469×87=40803
```

◯をうめて，計算のしかたをおぼえよう。

❶ かけられる数 469 とかける数の ① ⬚ の位の数7のかけ算をします。

469×7= ② ⬚ になります。

（3けた）×（2けた）＝（5けた）になる計算だよ。

❷ かけられる数 469 とかける数の ③ ⬚ の位の数8のかけ算をします。

469×8= ④ ⬚ になります。このとき，3752の2は ⑤ ⬚ の位に，5は ⑥ ⬚ の位に，7は ⑦ ⬚ の位に，3は ⑧ ⬚ の位に書きます。

❸ 3283+37520= ⑨ ⬚ の計算をします。

答えは，469×87= ⑨ ⬚

おぼえよう

469×8の答えの3752を書くときは，左へ1けたずらして十の位から書いていきます。

```
    4 6 9
×   8 7
  3 2 8 3
3 7 5 2
4 0 8 0 3
```

計算してみよう

1 かけ算をしなさい。

① 600×70　　　　② 800×50

2 かけ算をしなさい。

①
```
   294
×   80
```

②
```
   376
×   50
```

③
```
   537
×   90
```

④
```
   718
×   70
```

⑤
```
   908
×   60
```

⑥
```
   197
×   62
```

⑦
```
   456
×   75
```

⑧
```
   774
×   97
```

⑨
```
   549
×   43
```

⑩
```
   375
×   84
```

⑪
```
   823
×   66
```

⑫
```
   918
×   76
```

⑬
```
   649
×   93
```

⑭
```
   706
×   27
```

⑮
```
   904
×   59
```

26日 ふくしゅう テスト (13)

1 かけ算をしなさい。(1つ5点)

① 200×30　　　　② 500×60

③ 900×80　　　　④ 700×70

⑤ 100×16　　　　⑥ 100×57

2 かけ算をしなさい。(①②1つ5点, ③〜⑫1つ6点)

①　　173
　×　 40

②　　462
　×　 70

③　　887
　×　 90

④　　136
　×　 43

⑤　　198
　×　 16

⑥　　314
　×　 29

⑦　　257
　×　 59

⑧　　526
　×　 78

⑨　　499
　×　 86

⑩　　737
　×　 94

⑪　　945
　×　 62

⑫　　602
　×　 75

ふくしゅう テスト (14)

1 かけ算をしなさい。(1つ5点)

① 100×28　　　② 100×75

2 かけ算をしなさい。(1つ6点)

①
```
   186
×   50
```

②
```
   327
×   70
```

③
```
   959
×   80
```

④
```
   380
×   19
```

⑤
```
   430
×   62
```

⑥
```
   970
×   78
```

⑦
```
   287
×   26
```

⑧
```
   368
×   17
```

⑨
```
   196
×   32
```

⑩
```
   423
×   44
```

⑪
```
   575
×   68
```

⑫
```
   444
×   55
```

⑬
```
   978
×   96
```

⑭
```
   206
×   29
```

⑮
```
   507
×   68
```

$\frac{1}{10}$ の位までの小数のたし算

0.8＋0.6 の計算, 1.7＋1.5 の筆算

計算のしかた

❶ 0.8＋0.6 → 0.1 が (8＋6) こ → 0.1 が 14 こ → 1.4
　　　　　　　　└─ 0.1 がいくつあるかを考える

❷ 位をそろ　　❸ $\frac{1}{10}$ の位の　❹ 一の位の計　❺ 答えの小数
　えて書く　　　計算をする　　　算をする　　　点をうつ

$$\begin{array}{r} 1.7 \\ +1.5 \\ \hline \end{array} \rightarrow \begin{array}{r} 1.7 \\ +1.5 \\ \hline 2 \end{array} \rightarrow \begin{array}{r} 1.7 \\ +1.5 \\ \hline 32 \end{array} \rightarrow \begin{array}{r} 1.7 \\ +1.5 \\ \hline 3.2 \end{array}$$

　　　　　　　　　　　　　　　　　　　　　↑
　　　　　　　　　　　　　　　　　　上の小数点にそろえる

◻ をうめて, 計算のしかたをおぼえよう。

❶ 0.8 は 0.1 が 8 こ, 0.6 は 0.1 が ① ◻ こあるから, ぜんぶで

0.1 が ② ◻ こあります。

答えは, 0.8＋0.6＝③ ◻

❷ 小数のたし算の筆算では, 位をそろえて書きます。

❸ $\frac{1}{10}$ の位の計算は 7＋5＝④ ◻ で, $\frac{1}{10}$ の位に ⑤ ◻ を書

き, 一の位に 1 くり上げます。

❹ 一の位の計算は 1＋1＋1＝⑥ ◻ で, 一の位に ⑥ ◻ を書き

ます。

❺ 上の小数点にそろえて, 答えの ⑦ ◻ をうちます。

答えは, 1.7＋1.5＝⑧ ◻

おぼえよう　筆算をするときは, 整数のたし算と同じように計算し, 答えの小数点は
上の小数点にそろえてうちます。

53

計算してみよう

1 たし算をしなさい。

① 0.2+0.4　　② 0.7+0.9

③ 0.8+0.1　　④ 0.5+0.6

⑤ 0.3+0.7　　⑥ 1.4+0.5

⑦ 2+0.8　　⑧ 0.6+4

⑨ 1.3+2.5　　⑩ 4.7+2.8

2 たし算をしなさい。

① 　 0.1
　 ＋0.3

② 　 0.8
　 ＋0.2

③ 　 0.4
　 ＋0.5

④ 　 0.6
　 ＋0.7

⑤ 　 1.1
　 ＋0.4

⑥ 　 0.8
　 ＋3

⑦ 　 0.7
　 ＋4.2

⑧ 　 6.1
　 ＋0.9

⑨ 　 5
　 ＋2.3

⑩ 　 3.2
　 ＋5.1

⑪ 　 7.4
　 ＋1.7

⑫ 　 2.6
　 ＋4.8

28日 $\frac{1}{10}$ の位までの小数のひき算

1.3−0.7 の計算，2.4−1.6 の筆算

計算のしかた

❶ 1.3−0.7 → 0.1 が (13−7) こ → 0.1 が 6 こ → 0.6
└ 0.1 がいくつあるかを考える

❷ 位をそろえて書く

❸ $\frac{1}{10}$ の位の計算をする

❹ 一の位の計算をする

❺ 答えの小数点をうつ

```
  2.4          1            1
 −1.6    →    2.4    →     2.4    →    2.4
             −1.6         −1.6        −1.6
                8          08         0.8
                                       ↑
                            上の小数点にそろえる
```

☐をうめて，計算のしかたをおぼえよう。

❶ 1.3 は 0.1 が 13 こ，0.7 は 0.1 が ① ☐ こあります。1.3 から
0.7 をひくと，0.1 が ② ☐ こだから，0.6 になります。
答えは，1.3−0.7＝③ ☐

❷ 小数のひき算の筆算では，位をそろえて書きます。

❸ $\frac{1}{10}$ の位の計算は，一の位から 1 くり下げて 14−6＝④ ☐ で，
$\frac{1}{10}$ の位に ④ ☐ を書きます。ひかれる数の一の位は，$\frac{1}{10}$ の位
に 1 くり下げたので ⑤ ☐ になります。

❹ 一の位の計算は 1−1＝⑥ ☐ で，一の位に ⑥ ☐ を書きます。

❺ 上の小数点にそろえて，答えの ⑦ ☐ をうちます。
答えは，2.4−1.6＝⑧ ☐

計算してみよう

1 ひき算をしなさい。

① 0.7 − 0.2

② 0.5 − 0.3

③ 1.4 − 0.3

④ 2.6 − 0.8

⑤ 5.3 − 0.7

⑥ 4 − 0.1

⑦ 2.5 − 2

⑧ 7.6 − 2.3

⑨ 3.4 − 1.2

⑩ 5.7 − 2.9

2 ひき算をしなさい。

①　　0.4
　 − 0.3

②　　0.8
　 − 0.5

③　　2.4
　 − 0.2

④　　3.2
　 − 0.7

⑤　　5.5
　 − 0.5

⑥　　7
　 − 3.2

⑦　　4.3
　 − 2

⑧　　8.1
　 − 8

⑨　　5.2
　 − 1.2

⑩　　7.5
　 − 3.6

⑪　　9.7
　 − 4.6

⑫　　6.1
　 − 2.9

1 たし算をしなさい。(①～⑤1つ4点, ⑥～⑪1つ5点)

① $0.3+0.2$

② $1.7+0.5$

③ $4+0.8$

④ $0.6+9$

⑤ $3.6+2.2$

⑥ $\begin{array}{r} 0.2 \\ +\,0.4 \\ \hline \end{array}$

⑦ $\begin{array}{r} 0.7 \\ +\,0.3 \\ \hline \end{array}$

⑧ $\begin{array}{r} 6 \\ +\,0.5 \\ \hline \end{array}$

⑨ $\begin{array}{r} 0.7 \\ +\,9 \\ \hline \end{array}$

⑩ $\begin{array}{r} 4.3 \\ +\,5.4 \\ \hline \end{array}$

⑪ $\begin{array}{r} 7.8 \\ +\,1.3 \\ \hline \end{array}$

2 ひき算をしなさい。(①～⑤1つ4点, ⑥～⑪1つ5点)

① $0.5-0.1$

② $2.7-0.4$

③ $6.8-2$

④ $3.3-1.3$

⑤ $7.3-5.9$

⑥ $\begin{array}{r} 0.6 \\ -\,0.3 \\ \hline \end{array}$

⑦ $\begin{array}{r} 0.5 \\ -\,0.2 \\ \hline \end{array}$

⑧ $\begin{array}{r} 4.7 \\ -\,0.4 \\ \hline \end{array}$

⑨ $\begin{array}{r} 5 \\ -\,0.8 \\ \hline \end{array}$

⑩ $\begin{array}{r} 6.9 \\ -\,3.1 \\ \hline \end{array}$

⑪ $\begin{array}{r} 8.2 \\ -\,5.6 \\ \hline \end{array}$

ふくしゅう テスト (16)

1 たし算をしなさい。(①～⑤1つ4点, ⑥～⑪1つ5点)

① $0.6+0.1$　　　　　② $0.3+2.4$

③ $0.4+7$　　　　　　④ $5+0.8$

⑤ $3.2+5.9$

⑥ $\begin{array}{r} 0.3 \\ +0.6 \\ \hline \end{array}$　⑦ $\begin{array}{r} 0.5 \\ +0.1 \\ \hline \end{array}$　⑧ $\begin{array}{r} 4 \\ +0.2 \\ \hline \end{array}$　⑨ $\begin{array}{r} 0.8 \\ +5 \\ \hline \end{array}$

⑩ $\begin{array}{r} 5.2 \\ +3.7 \\ \hline \end{array}$　⑪ $\begin{array}{r} 6.6 \\ +2.9 \\ \hline \end{array}$

2 ひき算をしなさい。(①～⑤1つ4点, ⑥～⑪1つ5点)

① $0.4-0.3$　　　　　② $0.8-0.3$

③ $5.6-0.1$　　　　　④ $3-0.8$

⑤ $8.1-4.7$

⑥ $\begin{array}{r} 0.9 \\ -0.5 \\ \hline \end{array}$　⑦ $\begin{array}{r} 0.8 \\ -0.3 \\ \hline \end{array}$　⑧ $\begin{array}{r} 4.6 \\ -4 \\ \hline \end{array}$　⑨ $\begin{array}{r} 7.7 \\ -0.2 \\ \hline \end{array}$

⑩ $\begin{array}{r} 5 \\ -0.9 \\ \hline \end{array}$　⑪ $\begin{array}{r} 6.2 \\ -4.8 \\ \hline \end{array}$

30日 まとめテスト (7)

1 かけ算をしなさい。(1つ5点)

① 　173
　　× 40

② 　409
　　× 20

③ 　187
　　× 30

④ 　195
　　× 32

⑤ 　286
　　× 78

⑥ 　618
　　× 95

⑦ 　704
　　× 80

⑧ 　935
　　× 64

2 たし算をしなさい。(1つ5点)

① 0.2+0.3

② 2.5+0.7

③ 6+0.9

④ 8.2+1.4

⑤ 　0.5
　+0.3

⑥ 　2
　+3.7

3 ひき算をしなさい。(1つ5点)

① 0.7-0.4

② 1-0.3

③ 3.8-1.5

④ 4.1-2.6

⑤ 　0.9
　-0.2

⑥ 　2.5
　-1.3

まとめテスト (8)

1 かけ算をしなさい。(1つ5点)

①
$$\begin{array}{r} 245 \\ \times\ \ 40 \\ \hline \end{array}$$

②
$$\begin{array}{r} 155 \\ \times\ \ 60 \\ \hline \end{array}$$

③
$$\begin{array}{r} 129 \\ \times\ \ 50 \\ \hline \end{array}$$

④
$$\begin{array}{r} 193 \\ \times\ \ 29 \\ \hline \end{array}$$

⑤
$$\begin{array}{r} 256 \\ \times\ \ 38 \\ \hline \end{array}$$

⑥
$$\begin{array}{r} 547 \\ \times\ \ 83 \\ \hline \end{array}$$

⑦
$$\begin{array}{r} 845 \\ \times\ \ 72 \\ \hline \end{array}$$

⑧
$$\begin{array}{r} 603 \\ \times\ \ 85 \\ \hline \end{array}$$

2 たし算をしなさい。(1つ5点)

① $0.5+0.9$

② $4.2+0.3$

③ $1.8+7$

④ $7.9+1.1$

⑤
$$\begin{array}{r} 1.4 \\ +6\ \ \\ \hline \end{array}$$

⑥
$$\begin{array}{r} 3.8 \\ +5.3 \\ \hline \end{array}$$

3 ひき算をしなさい。(1つ5点)

① $1.8-0.2$

② $1.5-0.7$

③ $3.4-1.4$

④ $6.8-5.9$

⑤
$$\begin{array}{r} 5\ \ \\ -2.8 \\ \hline \end{array}$$

⑥
$$\begin{array}{r} 9.6 \\ -2.9 \\ \hline \end{array}$$

進級テスト (1)

1 計算をしなさい。(1つ3点)

① 　2745
　　+4631

② 　3682
　　+7253

③ 　6517
　　+2946

④ 　5364
　　+3879

⑤ 　7285
　　+6397

★⑥ 　8649
　　+7895

⑦ 　3427
　　−1264

⑧ 　7406
　　−2813

⑨ 　9530
　　−4682

★⑩ 　12845
　　−　3276

★⑪ 　15603
　　−　7845

★⑫ 　34746
　　−　8958

2 わり算をしなさい。(1つ2点)

① 90÷10

② 180÷10

③ 830÷10

④ 9500÷10

⑤ 1230÷10

⑥ 4850÷10

★⑦ 60000÷10

★⑧ 37000÷10

3 かけ算をしなさい。(1つ2点)

① 5×10

② 40×10

③ 2×100

④ 520×100

⑤ 3×60

⑥ 40×20

4 かけ算をしなさい。(①〜④1つ2点, ⑤〜⑧1つ3点)

①
```
      4
 ×  2 3
```

②
```
      5
 ×  7 6
```

③
```
    1 3
 ×  4 2
```

④
```
    6 4
 ×  7 9
```

⑤
```
    1 2 1
 ×     5 4
```

⑥
```
    3 5 1
 ×     2 5
```

⑦
```
    6 2 8
 ×     5 3
```

⑧
```
    4 7 8
 ×     2 6
```

5 計算をしなさい。(1つ2点)

① 0.5+0.3

② 7+0.4

③ 0.9−0.6

④ 2.8−0.2

⑤
```
    0.7
 + 0.8
```

⑥
```
    4.5
 + 3.2
```

⑦
```
    3.4
 − 1.7
```

⑧
```
      8
 − 5.3
```

進級テスト(2)

1 計算をしなさい。(1つ3点)

①
```
  1543
+ 3429
```

②
```
  6392
+ 3805
```

③
```
  5147
+ 5926
```

④
```
  4812
+ 7289
```

⑤
```
  8632
+ 6057
```

⑥
```
  4356
+ 2918
```

⑦
```
  5264
- 2581
```

⑧
```
  7690
- 4256
```

⑨
```
  6342
- 1878
```

⑩
```
  14751
-  3967
```

⑪
```
  20635
-  8246
```

⑫
```
  42385
-  5799
```

2 わり算をしなさい。(1つ2点)

① 60÷10

② 300÷10

③ 510÷10

④ 4000÷10

⑤ 1720÷10

⑥ 8940÷10

⑦ 20000÷10

⑧ 63000÷10

3 かけ算をしなさい。(1つ2点)

① 52×10

② 490×10

③ 34×100

④ 214×1000

⑤ 70×30

⑥ 830×20

4 かけ算をしなさい。(①〜④1つ2点, ⑤〜⑧1つ3点)

①
```
    6
×  2 8
```

②
```
    4
×  9 5
```

③
```
   4 6
×  2 9
```

④
```
   7 4
×  8 3
```

⑤
```
   1 2 8
×    4 7
```

⑥
```
   3 0 8
×    3 7
```

⑦
```
   5 3 0
×    5 4
```

⑧
```
   8 3 5
×    7 8
```

5 計算をしなさい。(1つ2点)

① 1.3+0.6

② 4.8+5

③ 6.7−2.3

④ 2.1−1.5

⑤
```
   3
+2.4
```

⑥
```
 6.8
+2.7
```

⑦
```
 7.2
− 4
```

⑧
```
 9.4
−3.2
```

進級テスト (3)

1 計算をしなさい。(1つ3点)

① 　1845
　　+9560

② 　5269
　　+4731

③ 　5743
　　+2845

④ 　6402
　　+7269

⑤ 　2584
　　+4927

⑥ 　3816
　　+8496

⑦ 　5748
　　−2193

⑧ 　7308
　　−2109

⑨ 　9245
　　−3678

⑩ 　34156
　　−　8317

⑪ 　23402
　　−　6407

⑫ 　62536
　　−　5983

2 わり算をしなさい。(1つ2点)

① 10÷10

② 400÷10

③ 330÷10

④ 6000÷10

⑤ 4600÷10

⑥ 3810÷10

⑦ 58000÷10

⑧ 91420÷10

3 かけ算をしなさい。(1つ2点)

① 500×10

② 372×1000

③ 30×100

④ 628×100

⑤ 97×80

⑥ 400×60

4 かけ算をしなさい。(①～④1つ2点, ⑤～⑧1つ3点)

①
$$\begin{array}{r} 7 \\ \times 81 \\ \hline \end{array}$$

②
$$\begin{array}{r} 9 \\ \times 64 \\ \hline \end{array}$$

③
$$\begin{array}{r} 24 \\ \times 25 \\ \hline \end{array}$$

④
$$\begin{array}{r} 66 \\ \times 18 \\ \hline \end{array}$$

⑤
$$\begin{array}{r} 381 \\ \times\ \ 97 \\ \hline \end{array}$$

⑥
$$\begin{array}{r} 987 \\ \times\ \ 72 \\ \hline \end{array}$$

⑦
$$\begin{array}{r} 246 \\ \times\ \ 40 \\ \hline \end{array}$$

⑧
$$\begin{array}{r} 643 \\ \times\ \ 56 \\ \hline \end{array}$$

5 計算をしなさい。(1つ2点)

① 3.8＋6.1

② 4.5＋2.7

③ 7－5.8

④ 9.3－2.9

⑤
$$\begin{array}{r} 5 \\ +3.4 \\ \hline \end{array}$$

⑥
$$\begin{array}{r} 7.2 \\ +2.8 \\ \hline \end{array}$$

⑦
$$\begin{array}{r} 4.6 \\ -1.6 \\ \hline \end{array}$$

⑧
$$\begin{array}{r} 4.6 \\ -3.8 \\ \hline \end{array}$$

答 え

計算 **8級**

●1ページ

1 ①729 ②961 ③1427 ④155 ⑤184
⑥907

2 ①96 ②96 ③92 ④474 ⑤672
⑥696 ⑦2848 ⑧2778 ⑨920 ⑩3490
⑪8001 ⑫5648

●2ページ

1 ①30 ②80 ③0 ④0 ⑤70 ⑥40
⑦0 ⑧0

2 ①6 ②9 ③6 ④4 ⑤8 ⑥4
⑦4あまり5 ⑧7あまり4 ⑨8あまり2
⑩5あまり2 ⑪2あまり5 ⑫7あまり4

◆チェックポイント 余りのあるわり算では,「余りはわる数より常に小さい」ことに着目させてください。
⑨34÷4で,4×7+6=34 だからといって,「34÷4=7 あまり6」としてはいけません。

●3ページ

1 ①0 ②0 ③50 ④60 ⑤80 ⑥0 ⑦8
⑧7 ⑨0 ⑩1

2 ①382 ②801 ③1511 ④929
⑤1135 ⑥1500 ⑦229 ⑧403 ⑨168
⑩63 ⑪647 ⑫1194

●4ページ

1 ①36 ②76 ③300 ④486 ⑤973
⑥5096

2 ①30 ②40 ③70 ④80 ⑤13 ⑥11

計算のしかた
③49÷7=7 より,490÷7=70 です。
⑤30÷3=10,9÷3=3,あわせて13

3 ①1 ②$\frac{4}{5}$ ③1 ④$\frac{4}{6}$ ⑤$\frac{2}{4}$ ⑥$\frac{2}{7}$
⑦$\frac{4}{5}$ ⑧$\frac{2}{9}$

◆チェックポイント 同分母の分数のたし算・ひき算では,分子の数どうしを計算し,分母の数はたしたり,ひいたりしません。
たし算では,答えが分母と分子が同じ数になったときは,1に直します。ひき算では,1を分数に直して計算させてください。

計算のしかた
①$\frac{2}{3}+\frac{1}{3}=\frac{3}{3}=1$

③$\frac{5}{7}+\frac{2}{7}=\frac{7}{7}=1$

⑦$1-\frac{1}{5}=\frac{5}{5}-\frac{1}{5}=\frac{4}{5}$

⑧$1-\frac{7}{9}=\frac{9}{9}-\frac{7}{9}=\frac{2}{9}$

●5ページ

□内 ①5 ②17 ③7 ④6 ⑤7 ⑥7675

●6ページ

1 ①3471 ②7735 ③9367 ④15478
⑤5794 ⑥7906 ⑦9469 ⑧12864
⑨9984 ⑩9528 ⑪9349 ⑫14767
⑬6892 ⑭9608 ⑮9297 ⑯13657
⑰3777 ⑱8904

◆チェックポイント (4けた)+(4けた)でくり上がりが1回のたし算です。くり上がる1を小さく書いて,誤りを防ぐ工夫をさせるようにしてください。

計算のしかた

①	②	③
1	1	1
2145	3053	6427
+1326	+4682	+2940
3471	7735	9367

④	⑤	⑥
	1	1
8052	1005	2714
+7426	+4789	+5192
15478	5794	7906

67

⑦	⑧	⑨
7907	4130	8246
+1562	+8734	+1738
9469	12864	9984

⑩	⑪	⑫
6452	3738	9055
+3076	+5611	+5712
9528	9349	14767

⑬	⑭	⑮
2673	5312	7603
+4219	+4296	+1694
6892	9608	9297

⑯	⑰	⑱
8014	1459	4721
+5643	+2318	+4183
13657	3777	8904

●7ページ

☐内 ①15 ②5 ③8 ④11 ⑤1 ⑥8
⑦8185

●8ページ

1 ①7611 ②8366 ③12934 ④8343
⑤7471 ⑥15766 ⑦8605 ⑧14577
⑨11837 ⑩4930 ⑪6468 ⑫8453
⑬5833 ⑭14922 ⑮9321 ⑯9356
⑰14493 ⑱12477

◆チェックポイント▶ （4けた）＋（4けた）でくり上がりが2回のたし算です。くり上がる1を小さく書いて，誤りを防ぐ工夫をさせるようにしてください。

計算のしかた

①	②	③
3275	1537	7063
+4336	+6829	+5871
7611	8366	12934

④	⑤	⑥
5274	4725	8127
+3069	+2746	+7639
8343	7471	15766

⑦	⑧	⑨
6008	5632	7266
+2597	+8945	+4571
8605	14577	11837

⑩	⑪	⑫
3746	4683	5739
+1184	+1785	+2714
4930	6468	8453

⑬	⑭	⑮
2685	8350	4708
+3148	+6572	+4613
5833	14922	9321

⑯	⑰	⑱
7674	9315	8392
+1682	+5178	+4085
9356	14493	12477

●9ページ

1 ①6573 ②6531 ③7468 ④6616
⑤12778 ⑥12684 ⑦6363 ⑧7705
⑨13277 ⑩3982 ⑪5381 ⑫4388
⑬8865 ⑭7523 ⑮16754 ⑯13827
⑰16139 ⑱7601

●10ページ

1 ①7681 ②8608 ③7453 ④5881
⑤6626 ⑥17815 ⑦8491 ⑧8672
⑨14556 ⑩8927 ⑪11543 ⑫9279
⑬9290 ⑭11692 ⑮12349 ⑯8424
⑰5757 ⑱13586

●11ページ

☐内 ①3 ②12 ③6 ④4 ⑤1 ⑥4
⑦4163

●12ページ

1 ①2216 ②2182 ③1622 ④3275
⑤1159 ⑥2914 ⑦2516 ⑧2074
⑨1107 ⑩2352 ⑪1017 ⑫1923
⑬3413 ⑭2124 ⑮5076 ⑯2029
⑰1830 ⑱2052

◆チェックポイント▶ （4けた）－（4けた）でくり下がりが1回のひき算です。ひかれる数の上に，くり下がりがわかるように数を小さく書いて，誤りを防ぐ工夫をさせるようにしてください。

計算のしかた

①	②	③
3462	4875	5384
−1246	−2693	−3762
2216	2182	1622

④ 3	⑤ 5	⑥ 7	⑦ 44	⑧ 32	⑨ 13
7456	2568	8627	5568	4735	3241
−4181	−1409	−5713	−1794	−2927	−1089
3275	1159	2914	3774	1808	2152

⑦ 5	⑧ 5	⑨ 7	⑩ 36	⑪ 62	⑫ 83
6029	5664	7285	8477	7364	9546
−3513	−3590	−6178	−6198	−4483	−5829
2516	2074	1107	2279	2881	3717

⑩ 4	⑪ 7	⑫ 5	⑬ 56	⑭ 02	⑮ 14
9537	3184	6749	6473	5137	2562
−7185	−2167	−4826	−3756	−3068	−1691
2352	1017	1923	2717	2069	871

⑬ 4	⑭ 5	⑮ 6	⑯ 32	⑰ 25	⑱ 34
5376	4261	8748	4375	3764	6452
−1963	−2137	−3672	−2983	−1817	−1278
3413	2124	5076	1392	1947	5174

⑯ 5	⑰ 2	⑱ 1
7068	3742	6245
−5039	−1912	−4193
2029	1830	2052

●13 ページ

☐内 ①5 ②17 ③8 ④2 ⑤12 ⑥7 ⑦4 ⑧1 ⑨1785

●14 ページ

1 ①4669 ②1715 ③2674 ④618 ⑤2377 ⑥1671 ⑦3774 ⑧1808 ⑨2152 ⑩2279 ⑪2881 ⑫3717 ⑬2717 ⑭2069 ⑮871 ⑯1392 ⑰1947 ⑱5174

◀チェックポイント▶ （4けた）−（4けた）でくり下がりが2回のひき算です。ひかれる数の上に，くり下がりがわかるように数を小さく書いて，誤りを防ぐ工夫をさせるようにしてください。

計算のしかた

① 74	② 4 3	③ 32
7856	5243	4367
−3187	−3528	−1693
4669	1715	2674

④ 2 5	⑤ 45	⑥ 65
3467	6562	7632
−2849	−4185	−5961
618	2377	1671

●15 ページ

1 ①2127 ②1359 ③2614 ④2731 ⑤1909 ⑥1191 ⑦2176 ⑧1515 ⑨2072 ⑩2632 ⑪1561 ⑫2190 ⑬1114 ⑭2874 ⑮1714 ⑯1394 ⑰2671 ⑱3066

●16 ページ

1 ①2415 ②3068 ③2724 ④1413 ⑤1818 ⑥1021 ⑦1065 ⑧1518 ⑨1117 ⑩2720 ⑪1764 ⑫2184 ⑬1418 ⑭1591 ⑮732 ⑯3064 ⑰1262 ⑱1273

●17 ページ

1 ①5564 ②7618 ③9067 ④15577 ⑤8917 ⑥11890 ⑦6009 ⑧7092 ⑨11386

2 ①2224 ②5844 ③1282 ④5240 ⑤1269 ⑥393 ⑦255 ⑧1902 ⑨4772

●18 ページ

1 ①8929 ②12898 ③7048 ④8491 ⑤11959 ⑥13892 ⑦10072 ⑧5233 ⑨9314

2 ①3061 ②3291 ③309 ④6181 ⑤1664 ⑥2256 ⑦4709 ⑧4977 ⑨3951

□内 ①15 ②5 ③14 ④4 ⑤14 ⑥4
⑦8 ⑧8445

● 20 ページ

1 ①6533 ②11641 ③16075 ④11772
⑤5362 ⑥10927 ⑦14404 ⑧13484
⑨5240 ⑩11763 ⑪12423 ⑫12096
⑬7628 ⑭12955 ⑮13573 ⑯9435
⑰11372 ⑱13009

◀チェックポイント▶ （4けた）+（4けた）でくり
上がりが3回のたし算です。くり上がる1を小
さく書いて，誤りを防ぐ工夫をさせるようにし
てください。

計算のしかた

①　　１１１
　　 2674
　　+3859
　　 6533

②　　 １１
　　 6257
　　+5384
　　11641

③　　 １１
　　 7582
　　+8493
　　16075

④　　 １ １
　　 4825
　　+6947
　　11772

⑤　　 １１１
　　 3786
　　+1576
　　 5362

⑥　　 １ １
　　 6378
　　+4549
　　10927

⑦　　 １ １
　　 5663
　　+8741
　　14404

⑧　　 １ １
　　 8536
　　+4948
　　13484

⑨　　 １１１
　　 1754
　　+3486
　　 5240

⑩　　 １ １
　　 9075
　　+2688
　　11763

⑪　　 １ １
　　 4863
　　+7560
　　12423

⑫　　 １ １
　　 3657
　　+8439
　　12096

⑬　　 １１１
　　 2869
　　+4759
　　 7628

⑭　　 １ １
　　 5368
　　+7587
　　12955

⑮　　 １ １
　　 7726
　　+5847
　　13573

⑯　　 １１１
　　 3756
　　+5679
　　 9435

⑰　　 １ １
　　 6094
　　+5278
　　11372

⑱　　 １ １
　　 4936
　　+8073
　　13009

● 21 ページ

□内 ①12 ②2 ③14 ④4 ⑤15 ⑥5
⑦16 ⑧6 ⑨16542

● 22 ページ

1 ①12221 ②10110 ③12003 ④12231
⑤10001 ⑥13312 ⑦12204 ⑧11611
⑨11021 ⑩11071 ⑪10063 ⑫12321
⑬16527 ⑭15847 ⑮16783 ⑯17537
⑰10211 ⑱10000

◀チェックポイント▶ （4けた）+（4けた）でくり
上がりが4回のたし算です。くり上がる1を小
さく書いて，誤りを防ぐ工夫をさせるようにし
てください。

計算のしかた

①　　 １１１
　　 4538
　　+7683
　　12221

②　　 １１１
　　 3765
　　+6345
　　10110

③　　 １１１
　　 5906
　　+6097
　　12003

④　　 １１１
　　 6746
　　+5485
　　12231

⑤　　 １１１
　　 2675
　　+7326
　　10001

⑥　　 １１１
　　 4783
　　+8529
　　13312

⑦　　 １１１
　　 3847
　　+8357
　　12204

⑧　　 １１１
　　 5643
　　+5968
　　11611

⑨　　 １１１
　　 6094
　　+4927
　　11021

⑩　　 １１１
　　 8276
　　+2795
　　11071

⑪　　 １１１
　　 4867
　　+5196
　　10063

⑫　　 １１１
　　 2867
　　+9454
　　12321

⑬　　 １１１
　　 8569
　　+7958
　　16527

⑭　　 １１１
　　 9978
　　+5869
　　15847

⑮　　 １１１
　　 7985
　　+8798
　　16783

⑯　　 １１１
　　 9678
　　+7859
　　17537

⑰　　 １１１
　　 4826
　　+5385
　　10211

⑱　　 １１１
　　 7236
　　+2764
　　10000

● 23 ページ

1 ①9122 ②14053 ③11614 ④13921
⑤14421 ⑥11604 ⑦11230 ⑧14520
⑨4301 ⑩14015 ⑪14131 ⑫12720
⑬11302 ⑭7130 ⑮13011 ⑯10513
⑰14080 ⑱7031

● 24 ページ

1 ①7360 ②14093 ③14733 ④10415
⑤12521 ⑥11498 ⑦13031 ⑧13642
⑨8101 ⑩14224 ⑪12020 ⑫15921
⑬10371 ⑭9104 ⑮11332 ⑯12222

⑰10033　⑱7630

●25ページ

☐内　①8　②3　③13　④5　⑤1　⑥11

⑦7　⑧6　⑨4　⑩4758

●26ページ

1　①1869　②1483　③1887　④5289

⑤9188　⑥8557　⑦488　⑧4866

⑨2387　⑩17182　⑪28079　⑫3689

⑬839　⑭1369　⑮6939　⑯66286

⑰46358　⑱90379

◀チェックポイント▶　（4・5けた）−（4けた）でく
り下がりが3回のひき算です。ひかれる数の上
に，くり下がりがわかるように数を小さく書い
て，誤りを防ぐ工夫をさせるようにしてくださ
い。

☐計算のしかた

```
①   621        ②   306        ③   430
    7326           4172           5415
   −5457          −2689          −3528
    1869           1483           1887

④    54        ⑤    27        ⑥    7 5
   12653          14381          18064
   − 7364         − 5193         − 9507
    5289           9188           8557

⑦   512        ⑧   763        ⑨   615
    6236           8745           7263
   −5748          −3879          −4876
     488           4866           2387

⑩   139        ⑪   2 13       ⑫   417
   24057          35242          5287
   − 6875         − 7163         −1598
   17182          28079          3689

⑬   362        ⑭   810        ⑮    4 6
    4736           9218          15374
   −3897          −7849          − 8435
     839           1369           6939

⑯   6 37       ⑰   4 50       ⑱   302
   72480          53616          94137
   − 6194         − 7258         − 3758
   66286          46358          90379
```

●27ページ

☐内　①8　②7　③17　④8　⑤5　⑥15

⑦7　⑧2　⑨5　⑩1　⑪15788

●28ページ

1　①18669　②6869　③5788　④25879

⑤18775　⑥8879　⑦13878　⑧8755

⑨17788　⑩7866　⑪28673　⑫8798

⑬18887　⑭8779　⑮17669

◀チェックポイント▶　（4・5けた）−（4けた）でく
り下がりが4回のひき算です。ひかれる数の上
に，くり下がりがわかるように数を小さく書い
て，誤りを防ぐ工夫をさせるようにしてくださ
い。

☐計算のしかた

```
①   1549       ②    263       ③    032
   26504          13745          14437
   − 7835         − 6876         − 5649
   18669           6869           5788

④   2956       ⑤   1739       ⑥    426
   30678          28403          15374
   − 4799         − 9628         − 6495
   25879          18775           8879

⑦   1056       ⑧    632       ⑨   1362
   21672          17430          24731
   − 7794         − 8675         − 6943
   13878           8755          17788

⑩    172       ⑪   2341       ⑫    156
   12833          34522          12674
   − 4967         − 5849         − 3876
    7866          28673           8798

⑬   1634       ⑭    345       ⑮   1193
   27455          14561          22043
   − 8568         − 5782         − 4374
   18887           8779          17669
```

●29ページ

1　①1878　②959　③888　④2189

⑤18178　⑥9279　⑦42832　⑧55188

⑨7887　⑩17489　⑪24887　⑫34877

⑬9788　⑭18848　⑮20684

●30ページ

1　①869　②1789　③789　④2389

⑤16166　⑥7449　⑦34928　⑧44189

⑨8898　⑩18298　⑪25878　⑫33886

⑬7596　⑭17868　⑮40888

●31ページ

1　①4221　②12114　③12071　④15824

⑤12142　⑥12231　⑦13031　⑧12401
⑨10000
2　①1675　②944　③4686　④958　⑤3766
⑥18798　⑦23977　⑧43938　⑨18766

●32 ページ
1　①14425　②13220　③6000　④14853
⑤11032　⑥12242　⑦17220　⑧12121
⑨16004
2　①1568　②3846　③884　④2888
⑤22978　⑥6699　⑦8766　⑧44578
⑨53799

●33 ページ
□内　①1　②ー　③2　④1　⑤ー　⑥34
⑦1　⑧ー　⑨760

●34 ページ
1　①4　②9　③20　④70　⑤57　⑥23
⑦78　⑧85　⑨100　⑩300　⑪500
⑫900　⑬120　⑭350　⑮670　⑯840
⑰245　⑱167　⑲469　⑳872　㉑1000
㉒7000　㉓3400　㉔6250　㉕7692

計算のしかた
①40 の一の位の0をとる。
②90 の一の位の0をとる。
③200 の一の位の0をとる。
④700 の一の位の0をとる。
⑤570 の一の位の0をとる。
⑥230 の一の位の0をとる。
⑦780 の一の位の0をとる。
⑧850 の一の位の0をとる。
⑨1000 の一の位の0をとる。
⑩3000 の一の位の0をとる。
⑪5000 の一の位の0をとる。
⑫9000 の一の位の0をとる。
⑬1200 の一の位の0をとる。
⑭3500 の一の位の0をとる。

⑮6700 の一の位の0をとる。
⑯8400 の一の位の0をとる。
⑰2450 の一の位の0をとる。
⑱1670 の一の位の0をとる。
⑲4690 の一の位の0をとる。
⑳8720 の一の位の0をとる。
㉑10000 の一の位の0をとる。
㉒70000 の一の位の0をとる。
㉓34000 の一の位の0をとる。
㉔62500 の一の位の0をとる。
㉕76920 の一の位の0をとる。

●35 ページ
□内　①1　②0　③790　④2　⑤2　⑥7900

●36 ページ
1　①20　②70　③460　④800　⑤3000
⑥5000　⑦2070　⑧8750　⑨10000
⑩68500

計算のしかた
①2 の右に0を1つつける。
②7 の右に0を1つつける。
③46 の右に0を1つつける。
④80 の右に0を1つつける。
⑤300 の右に0を1つつける。
⑥500 の右に0を1つつける。
⑦207 の右に0を1つつける。
⑧875 の右に0を1つつける。
⑨1000 の右に0を1つつける。
⑩6850 の右に0を1つつける。
2　①600　②900　③2400　④7300
⑤8000　⑥6000　⑦10000　⑧40000
⑨34900　⑩91700　⑪241000　⑫500000

計算のしかた
①6 の右に0を2つつける。
②9 の右に0を2つつける。
③24 の右に0を2つつける。
④73 の右に0を2つつける。
⑤80 の右に0を2つつける。
⑥60 の右に0を2つつける。
⑦100 の右に0を2つつける。
⑧400 の右に0を2つつける。
⑨349 の右に0を2つつける。
⑩917 の右に0を2つつける。
⑪241 の右に0を3つつける。
⑫500 の右に0を3つつける。

● 37 ページ

1 ①3 ②80 ③46 ④92 ⑤700 ⑥400
⑦240 ⑧790 ⑨175 ⑩593 ⑪4000
⑫3600

2 ①90 ②300 ③7000 ④83760
⑤400 ⑥5000 ⑦9600 ⑧3100
⑨780000 ⑩800000 ⑪6000
⑫27000 ⑬189000

● 38 ページ

1 ①5 ②60 ③28 ④75 ⑤200 ⑥600
⑦160 ⑧940 ⑨189 ⑩724 ⑪8000
⑫2500

2 ①850 ②6000 ③17400 ④52840
⑤4600 ⑥2000 ⑦18400 ⑧50000
⑨123400 ⑩300000 ⑪650000
⑫805000 ⑬956000

● 39 ページ

□内 ①ー ②272 ③＋ ④68 ⑤＋
⑥百 ⑦952

● 40 ページ

1 ①120 ②400 ③800 ④900 ⑤960
⑥480 ⑦960 ⑧760

チェックポイント 何十をかけるかけ算は、10
のまとまりがいくつあるかで考えます。
③の20×40は、2×4を100倍します。

計算のしかた
①4×30＝4×3×10＝12×10＝120
②8×50＝8×5×10＝40×10＝400
③20×40＝2×4×100＝8×100＝800
④30×30＝3×3×100＝9×100＝900
⑤16×60＝16×6×10＝96×10＝960
⑥24×20＝24×2×10＝48×10＝480
⑦32×30＝32×3×10＝96×10＝960
⑧19×40＝19×4×10＝76×10＝760

2 ①364 ②703 ③756 ④608 ⑤600
⑥899 ⑦368 ⑧440 ⑨553 ⑩837
⑪450 ⑫464

チェックポイント かける数が2けたのかけ算
の筆算は、まず、かける数の一の位に着目して
かけ算をし、次に、かける数の十の位に着目し
てかけ算をします。

計算のしかた

①
$$\begin{array}{r} 14 \\ \times 26 \\ \hline 84 \\ 28 \\ \hline 364 \end{array}$$

②
$$\begin{array}{r} 37 \\ \times 19 \\ \hline 333 \\ 37 \\ \hline 703 \end{array}$$

③
$$\begin{array}{r} 28 \\ \times 27 \\ \hline 196 \\ 56 \\ \hline 756 \end{array}$$

④
$$\begin{array}{r} 19 \\ \times 32 \\ \hline 38 \\ 57 \\ \hline 608 \end{array}$$

⑤
$$\begin{array}{r} 25 \\ \times 24 \\ \hline 100 \\ 50 \\ \hline 600 \end{array}$$

⑥
$$\begin{array}{r} 31 \\ \times 29 \\ \hline 279 \\ 62 \\ \hline 899 \end{array}$$

⑦
$$\begin{array}{r} 8 \\ \times 46 \\ \hline 48 \\ 32 \\ \hline 368 \end{array}$$

⑧
$$\begin{array}{r} 5 \\ \times 88 \\ \hline 40 \\ 40 \\ \hline 440 \end{array}$$

⑨
$$\begin{array}{r} 7 \\ \times 79 \\ \hline 63 \\ 49 \\ \hline 553 \end{array}$$

⑩
$$\begin{array}{r} 9 \\ \times 93 \\ \hline 27 \\ 81 \\ \hline 837 \end{array}$$

⑪
$$\begin{array}{r} 6 \\ \times 75 \\ \hline 30 \\ 42 \\ \hline 450 \end{array}$$

⑫
$$\begin{array}{r} 8 \\ \times 58 \\ \hline 64 \\ 40 \\ \hline 464 \end{array}$$

● 41 ページ

□内 ①ー ②602 ③＋ ④430 ⑤＋
⑥百 ⑦千 ⑧4902

● 42 ページ

1 ①2800 ②4000 ③1620 ④1770

⑤7560 ⑥5200

計算のしかた

①40×70=4×7×100=28×100=2800

②80×50=8×5×100=40×100=4000

③27×60=27×6×10=162×10=1620

④59×30=59×3×10=177×10=1770

⑤84×90=84×9×10=756×10=7560

⑥65×80=65×8×10=520×10=5200

2 ①1218 ②1692 ③4930 ④2847
⑤1176 ⑥5472 ⑦4160 ⑧3132
⑨3478 ⑩6460 ⑪2881 ⑫9016
⑬3360 ⑭4410

計算のしかた

```
①    29        ②    36        ③    58
    ×42            ×47            ×85
     58            252            290
    116            144            464
   1218           1692           4930

④    73        ⑤    42        ⑥    76
    ×39            ×28            ×72
    657            336            152
    219             84            532
   2847           1176           5472

⑦    64        ⑧    58        ⑨    94
    ×65            ×54            ×37
    320            232            658
    384            290            282
   4160           3132           3478

⑩    76        ⑪    43        ⑫    92
    ×85            ×67            ×98
    380            301            736
    608            258            828
   6460           2881           9016

⑬    60        ⑭    90
    ×56            ×49
    360            810
    300            360
   3360           4410
```

●43 ページ

1 ①60 ②560 ③3000 ④6300 ⑤810
⑥840 ⑦3780 ⑧7440

2 ①108 ②744 ③476 ④266 ⑤754
⑥2352 ⑦4180 ⑧6272 ⑨8613
⑩3800 ⑪4690 ⑫7680

●44 ページ

1 ①300 ②810 ③5600 ④3600
⑤4760 ⑥8730

2 ①290 ②592 ③783 ④256 ⑤648
⑥1536 ⑦2420 ⑧5063 ⑨7008
⑩6300 ⑪2604 ⑫9506 ⑬2700
⑭8370

●45 ページ

1 ①7 ②50 ③67 ④800 ⑤1800

2 ①700 ②5800 ③500 ④6100
⑤90000 ⑥20000

3 ①700 ②4440 ③392 ④900 ⑤376
⑥747 ⑦2812 ⑧5785 ⑨1288 ⑩5088

●46 ページ

1 ①8 ②49 ③300 ④723 ⑤5164

2 ①60 ②900 ③8210 ④3500
⑤51000 ⑥476200

3 ①950 ②3920 ③425 ④924 ⑤320
⑥384 ⑦1520 ⑧4408 ⑨2730 ⑩7623

●47 ページ

□内 ①一 ②1168 ③十 ④876 ⑤十
⑥百 ⑦千 ⑧9928

●48 ページ

1 ①8000 ②9000

計算のしかた

①400×20=4×2×1000=8×1000=8000

②300×30=3×3×1000=9×1000=9000

2 ①7020 ②9350 ③6160 ④7840
⑤8010 ⑥7728 ⑦5984 ⑧3298
⑨7866 ⑩9906 ⑪6153 ⑫6630
⑬9212 ⑭6900 ⑮8410

◀チェックポイント▶ （3けた）×（2けた）で，積が4けたになる計算です。（2けた）×（2けた）の計算の方法と同様に，かける数の一の位，十の位の順にかけ算をしていきます。くり上がりの数に注意させて，正確に計算できる習慣をつけさせてください。

計算のしかた

① 234
×　30
7020

② 187
×　50
9350

③ 308
×　20
6160

④ 196
×　40
7840

⑤ 267
×　30
8010

⑥ 138
×　56
828
690
7728

⑦ 176
×　34
704
528
5984

⑧ 194
×　17
1358
194
3298

⑨ 207
×　38
1656
621
7866

⑩ 254
×　39
2286
762
9906

⑪ 293
×　21
293
586
6153

⑫ 195
×　34
780
585
6630

⑬ 188
×　49
1692
752
9212

⑭ 150
×　46
900
600
6900

⑮ 290
×　29
2610
580
8410

計算のしかた

① 294
×　80
23520

② 376
×　50
18800

③ 537
×　90
48330

④ 718
×　70
50260

⑤ 908
×　60
54480

⑥ 197
×　62
394
1182
12214

⑦ 456
×　75
2280
3192
34200

⑧ 774
×　97
5418
6966
75078

⑨ 549
×　43
1647
2196
23607

⑩ 375
×　84
1500
3000
31500

⑪ 823
×　66
4938
4938
54318

⑫ 918
×　76
5508
6426
69768

⑬ 649
×　93
1947
5841
60357

⑭ 706
×　27
4942
1412
19062

⑮ 904
×　59
8136
4520
53336

●49 ページ

☐内　①一　②3283　③十　④3752　⑤十
⑥百　⑦千　⑧一万　⑨40803

●50 ページ

1　①42000　②40000

計算のしかた

①600×70＝6×7×1000＝42×1000
　　　　　　　　　　＝42000
②800×50＝8×5×1000＝40×1000
　　　　　　　　　　＝40000

2　①23520　②18800　③48330　④50260
⑤54480　⑥12214　⑦34200　⑧75078
⑨23607　⑩31500　⑪54318　⑫69768
⑬60357　⑭19062　⑮53336

◆チェックポイント▶　（3けた）×（2けた）で，積
が5けたになる計算は間違いが多くみられます。
計算は1つ1つを正確にさせてください。

●51 ページ

1　①6000　②30000　③72000　④49000
⑤1600　⑥5700

2　①6920　②32340　③79830　④5848
⑤3168　⑥9106　⑦15163　⑧41028
⑨42914　⑩69278　⑪58590　⑫45150

●52 ページ

1　①2800　②7500

2　①9300　②22890　③76720　④7220
⑤26660　⑥75660　⑦7462　⑧6256
⑨6272　⑩18612　⑪39100　⑫24420
⑬93888　⑭5974　⑮34476

●53 ページ

☐内　①6　②14　③1.4　④12　⑤2　⑥3
⑦小数点　⑧3.2

●54 ページ

1　①0.6　②1.6　③0.9　④1.1　⑤1　⑥1.9
⑦2.8　⑧4.6　⑨3.8　⑩7.5

◀チェックポイント▶ $\frac{1}{10}$ の位までの小数のたし算は，0.1 が 10 こで 1 になることに注意させてください。

また，（小数）＋（小数）と（整数）＋（小数）や（小数）＋（整数）の計算を混同しないように注意させてください。たとえば，次の計算はいずれも間違いです。

3＋0.7 → 10 （3＋7の答え）
　　　　 → 1 （0.3＋0.7の答え）

3 は 0.1 が 30 こ，7 は 0.1 が 7 こなので，3.7（0.1 が 37 こ）が正しい答えになります。

計算のしかた

① 0.2＋0.4 → 0.1 が（2＋4）こ → 0.1 が 6 こ
　 → 0.6

② 0.7＋0.9 → 0.1 が（7＋9）こ
　 → 0.1 が 16 こ → 1.6

③ 0.8＋0.1 → 0.1 が（8＋1）こ → 0.1 が 9 こ
　 → 0.9

④ 0.5＋0.6 → 0.1 が（5＋6）こ
　 → 0.1 が 11 こ → 1.1

⑤ 0.3＋0.7 → 0.1 が（3＋7）こ
　 → 0.1 が 10 こ → 1

⑥ 1.4＋0.5 → 0.1 が（14＋5）こ
　 → 0.1 が 19 こ → 1.9

⑦ 2＋0.8 → 0.1 が（20＋8）こ
　 → 0.1 が 28 こ → 2.8

⑧ 0.6＋4 → 0.1 が（6＋40）こ
　 → 0.1 が 46 こ → 4.6

⑨ 1.3＋2.5 → 0.1 が（13＋25）こ
　 → 0.1 が 38 こ → 3.8

⑩ 4.7＋2.8 → 0.1 が（47＋28）こ
　 → 0.1 が 75 → 7.5

2 ① 0.4 ② 1 ③ 0.9 ④ 1.3 ⑤ 1.5 ⑥ 3.8
⑦ 4.9 ⑧ 7 ⑨ 7.3 ⑩ 8.3 ⑪ 9.1 ⑫ 7.4

◀チェックポイント▶ $\frac{1}{10}$ の位までの小数のたし算の筆算のしかたは整数のたし算の筆算のしかたと同じですが，筆算の式にある小数点の位置にそろえて，答えの小数点をうちます。ただし，

次のように小数点以下が 0 になるときは，小数点以下は書きません。

$$\begin{array}{r} 0.8 \\ +0.2 \\ \hline 1.0 \end{array}$$

位をそろえて書く筆算は，（整数）＋（小数）や（小数）＋（整数）の計算のミスも減らすことができるので慣れさせてください。

たとえば，0.4＋3 は右のように計算します。

$$\begin{array}{r} 0.4 \\ +3 \\ \hline 3.4 \end{array}$$

計算のしかた

①	②	③
$\begin{array}{r} 0.1 \\ +0.3 \\ \hline 0.4 \end{array}$	$\begin{array}{r} 0.8 \\ +0.2 \\ \hline 1.0 \end{array}$	$\begin{array}{r} 0.4 \\ +0.5 \\ \hline 0.9 \end{array}$
④	⑤	⑥
$\begin{array}{r} 0.6 \\ +0.7 \\ \hline 1.3 \end{array}$	$\begin{array}{r} 1.1 \\ +0.4 \\ \hline 1.5 \end{array}$	$\begin{array}{r} 0.8 \\ +3 \\ \hline 3.8 \end{array}$
⑦	⑧	⑨
$\begin{array}{r} 0.7 \\ +4.2 \\ \hline 4.9 \end{array}$	$\begin{array}{r} 6.1 \\ +0.9 \\ \hline 7.0 \end{array}$	$\begin{array}{r} 5 \\ +2.3 \\ \hline 7.3 \end{array}$
⑩	⑪	⑫
$\begin{array}{r} 3.2 \\ +5.1 \\ \hline 8.3 \end{array}$	$\begin{array}{r} 7.4 \\ +1.7 \\ \hline 9.1 \end{array}$	$\begin{array}{r} 2.6 \\ +4.8 \\ \hline 7.4 \end{array}$

● **55 ページ**

◻内 ① 7 ② 6 ③ 0.6 ④ 8 ⑤ 1 ⑥ 0
⑦ 小数点 ⑧ 0.8

● **56 ページ**

1 ① 0.5 ② 0.2 ③ 1.1 ④ 1.8 ⑤ 4.6
⑥ 3.9 ⑦ 0.5 ⑧ 5.3 ⑨ 2.2 ⑩ 2.8

◀チェックポイント▶ $\frac{1}{10}$ の位までの小数のひき算は，くり下がりの計算間違いに気をつけさせてください。

また，（小数）－（小数）と（整数）－（小数）や（小数）－（整数）の計算を混同しないように注意させてください。たとえば，次の計算はいずれも間違いです。

7－0.2 → 5 （7－2の答え）
　　　　 → 0.5 （0.7－0.2の答え）

7 は 0.1 が 70 こ，0.2 は 0.1 が 2 こなので，6.8（0.1 が 68 こ）が正しい答えになります。

計算のしかた

①0.7−0.2 → 0.1 が (7−2) こ → 0.1 が 5 こ → 0.5

②0.5−0.3 → 0.1 が (5−3) こ → 0.1 が 2 こ → 0.2

③1.4−0.3 → 0.1 が (14−3) こ → 0.1 が 11 こ → 1.1

④2.6−0.8 → 0.1 が (26−8) こ → 0.1 が 18 こ → 1.8

⑤5.3−0.7 → 0.1 が (53−7) こ → 0.1 が 46 こ → 4.6

⑥4−0.1 → 0.1 が (40−1) こ → 0.1 が 39 こ → 3.9

⑦2.5−2 → 0.1 が (25−20) こ → 0.1 が 5 こ → 0.5

⑧7.6−2.3 → 0.1 が (76−23) こ → 0.1 が 53 こ → 5.3

⑨3.4−1.2 → 0.1 が (34−12) こ → 0.1 が 22 こ → 2.2

⑩5.7−2.9 → 0.1 が (57−29) こ → 0.1 が 28 こ → 2.8

2 ①0.1 ②0.3 ③2.2 ④2.5 ⑤5 ⑥3.8 ⑦2.3 ⑧0.1 ⑨4 ⑩3.9 ⑪5.1 ⑫3.2

◀チェックポイント▶ $\frac{1}{10}$ の位までの小数のひき算

の筆算のしかたは整数のひき算の筆算のしかたと同じですが，筆算の式にある小数点の位置にそろえて，答えの小数点をうちます。また，⑧のように一の位が0になるとき，0を書き忘れないようにしましょう。
位をそろえて書く筆算は，（整数）−（小数）や（小数）−（整数）の計算のミスも減らすことができるので慣れさせてください。
たとえば，5−3.1 は右のように計算します。

$$\begin{array}{r} \overset{4}{\cancel{5}} \\ -3.1 \\ \hline 1.9 \end{array}$$

計算のしかた

① 0.4 / −0.3 / 0.1
② 0.8 / −0.5 / 0.3
③ 2.4 / −0.2 / 2.2

---

④ 3.2 / −0.7 / 2.5
⑤ 5.5 / −0.5 / 5.0
⑥ 7 / −3.2 / 3.8
⑦ 4.3 / −2 / 2.3
⑧ 8.1 / −8 / 0.1
⑨ 5.2 / −1.2 / 4.0
⑩ 7.5 / −3.6 / 3.9
⑪ 9.7 / −4.6 / 5.1
⑫ 6.1 / −2.9 / 3.2

●57 ページ
1 ①0.5 ②2.2 ③4.8 ④9.6 ⑤5.8 ⑥0.6 ⑦1 ⑧6.5 ⑨9.7 ⑩9.7 ⑪9.1
2 ①0.4 ②2.3 ③4.8 ④2 ⑤1.4 ⑥0.3 ⑦0.3 ⑧4.3 ⑨4.2 ⑩3.8 ⑪2.6

●58 ページ
1 ①0.7 ②2.7 ③7.4 ④5.8 ⑤9.1 ⑥0.9 ⑦0.6 ⑧4.2 ⑨5.8 ⑩8.9 ⑪9.5
2 ①0.1 ②0.5 ③5.5 ④2.2 ⑤3.4 ⑥0.4 ⑦0.5 ⑧0.6 ⑨7.5 ⑩4.1 ⑪1.4

●59 ページ
1 ①6920 ②8180 ③5610 ④6240 ⑤22308 ⑥58710 ⑦56320 ⑧59840
2 ①0.5 ②3.2 ③6.9 ④9.6 ⑤0.8 ⑥5.7
3 ①0.3 ②0.7 ③2.3 ④1.5 ⑤0.7 ⑥1.2

●60 ページ
1 ①9800 ②9300 ③6450 ④5597 ⑤9728 ⑥45401 ⑦60840 ⑧51255
2 ①1.4 ②4.5 ③8.8 ④9 ⑤7.4 ⑥9.1
3 ①1.6 ②0.8 ③2 ④0.9 ⑤2.2 ⑥6.7

進級テスト (1)

●61 ページ

1 ①7376 ②10935 ③9463 ④9243
⑤13682 ⑥16544 ⑦2163 ⑧4593
⑨4848 ⑩9569 ⑪7758 ⑫25788

計算のしかた

① $\begin{array}{r} 1 \\ 2745 \\ +4631 \\ \hline 7376 \end{array}$　② $\begin{array}{r} 1 \\ 3682 \\ +7253 \\ \hline 10935 \end{array}$　③ $\begin{array}{r} 11 \\ 6517 \\ +2946 \\ \hline 9463 \end{array}$

④ $\begin{array}{r} 111 \\ 5364 \\ +3879 \\ \hline 9243 \end{array}$　⑤ $\begin{array}{r} 11 \\ 7285 \\ +6397 \\ \hline 13682 \end{array}$　⑥ $\begin{array}{r} 111 \\ 8649 \\ +7895 \\ \hline 16544 \end{array}$

⑦ $\begin{array}{r} 3 \\ 34\llap{/}27 \\ -1264 \\ \hline 2163 \end{array}$　⑧ $\begin{array}{r} 63 \\ 7\llap{/}406 \\ -2813 \\ \hline 4593 \end{array}$　⑨ $\begin{array}{r} 842 \\ 9\llap{/}5\llap{/}30 \\ -4682 \\ \hline 4848 \end{array}$

⑩ $\begin{array}{r} 73 \\ 128\llap{/}45 \\ -\ \ 3276 \\ \hline 9569 \end{array}$　⑪ $\begin{array}{r} 459 \\ 156\llap{/}0\llap{/}3 \\ -\ \ 7845 \\ \hline 7758 \end{array}$　⑫ $\begin{array}{r} 2363 \\ 347\llap{/}46 \\ -\ \ 8958 \\ \hline 25788 \end{array}$

2 ①9 ②18 ③83 ④950 ⑤123 ⑥485
⑦6000 ⑧3700

計算のしかた

①90 の一の位の0をとる。
②180 の一の位の0をとる。
③830 の一の位の0をとる。
④9500 の一の位の0をとる。
⑤1230 の一の位の0をとる。
⑥4850 の一の位の0をとる。
⑦60000 の一の位の0をとる。
⑧37000 の一の位の0をとる。

●62 ページ

3 ①50 ②400 ③200 ④52000 ⑤180
⑥800

計算のしかた

①5 の右に0を1つつける。
②40 の右に0を1つつける。
③2 の右に0を2つつける。
④520 の右に0を2つつける。
⑤3×60=3×6×10=18×10=180
⑥40×20=4×2×100=8×100=800

4 ①92 ②380 ③546 ④5056 ⑤6534
⑥8775 ⑦33284 ⑧12428

計算のしかた

① $\begin{array}{r} 4 \\ \times23 \\ \hline 12 \\ 8 \\ \hline 92 \end{array}$　② $\begin{array}{r} 5 \\ \times76 \\ \hline 30 \\ 35 \\ \hline 380 \end{array}$　③ $\begin{array}{r} 13 \\ \times42 \\ \hline 26 \\ 52 \\ \hline 546 \end{array}$

④ $\begin{array}{r} 64 \\ \times79 \\ \hline 576 \\ 448 \\ \hline 5056 \end{array}$　⑤ $\begin{array}{r} 121 \\ \times\ 54 \\ \hline 484 \\ 605 \\ \hline 6534 \end{array}$　⑥ $\begin{array}{r} 351 \\ \times\ 25 \\ \hline 1755 \\ 702 \\ \hline 8775 \end{array}$

⑦ $\begin{array}{r} 628 \\ \times\ 53 \\ \hline 1884 \\ 3140 \\ \hline 33284 \end{array}$　⑧ $\begin{array}{r} 478 \\ \times\ 26 \\ \hline 2868 \\ 956 \\ \hline 12428 \end{array}$

5 ①0.8 ②7.4 ③0.3 ④2.6 ⑤1.5 ⑥7.7
⑦1.7 ⑧2.7

計算のしかた

①0.5+0.3 → 0.1 が (5+3) こ → 0.1 が8こ
　→ 0.8
②7+0.4 → 0.1 が (70+4) こ
　→ 0.1 が 74 こ → 7.4
③0.9−0.6 → 0.1 が (9−6) こ → 0.1 が3こ
　→ 0.3
④2.8−0.2 → 0.1 が (28−2) こ
　→ 0.1 が 26 こ → 2.6

⑤ $\begin{array}{r} 1 \\ 0.7 \\ +0.8 \\ \hline 1.5 \end{array}$　⑥ $\begin{array}{r} 4.5 \\ +3.2 \\ \hline 7.7 \end{array}$　⑦ $\begin{array}{r} 2 \\ 3.\llap{/}4 \\ -1.7 \\ \hline 1.7 \end{array}$　⑧ $\begin{array}{r} 7 \\ \llap{/}8 \\ -5.3 \\ \hline 2.7 \end{array}$

進級テスト ⑵

● 63 ページ

1 ①4972 ②10197 ③11073 ④12101
⑤14689 ⑥7274 ⑦2683 ⑧3434
⑨4464 ⑩10784 ⑪12389 ⑫36586

| 計算のしかた |

```
①    1          ②    1          ③   1 1
    1543             6392             5147
   +3429            +3805            +5926
    4972            10197            11073

④  1 1 1        ⑤                 ⑥   1 1
    4812             8632             4356
   +7289            +6057            +2918
   12101            14689             7274

⑦   4 1         ⑧     8          ⑨   5 2 3
    5̶2̶64            7̶6̶9̶0            6̶3̶4̶2
   −2581            −4256            −1878
    2683             3434             4464

⑩   364         ⑪  1 52         ⑫  3127
   1̶4̶7̶5̶1          2̶0̶6̶3̶5          4̶2̶3̶8̶5
   − 3967           − 8246           − 5799
    10784            12389            36586
```

2 ①6 ②30 ③51 ④400 ⑤172 ⑥894
⑦2000 ⑧6300

| 計算のしかた |

①60 の一の位の0をとる。
②300 の一の位の0をとる。
③510 の一の位の0をとる。
④4000 の一の位の0をとる。
⑤1720 の一の位の0をとる。
⑥8940 の一の位の0をとる。
⑦20000 の一の位の0をとる。
⑧63000 の一の位の0をとる。

● 64 ページ

3 ①520 ②4900 ③3400 ④214000
⑤2100 ⑥16600

| 計算のしかた |

①52 の右に0を1つつける。
②490 の右に0を1つつける。
③34 の右に0を2つつける。
④214 の右に0を3つつける。
⑤70×30＝7×3×100＝21×100＝2100

⑥830×20＝83×2×100＝166×100
　　＝16600

4 ①168 ②380 ③1334 ④6142
⑤6016 ⑥11396 ⑦28620 ⑧65130

| 計算のしかた |

```
①      6        ②      4        ③     46
     ×28             ×95             ×29
      48              20             414
      12              36              92
     168             380            1334

④     74        ⑤    128        ⑥    308
     × 83            ×  47           ×  37
      222             896            2156
      592             512             924
     6142            6016           11396

⑦    530        ⑧    835
     ×  54           ×  78
     2120            6680
     2650            5845
    28620           65130
```

5 ①1.9 ②9.8 ③4.4 ④0.6 ⑤5.4 ⑥9.5
⑦3.2 ⑧6.2

| 計算のしかた |

①1.3＋0.6 → 0.1 が (13＋6) こ
　→ 0.1 が19こ → 1.9
②4.8＋5 → 0.1 が (48＋50) こ
　→ 0.1 が98こ→ 9.8
③6.7−2.3 → 0.1 が (67−23) こ
　→ 0.1 が44こ → 4.4
④2.1−1.5 → 0.1 が (21−15) こ
　→ 0.1 が6こ → 0.6

```
⑤              ⑥    1         ⑦             ⑧
     3             6.8            7.2            9.4
   +2.4           +2.7           −4            −3.2
    5.4            9.5            3.2            6.2
```

☆19

進級テスト (3)

● 65 ページ

1 ①11405 ②10000 ③8588 ④13671
⑤7511 ⑥12312 ⑦3555 ⑧5199
⑨5567 ⑩25839 ⑪16995 ⑫56553

計算のしかた

① 11
1845
+9560
11405

② 111
5269
+4731
10000

③ 1
5743
+2845
8588

④ 1
6402
+7269
13671

⑤ 111
2584
+4927
7511

⑥ 111
3816
+8496
12312

⑦ 6
5748
−2193
3555

⑧ 29
7308
−2109
5199

⑨ 813
9245
−3678
5567

⑩ 234
34156
− 8317
25839

⑪ 1239
23402
− 6407
16995

⑫ 514
62536
− 5983
56553

2 ①1 ②40 ③33 ④600 ⑤460 ⑥381
⑦5800 ⑧9142

計算のしかた

①10 の一の位の0をとる。
②400 の一の位の0をとる。
③330 の一の位の0をとる。
④6000 の一の位の0をとる。
⑤4600 の一の位の0をとる。
⑥3810 の一の位の0をとる。
⑦58000 の一の位の0をとる。
⑧91420 の一の位の0をとる。

● 66 ページ

3 ①5000 ②372000 ③3000 ④62800
⑤7760 ⑥24000

計算のしかた

①500 の右に0を1つつける。
②372 の右に0を3つつける。
③30 の右に0を2つつける。
④628 の右に0を2つつける。
⑤97×80＝97×8×10＝776×10＝7760

⑥400×60＝4×6×1000＝24×1000
＝24000

4 ①567 ②576 ③600 ④1188
⑤36957 ⑥71064 ⑦9840 ⑧36008

計算のしかた

① 7
×81
7
56
567

② 9
×64
36
54
576

③ 24
×25
120
48
600

④ 66
× 18
528
66
1188

⑤ 381
× 97
2667
3429
36957

⑥ 987
× 72
1974
6909
71064

⑦ 246
× 40
9840

⑧ 643
× 56
3858
3215
36008

5 ①9.9 ②7.2 ③1.2 ④6.4 ⑤8.4 ⑥10
⑦3 ⑧0.8

計算のしかた

①3.8+6.1 → 0.1 が (38+61) こ
→ 0.1 が99 こ → 9.9

②4.5+2.7 → 0.1 が (45+27) こ
→ 0.1 が72 こ → 7.2

③7−5.8 → 0.1 が (70−58) こ
→ 0.1 が12 こ → 1.2

④9.3−2.9 → 0.1 が (93−29) こ
→ 0.1 が64 → 6.4

⑤ 5
+3.4
8.4

⑥ 1
7.2
+2.8
10.0

⑦ 4.6
−1.6
3.0

⑧ 3
4.6
−3.8
0.8

最新版

完 全 予 想

仏検 ③級

3

著者
富田正二

新傾向問題完全対応

筆記問題 編

駿河台出版社

まえがき

　仏検は正式名を実用フランス語技能検定試験（Diplôme d'Aptitude Pratique au Français）といって，実際に役だつフランス語をひろめようという考えかたから発足しました。第1回の実施は1981年といいますから，すでに15年以上の歴史を刻んできたことになります。

　最近になって急速に，フランス語教育法の見直しが進んでいます。それは読む能力の養成だけに偏っていたものから，コミュニケーション能力を身につけさせるためのものへ，教育法を方向転換してゆこうとする動きです。語学学習は「話す，書く，聞く，読む」ということばが本来もっている役割を，できるだけむりのない段階をへながら，総合的に身につけてゆかなければなりません。仏検はこうした改革の流れを先どりしていたといえます。

　本書は，筆者がいくつかの大学で「仏検講座」を担当するにあたって，準備した資料をもとにして作られました。これまでに出題された過去の問題をくわしく分析して，出題傾向をわりだしました。この結果をもとにして章や項目をたてました。受験テクニックを教えるだけではなくて，練習問題を最後までおえたとき，自然に仏検各級の実力がついているようにしようというのが，この問題集のねらいです。

　なお，過去の問題の使用を許可してくださった財団法人フランス語教育振興協会，フランス語の例文作成にあたって貴重な助言をいただいたセルジュ・ジュンタ氏にあつくお礼を申しあげます。また，本書の出版を快諾していただいた駿河台出版社の井田洋二氏と，編集面で寛大にお世話いただいた同社編集部の上野名保子氏に心からの謝意を表します。

　　1996年初夏

著者

　本書が出版されてから4年という歳月が流れました。その間にも仏検は，出題範囲，問題の形式および難易度という点でかなり変化しました。このたびこうした新しい問題の傾向に対応した問題集にするため，筆記問題の部分をほぼ全面的に改訂することにしました。

　本書は幸いにしてご好評をいただきました。本書のよりよい姿に関してご教示くださいました方々にお礼を申しあげます。今後ともさまざまなご指摘をいただければ幸いです。

　　2000年早春

著者

本書の筆記問題を改訂してから4年の歳月が流れました。このたび仏検の新しい問題形式に対応するように、聞きとり問題を全面改訂することになりました。それにともなって、本書を「筆記問題編」と「聞きとり問題編」の分冊にしました。「聞きとり問題編」にはCDがつきます。

　今後とも本書がさらに充実した問題集になるよう努力してゆきたいと思います。これまでと変わらないご鞭撻をいただければ幸いです。

　2004年早春

筆者

　このたび仏検の新しい問題形式に対応するように，「筆記問題編」について3度目の改訂をおこないました。「聞きとり問題編」は，2004年の改訂から別冊にしましたので，あわせてご利用いただければ幸いです。今回は，フランス語文の校閲を千葉商科大学のアニー・ルノドンさんにお願いしました。また全体の校正をカリタス女子短期大学の石上亜紀子さんにお願いしました。編集面では，駿河台出版社の山田仁氏の手をわずらわせました。みなさんの惜しみないお力添えのおかげで，本書を出版することができました。心から感謝いたします。

　本書には，読者のみなさんからさまざまな声をおよせいただき，この場をかりてお礼申しあげます。今後も仏検受験をめざす人たちにとって，より有益な参考書になりますよう努力していきます。これまで通り忌憚のない意見をおよせください。

　2009年盛夏

筆者

も く じ

まえがき……………………………………………………………… i

本書の構成と使いかた……………………………………………… iv

実用フランス語技能検定試験について…………………………… v

筆記問題………………………………………………………………… 1

1. 語彙に関する問題 ……………………………………………… 3

2. 動詞の活用 ………………………………………………………27

3. 代名詞に関する問題 ……………………………………………51

4. 前置詞に関する問題 ……………………………………………71

5. 単語を並べかえる問題 …………………………………………91

6. 応答問題…………………………………………………………113

7. 条件にあった語を選択する問題………………………………141

8. 長文読解…………………………………………………………159

9. 会話文読解………………………………………………………173

第1回実用フランス語技能検定模擬試験 ………………………187

第2回実用フランス語技能検定模擬試験 ………………………203

別冊　解答編

本書の構成と使いかた

　各章は，そのまま実用フランス語技能検定試験問題の設問に対応しています。たとえば，「1. 語彙に関する問題」は仏検試験問題の第1問として出題されるわけです。各章のまえがきに，その章で学習する内容，および仏検における出題傾向のアウトラインを示しました。原則として，学習内容を見開きページになるように構成しました。左ページに「**例題**」と「**解答**」および「**覚えよう！**」を，右ページに *EXERCICE* を配置しました。「**例題**」は過去の出題例にそった問題を紹介するようにしました。「**覚えよう！**」には問題を解くために必要な情報をまとめてあります。*EXERCICE* は「**覚えよう！**」に対応する練習問題ですから，まず左ページをよく読んで，まだ学習していない項目があればこれをマスターし，また知識があいまいになっている項目があればこれを復習してしてから，右ページの *EXERCICE* へ進んでください。あるいは，左ページの項目をマスターしているという自信があれば，*EXERCICE* から始めてもらってもかまいません。解けない問題があったら，「**覚えよう！**」を参照して自分の弱点を補えばよいわけです。最後のページに最近の出題形式をコピーした模擬試験問題が2部ついています。問題集が終わったら試してみてください。*EXERCICE* の解答は別冊になっています。なお，CD付きの「聞きとり問題編」が別に刊行されておりますので，あわせて活用してください。どうせ勉強するのなら，フランス語の実力アップをめざそうではありませんか。

　なお，2006年春季試験から，解答欄はマークシートになりました。本書ではおもに紙幅の関係で「実用フランス語技能検定模擬試験」をのぞいてマークシートを使っていませんのでご了承ください。

Bon courage !

実用フランス語技能検定試験について

　財団法人フランス語教育振興協会による試験実施要項にもとづいて，仏検の概要を紹介しておきます。

7つの級の内容と程度
　つぎに紹介するのは，財団法人フランス語教育振興協会が定めているだいたいの目安です。だれでも，どの級でも受験することができます。試験範囲や程度について，もっと具体的な情報を知りたいという受験生には，過去に出題された問題を実際に解いてみるか，担当の先生に相談することをおすすめします。なお，併願は隣り合った二つの級まで出願することができます。ただし，1級と2級の併願はできません。

5級
程度	初歩的な日常フランス語を理解し，読み，聞き，書くことができる。
標準学習時間	50時間以上（大学で，週1回の授業なら1年間，週2回の授業なら半年間の学習に相当）。

試験内容
読む	初歩的な単文の構成と文意の理解。短い初歩的な対話の理解。
聞く	初歩的な文の聞き分け，挨拶など日常的な応答表現の理解，数の聞き取り。
文法知識	初歩的な日常表現の単文を構成するのに必要な文法的知識。動詞としては，直説法現在，近接未来，近接過去，命令法の範囲。
語彙	約500語

試験形式	一次試験のみ（100点）
筆記	問題数7問，配点60点。試験時間30分。マークシート方式。
聞き取り	問題数4問，配点40点。試験時間約15分。マークシート方式，一部数字記入。
合格基準点	60点

4級
程度	基礎的な日常フランス語を理解し，読み，聞き，書くことができる。
標準学習時間	100時間以上（大学で，週1回の授業なら2年間，週2回の授業なら1年間の学習に相当）。

試験内容
読む	基礎的な単文の構成と文意の理解。基礎的な対話の理解。
聞く	基礎的な文の聞き分け，日常使われる基礎的応答表現の理解，数の聞き取り。
文法知識	基礎的な日常表現の単文を構成するのに必要な文法的知識。動詞としては，直説法（現在，近接未来，近接過去，複合過去，半過去，単純未来，代名動詞），

命令法など。

語彙	約800語
試験形式	一次試験のみ（100点）
筆記	問題数 8 問，配点66点。試験時間45分。マークシート方式。
聞き取り	問題数 4 問，配点34点。試験時間約15分。マークシート方式，一部数字記入。
合格基準点	60点

3級

程度	フランス語の文構成についての基本的な学習を一通り終了し，簡単な日常表現を理解し，読み，聞き，話し，書くことができる。
標準学習時間	200時間以上（大学で，第一外国語としての授業なら 1 年間，第二外国語として週 2 回の授業なら 2 年間の学習に相当）。

試験内容

読む	日常的に使われる表現を理解し，簡単な文による長文の内容を理解できる。
書く	日常生活で使われる簡単な表現や，基本的語句を正しく書くことができる。
聞く	簡単な会話を聞いて内容を理解できる。
文法知識	基本的文法知識全般。動詞については，直説法，命令法，定型的な条件法現在と接続法現在の範囲内。
語彙	約1,500語
試験形式	一次試験のみ（100点）
筆記	問題数 9 問，配点70点。試験時間60分。マークシート方式，一部語記入。
聞き取り	問題数 3 問，配点30点。試験時間約15分（部分書き取り 1 問・10点を含む）。マークシート方式，一部語記入。
合格基準点	60点

準2級

程度	日常生活における平易なフランス語を読み，書き，話すことができる。
標準学習時間	300時間以上

試験内容

読む	一般的な内容で，ある程度の長さの平易なフランス語の文章を理解できる。
書く	日常生活における平易な文や語句を正しく書ける。
聞く	日常的な平易な会話を理解できる。
話す	簡単な応対ができる。
文法知識	基本的文法事項全般についての十分な知識。
語彙	約2,200語

試験形式

一次試験（100点）

筆記	問題数 7 問，配点70点。試験時間75分。マークシート方式，一部記述式。
書き取り	問題数 1 問，配点12点。試験時間（下記聞き取りと合わせて）約25分。
聞き取り	問題数 2 問，配点18点。語記入，記号選択。
合格基準点	68点（2008年春季）

二次試験（30点）

個人面接試験　提示された文章を音読し，その文章とイラストについての簡単なフランス語の質問にフランス語で答える。試験時間約５分。

合格基準点　16点（2008年春季）

２級

程度　日常生活や社会生活を営む上で必要なフランス語を理解し，一般的なフランス語を読み，書き，聞き，話すことができる。

標準学習時間　400時間以上

試験内容

読む　一般的な事がらについての文章を読み，その内容を理解できる。

書く　一般的な事がらについて，伝えたい内容を基本的なフランス語で書き表わすことができる。

聞く　一般的な事がらに関する文章を聞いて，その内容を理解できる。

話す　日常的生活のさまざまな話題について，基本的な会話ができる。

文法知識　前置詞や動詞の選択・活用などについて，やや高度な文法知識が要求される。

語彙　約3,000語

試験形式

一次試験（100点）

筆記　問題数７問，配点68点。試験時間90分。マークシート方式，一部記述式。

書き取り　問題数１問，配点14点。試験時間（下記聞き取りと合わせて）約35分。

聞き取り　問題数２問，配点18点。語記入，記号選択。

合格基準点　65点（2008年春季）

二次試験（40点）

個人面接試験　日常生活に関する質問に対して，自分の伝えたいことを述べ，相手と対話を行なう。試験時間約５分。

合格基準点　18点（2008年春季）

準１級

程度　日常生活や社会生活を営む上で必要なフランス語を理解し，一般的な内容はもとより，多様な分野についてのフランス語を読み，書き，聞き，話すことができる。

標準学習時間　500時間以上

試験内容

読む　一般的な内容の文章を十分に理解できるだけでなく，多様な分野の文章についてもその大意を理解できる。

書く　一般的な事がらについてはもちろんのこと，多様な分野についても，あたえられた日本語を正確なフランス語で書き表わすことができる。

聞く　一般的な事がらを十分に聞き取るだけでなく，多様な分野に関わる内容の文章の大意を理解できる。

話す　身近な問題や一般的な問題について，自分の意見を正確に述べ，相手ときちん

	とした議論ができる。
文法知識	文の書き換え，多義語の問題，前置詞，動詞の選択・活用などについて，かなり高度な文法知識が要求される。
語彙	約5,000語

試験形式

一次試験（120点）

筆記	問題数 8 問，配点80点。試験時間100分。記述式，一部記号選択。
書き取り	問題数 1 問，配点20点。試験時間（下記聞き取りと合わせて）約35分。
聞き取り	問題数 2 問，配点20点。語記入，記号選択。
合格基準点	68点（2008年秋季）

二次試験（40点）

個人面接試験	あたえられたテーマのなかから受験者が選んだものについての発表と討論。試験時間約 7 分。
合格基準点	22点（2007年秋季）

1 級

程度	「読む」「書く」「話す」という能力を高度にバランスよく身につけ，フランス語を実地に役立てる職業で即戦力となる。
標準学習時間	600時間以上

試験内容

読む	現代フランスにおける政治・経済・社会・文化の幅広い領域にわたり，新聞や雑誌の記事など，専門的かつ高度な内容の文章を，限られた時間の中で正確に読みとることができる。
書く	あたえられた日本語をフランス語としてふさわしい文に翻訳できる。その際，時事的な用語や固有名詞についての常識も前提となる。
聞く	ラジオやテレビのニュースの内容を正確に把握できる。広く社会生活に必要なフランス語を聞き取る高度な能力が要求される。
話す	現代社会のさまざまな問題について，自分の意思を論理的に述べ，相手と高度な議論が展開できる。
文法知識	文の書き換え，多義語の問題，前置詞，動詞の選択・活用などについて，きわめて高度な文法知識が要求される。
語彙	制限なし

試験形式

一次試験（150点）

筆記	問題数 9 問，配点100点。試験時間120分。記述式，一部記号選択。
書き取り	問題数 1 問，配点20点。試験時間（下記聞き取りと合わせて）約40分。
聞き取り	問題数 2 問，配点30点。語記入，記号選択。
合格基準点	90点（2008年春季）

二次試験（50点）

個人面接試験	あたえられたテーマのなかから受験者が選んだものについての発表と討論。試

　　　　　　　　験時間約9分
合格基準点　　31点（2008年春季）

　注意　＊聞きとり試験には，フランス人が吹きこんだ CD を使用します。
　　　　＊3級・4級・5級には二次試験はありません。
　　　　＊1級・準1級・2級・準2級の一次試験の合格基準点は，試験ごとに若干の変動が
　　　　　あります。二次試験は，一次試験の合格者だけを対象とします。なお，最終合格は
　　　　　一次試験と二次試験の合計点ではなく，二次試験の結果だけで決まります。
　　　　＊二次試験では，フランス語を母国語とする人ならびに日本人からなる試験委員がフ
　　　　　ランス語で個人面接をします。

試験日程
　春季と秋季の年2回（1級は春季，準1級は秋季だけ）実施されます。なお，願書の受付締
め切り日は，一次試験の約1ヶ月半まえです。
　春季《一次試験》　6月　　　1級，2級，準2級，3級，4級，5級
　　　　《二次試験》　7月　　　1級，2級，準2級
　秋季《一次試験》　11月　　　準1級，2級，準2級，3級，4級，5級
　　　　《二次試験》　翌年1月　準1級，2級，準2級

試験地
　受験地の選択は自由です。具体的な試験会場は，受付がすんでから受験生各人に連絡されま
す。二次試験があるのは1級，準1級，2級，準2級だけです。
＜一次試験＞
　札幌，弘前，盛岡，仙台，福島，水戸（準1級は実施せず），宇都宮（準1級は実施せず），群馬，
　草加，市川，東京，神奈川，新潟（準1級は実施せず），金沢，甲府，松本，岐阜，静岡，三
　島，名古屋，京都，大阪，西宮，奈良，鳥取，松江，岡山，広島，高松（準1・2・準2級は
　実施せず），松山（準1級は実施せず），福岡，長崎，熊本（準1・2級は実施せず），別府（準1級は
　実施せず），宮崎（準1・2級は実施せず），鹿児島（準1・2級は実施せず），西原町（沖縄県）（準
　2級は実施せず），パリ（準2・4・5級は実施せず）
＜二次試験＞　＊準2級のみ実施
　札幌，盛岡＊，仙台，東京，新潟＊，金沢，静岡＊，名古屋，京都，大阪，松江＊，岡山＊，
　広島，福岡，長崎，熊本＊，西原町（沖縄県）（2級のみ実施），パリ（準1・2級のみ実施）
　注意　試験日程および会場は，年によって変更される可能性がありますので，詳しくは仏検
　　　　事務局までお問い合わせください。

問い合わせ先／受付時間
　財団法人　フランス語教育振興協会　仏検事務局
　〒102-0073　東京都千代田区九段北1-8-1　九段101ビル
　TEL 03-3230-1603　FAX 03-3239-3157　E-mail dapf@apefdapf.org
　　　月曜日〜金曜日（祝祭日をのぞく）10：00〜17：00

筆記問題編

1
語彙に関する問題

　設問では，日本語文に対応するフランス語文が書かれています。フランス語文に含まれる空欄部分にフランス語（1語）を記入しなければなりません。記入する単語は最初のスペルがヒントとして示されています。名詞，形容詞，動詞，副詞がその対象となります。形容詞では性・数一致にも注意しましょう。動詞については活用を正しく書かなければなりません。日常的によく使われる慣用的な表現の知識が必要になりますから，その表現を構成するキーワードに着目して，正確に書けるようにしておきましょう。

出題例（2016年春季①）

1 　次の日本語の表現 (1) 〜 (4) に対応するように、（　　　）内に入れるのにもっとも適切なフランス語（各1語）を、**示されている最初の文字とともに**、解答欄に書いてください。（配点　8）

(1) 　いいえ、けっこうです。
　　　Non, (m　　).

(2) 　お誕生日おめでとう。
　　　(B　　) anniversaire !

(3) 　よろこんで。
　　　Avec (p　　).

(4) 　論外だ。
　　　Pas (q　　).

1．人との交わり

次の日本語の表現に対応する文を作るとき，（　　　）内に入る最も適切なフランス語（各1語）を，示されている最初の文字とともに書きなさい。

(1) はじめまして。
    (E　　　　　　　　).

(2) では，また来週。
    À la semaine (p　　　　　　　).

(3) 申しわけありません。
    Je vous demande (p　　　　　　　).

・解答・ (1) **Enchanté**(*e*)　　(2) **prochaine**　　(3) **pardon**

覚えよう♪

① **出会いのあいさつ**

Bonjour, tout le monde !　　　　　　　　こんにちは，みなさん！
　　注 monde には「世界」と「人々」の意味があります。
　　　　le monde entier　全世界　　beaucoup de monde　たくさんの人々

Enchanté(*e*) de faire votre connaissance.　はじめまして。

Je suis content(*e*) de vous connaître.　お近づきになれてうれしく思います。

Je suis heureu*x*(*se*) de vous voir.　お会いできてうれしく思います。

② **別れのあいさつ**

À tout de suite !　それじゃあ，あとでね！		À tout à l'heure !　また後ほど！	
À bientôt !　じゃあ，また近いうちに！		À plus tard !　またあとで！	
À la prochaine fois !　また今度！		À la semaine prochaine !　また来週！	
À un de ces jours !　いずれ，また近いうちに！		À ce soir !　では，今晩また！	

Il faut que je m'en aille.　もう行かなくては。

Il est temps que je rentre.　そろそろ失礼します。

Dis bonjour à tes parents.　ご両親によろしく。

③ **礼を言ったり，謝ったりするときなどに用いる表現**

Merci beaucoup d'être venu tout de suite.
　　　　　　　　　早速来てくださって，どうもありがとうございます。
　—Je vous en prie.　　　　　—どういたしまして。

Je ne sais pas comment vous remercier.　何とお礼を言ったらよいのか。
　—De rien.　　　　　　　　—どういたしまして。

Je vous demande pardon.　—Ce n'est rien.　申しわけありません。—なんでもありません。

Excuse-moi.　　　　　—Ça ne fait rien.　すみません。　　　—かまいませんよ。

4

Nous sommes en retard, je m'excuse, c'est de ma faute.

私たちは遅れている，ごめんなさい，私のせいです。

◆ **tout を使った表現**

tous les jours	毎日	toutes les semaines	毎週
tous les quatre ans	4年おきに	toutes les heures	1時間おきに
Après tout, tu as raison.		結局君の言うことが正しい。	
Combien de temps faut-il en tout ?		全部でどれくらいの時間がかかりますか？	
C'est tout.		以上です［それだけです，それで全部です］。	
Dites-moi tout ce que vous avez à dire.		気づいたことがあったら何でも言ってください。	
De toute façon, il est trop tard.		いずれにせよ，もう遅すぎる。	

EXERCICE 1

次の日本語の表現に対応する文を作るとき，（　　）内に入る最も適切なフランス語（各1語）を，示されている最初の文字とともに，解答欄に書いてください。

(1) お近づきになれてとてもうれしく思います。

　　Je suis très (c　　　　　　　) de faire votre connaissance.　　　　_____

(2) お礼の申しあげようがありません。

　　Je ne sais pas (c　　　　　　　) vous remercier.　　　　_____

(3) 彼に私からよろしくとお伝えください。

　　Dites-lui (b　　　　　　　) de ma part.　　　　_____

(4) ご家族にお迎えいただきとてもうれしく思います。

　　Je suis très (h　　　　　　　) d'être accueillie dans votre famille.　　_____

(5) じゃ，また近いうちに！

　　À (b　　　　　　　)!　　　　_____

(6) それじゃ，またあとで！

　　À tout de (s　　　　　　　)!　　　　_____

(7) だれもがそのようにする。

　　(T　　　　　　　) le monde fait comme ça.　　　　_____

(8) どういたしまして，何でもありません。

　　Ce n'est (r　　　　　　　).　　　　_____

(9) またあした！

　　À (d　　　　　　　)!　　　　_____

(10) 私たちは夕食に来る人たちを待っている。

　　Nous attendons du (m　　　　　　　) à dîner.　　　　_____

2．約束する

次の日本語の表現に対応する文を作るとき，（　　）内に入る最も適切なフランス語（各１語）を，示されている最初の文字とともに書きなさい。

⑴　先約があります。

　　　Je suis déjà (p　　　　　　).

⑵　さあ，めしあがれ！

　　　Bon (a　　　　　　) !

⑶　いい匂いだね。

　　　Ça sent (b　　　　　　).

・解答・　⑴　pris(*e*)　　⑵　appétit　　⑶　bon

覚えよう！

約束するときに用いる表現

Rendez-vous à sept heures.	７時に会いましょう。
On pourrait se revoir un de ces jours ?	近いうちにまた会えますか？
Je n'y manquerai pas.	きっとそうします，承知しました。
J'ai le week-end libre.	週末は空いています。
Je suis déjà pris(*e*).	先約があります。
Je serai un peu en retard.	少し遅れます。
Je peux passer chez toi demain ?	あす家へ行ってもいい？
—Je ne peux pas. J'ai rendez-vous avec Alain.	—だめだよ。アランと約束がある。
Je suis désolé(*e*), mais je ne suis pas libre demain.	ごめんなさい，あすは空いていない。
—C'est dommage que tu ne viennes pas demain.	—君があす来られないのは残念です。
Je reviendrai après.	出なおして来ます。
Je viendrai la prochaine fois.	また次の機会にうかがいます。

◆　**Bon(*ne*)**（よい，正しい，おいしい，じゅうぶんな）**を使った表現**

Bon anniversaire !	誕生日おめでとう！
Bon appétit !	さあ，めしあがれ！
Bon courage !	がんばってね！
Bon voyage !	楽しい旅行を！
Bonne année !	新年おめでとう！（元日：le jour de l'an, le premier de l'an）
Bonne chance !	幸運を祈ります！
Bonne journée !	よい１日を！
Bonne nuit !	おやすみなさい！
Bonne soirée !	では，よい晩を！
Bonnes vacances !	よい休暇を！

C'est la bonne adresse ?	これは正しい住所ですか？
Ce ticket n'est plus bon.	この切符はもう使えません。
C'était vraiment très bon !	ほんとうにおいしかった！
Ajoutez une bonne pincée de sel.	たっぷり１つまみの塩を加えてください。
Ça sent bon.	いい匂いだね。

> 注　mauvais「悪い，まちがった」
>
> | | |
> |---|---|
> | Il n'est pas sorti à cause du mauvais temps. | 彼は悪天候のために外出しなかった。 |
> | Nous avons pris la mauvaise route. | 私たちは道をまちがえた。 |
> | Ça sent mauvais, ça sent le gaz. | 変な臭いがする，ガスくさいよ。 |

EXERCICE 2

　次の日本語の表現に対応する文を作るとき，（　　）内に入る最も適切なフランス語（各１語）を，示されている最初の文字とともに，解答欄に書いてください。

(1)　遅れるんじゃないかと心配です。
　　　J'ai peur d'être en (r　　　　　　　).　　　　　　　　_____

(2)　君が日曜日空いていないのは残念だ。
　　　C'est (d　　　　　　　) que tu ne sois pas libre dimanche.　_____

(3)　きょうの午後は約束があります。
　　　J'ai un (r　　　　　　　) cet après-midi.　　　　　　_____

(4)　承知しました。
　　　Je n'y (m　　　　　　　) pas.　　　　　　　　_____

(5)　新年おめでとうございます。
　　　Je vous souhaite une bonne (a　　　　　　　).　　　_____

(6)　楽しい旅行を！
　　　Bon (v　　　　　　　) !　　　　　　　　　　_____

(7)　番号をおまちがえですよ。
　　　Vous faites un (m　　　　　　　) numéro de téléphone.　_____

(8)　村へ行くにはこの方向でいいのですか？
　　　C'est la (b　　　　　　　) direction pour le village ?　_____

(9)　よい週末を。
　　　Bon (w　　　　　　　).　　　　　　　　　　_____

(10)　私はたっぷり１時間はそこにいた。
　　　Je suis resté une (b　　　　　　　) heure.　　　_____

3．誘う，意見を言う

次の日本語の表現に対応する文を作るとき，（　　）内に入る最も適切なフランス語（各1語）を，示されている最初の文字とともに書きなさい。

(1) 田舎へ行きませんか？

　　Si on (a　　　　　　　　) à la campagne ?

(2) 喜んで。

　　Avec (p　　　　　　　).

(3) それにはおよびません。

　　Ce n'est pas la (p　　　　　　　).

・解答・　(1) **allait**　　(2) **plaisir**　　(3) **peine**

覚えよう！

① 誘うときに用いる表現とその答えかた

Nous y allons tous ensemble ?	みんなでいっしょに行こうか？
—Oui, je veux bien.	—はい，喜んで。
Est-ce que tu viens avec moi ?　—Bien sûr !	いっしょに来る？　—もちろん！
Que dis-tu d'aller boire un café ensemble ?	いっしょにコーヒーでも飲みませんか？
—D'accord. On y va.	—いいよ。行きましょう。
Si nous prenions un taxi ensemble ?	タクシーに相乗りするというのはどうですか？
—Je vais voir.	—考えてみます。
Ça te dirait d'aller en promenade ?	散歩へ行くというのはどう？
—Pourquoi pas ?	—いいんじゃない？
Avec plaisir.	喜んで。
Pas de problème.	問題ありません，いいですよ。
C'est une bonne idée.	それはいい考えだよ。
Ça m'est égal !	私にはどちらでもいい！
Comme vous voulez.	お好きなように。
Pas question !	論外だ！
Travailler le dimanche ? C'est hors de question.	日曜日に働くだって？ 話にならないよ。

② 意見を言ったり，たずねたりするときに用いる表現とその答えかた

Je te conseille d'aller plutôt au Maroc.	むしろ，モロッコ行きをすすめるよ。
Pour ça, il vaut mieux aller à Montparnasse.	それなら，モンパルナスへ行ったほうがいい。
Je vais vous chercher à la gare ?	駅まで迎えに行きましょうか？
—Non, ce n'est pas la peine.	—いいえ，それにはおよびません。
C'est ça.	その通りです。
Vous avez raison.	おっしゃる通りです。

8

Moi aussi, j'aime beaucoup le vin.	私もワインが大好きよ。
Toi non plus, tu n'as rien à dire ?	君も言うことはなにもないの？
Il viendra ce soir ? —Sans doute.	今晩彼は来るの？ —たぶんね。
Je ne sais pas.	知りません。
Je ne comprends pas bien.	よくわかりません。
Qu'est-ce que ça veut dire ?	それはどういう意味ですか？
Que veux-tu ?	どうしろと言うの？
Ce n'est pas possible ! (＝Pas possible !)	まさか，冗談でしょう！
Ce n'est pas vrai !	まさか，うそでしょう！
Moi, à ta place, j'aurais refusé.	私が，君の立場だったら，断っていたでしょう。
Que faudrait-il faire, à votre avis ?	どうしなければならないと思いますか？

EXERCICE 3

次の日本語の表現に対応する文を作るとき，（　）内に入る最も適切なフランス語（各1語）を，示されている最初の文字とともに，解答欄に書いてください。

(1) 1周するならレンタカーを借りるほうがいい。

Il vaut (m　　　　　　　) louer une voiture pour faire le tour.　　　_____

(2) いっしょに行こうか？

Ça te dirait d'y aller (e　　　　　　) ?　　　_____

(3) お好きなように！

(C　　　　　　) tu veux !　　　_____

(4) 彼女は約束を忘れたのかなあ？　—たぶんね。

Elle a oublié le rendez-vous ? — (S　　　　　　) doute.　　　_____

(5) 彼の申し出を受け入れるなんて論外だよ。

Pas (q　　　　　　) d'accepter sa proposition.　　　_____

(6) 考えられないよ！

Pas (p　　　　　　) !　　　_____

(7) 講演会には出席しなかったの？　ぼくもだよ。

Tu n'as pas assisté à la conférence ? Moi non (p　　　　　　).　　　_____

(8) どちらでもいいよ！

Ça m'est (é　　　　　　) !　　　_____

(9) ぼくだったら，医者に診てもらうけどね。

À ta (p　　　　　　), je consulterais un médecin.　　　_____

(10) もちろん！

Bien (s　　　　　　) !　　　_____

4．食事，買いもの

次の日本語の表現に対応する文を作るとき，（　　）内に入る最も適切なフランス語（各1語）を，示されている最初の文字とともに書きなさい。

(1) こちらにします。

Je (p　　　　　　) celle-ci.

(2) サービス料込みで80ユーロのコース料理。

Le menu à 80 euros, service (c　　　　　　).

(3) ニース行きの往復切符を1枚ください。

Un aller et (r　　　　　　) pour Nice, s'il vous plaît.

・解答・ (1) **prends**　(2) **compris**　(3) **retour**

覚えよう！

① 食事をするときに用いる表現

Je prendrai un bifteck-frites.	ステーキのフライドポテト添えをいただきます。
—Et comme boisson, monsieur ?	—で，お飲みものは何にしましょうか？
Quel est le plat du jour ?	本日のおすすめ料理は何ですか？
Quelle est la spécialité de cette maison ?	この店の自慢料理は何ですか？
À votre santé !	乾杯！
Vous avez un joli service à thé.	すてきな紅茶セットをおもちですね。
À table, les enfants !	あなたたち，ご飯ですよ！
Un peu de fromage ?　—Je veux bien.	少し，チーズはいかが？　—いただきます。
Sers-moi un peu de vin, s'il te plaît.	少しワインをください。

② 買いものをするときに用いる表現

Je vous dois combien ? [C'est combien ?]	おいくらですか？
Je dois payer à l'avance ?	前納しなければなりませんか？
Quelle taille faites-vous ?　—Du 42.	サイズはどれくらいですか？　—42です。
Où sont les vêtements de grandes tailles ?	Lサイズの服はどこにありますか？
Alors, je le prends.	では，それにします。
Gardez la monnaie !	おつりはとっておいてください！
Je peux essayer ?	試着してみてもいいですか？
Je peux goûter ?	試食してもいいですか？
La note, s'il vous plaît.	（ホテルで）会計をお願いします。
L'addition, s'il vous plaît.	（飲食店で）会計をお願いします。
Le petit déjeuner est compris ?	朝食代は含まれていますか？
Je voudrais un aller [un aller et retour] pour Lyon.	
	リヨン行きの片道切符［往復切符］を1枚ください。

Je voudrais avoir une carte de crédit.　　クレジットカードを作りたいのですが。

Je cherche une voiture d'occasion.　　中古車を探しています。

Le plein, s'il vous plaît.　　満タンにしてください。

◆　**autre**（他の，別の）**と même**（同じ）**を使った表現**

Montrez-moi d'autres modèles, s'il vous plaît.　他のタイプを見せてください。

Certains veulent partir en promenade, d'autres veulent rester à la maison.

散歩に出かけたい人もいれば，家にじっとしていたい人もいる。

Je l'ai aperçue l'autre jour dans la rue.　　先日通りで彼女を見かけた。

Il a le même âge que toi.　　彼は君と同じ歳です。

J'ai mal à la tête, mais je vais au travail tout de même.

頭は痛いけれど，それでも仕事に行くよ。

EXERCICE 4

次の日本語の表現に対応する文を作るとき，（　　）内に入る最も適切なフランス語（各1語）を，示されている最初の文字とともに，解答欄に書いてください。

⑴　おいくらですか？

Je vous (d　　　　　) combien ?　　　　　　　　　　_____

⑵　会計をお願いします。

L'(a　　　　　), s'il vous plaît.　　　　　　　　　　_____

⑶　買いものの代金をクレジットカードで支払いたいのですが。

Je voudrais payer mes achats avec ma (c　　　　　) de crédit.　_____

⑷　乾杯！

À votre (s　　　　　) !　　　　　　　　　　_____

⑸　君は新車を買うつもり，それとも中古車？

Tu vas acheter une voiture neuve ou d'(o　　　　　) ?　　_____

⑹　このあいだ，私はあのお城を訪れた。

L'(a　　　　　) jour, j'ai visité ce château.　　　_____

⑺　父は食事中です。

Mon père est à (t　　　　　).　　　　　　　　　_____

⑻　デザートは何になさいますか？

Qu'est-ce que vous prenez (c　　　　　) dessert ?　　_____

⑼　他の人たちの意見も聞きましょう。

Demandons l'avis des (a　　　　　) personnes.　　　_____

⑽　私はとても忙しい，それでもヴァカンスはとります。

Je suis très occupé, mais je prends des vacances tout de

(m　　　　　).　　　　　　　　　　　　　　　_____

５．実用情報

-----・例題・-----

次の日本語の表現に対応する文を作るとき，（　　）内に入る最も適切なフランス語（各１語）を，示されている最初の文字とともに書きなさい。

(1)　左に曲がってください。

　　　　Tournez à (g　　　　　　　　　), s'il vous plaît.

(2)　いつから入居可能ですか？

　　　　À (p　　　　　　　　) de quand puis-je m'installer ?

(3)　このタクシーは空いていますか？

　　　　Ce taxi est (l　　　　　　　　) ?

・解答・　(1)　**gauche**　　(2)　**partir**　　(3)　**libre**

覚えよう！

① 場所や方向について言うときに用いる表現

Tournez à droite au prochain carrefour.	次の交差点を右に曲がってください。
Vous prenez la rue à gauche.	その通りを左に行ってください。
Continuez tout droit.	このまままっすぐ行ってください。
Je me suis perdu(*e*).	道に迷いました。
La pharmacie, c'est près [loin] d'ici ?	その薬局はここから近い［遠い］ですか？
C'est juste à côté.	それはすぐそこです。
Où est l'horaire de départ des cars ?	長距離バスの出発時刻表はどこにありますか？
L'île de la Cité est au cœur de Paris.	シテ島はパリの真ん中にある。
Ta fête, ça se passe où ?	あなたのパーティーは，どこであるの？
Où passe-t-on ce film ?	その映画はどこで上映されていますか？
Il habite un appartement de deux pièces avec cuisine.	
	彼は２部屋に台所付きのアパルトマンに住んでいる。

② 時，方法，値段などを言うときに用いる表現

À partir de quel jour commencent les cours ?	開講日はいつですか？
Le prix pourra doubler d'ici 2040.	2040年までに物価は２倍になるかもしれない。
Envoie ta lettre par avion, ça ira plus vite.	君の手紙は航空便で送りなさい，そのほうが早い。
Cette robe doit être nettoyée à sec.	このドレスはドライクリーニングしなければならない。
On peut chercher la mairie sur le plan de la ville.	市役所は市街地図で探すことができる。
Ça coûte cher.	それは高いよ。
C'est très bon marché.	とても安いですよ。（bon marché は性・数不変）
«Entrée libre»	「入場無料」
L'entrée coûte dix euros par personne.	入場料は１人あたり10ユーロです。
Il n'y a plus une chambre libre dans l'hôtel.	ホテルに空き部屋はもう１部屋もない。

Cette place est déjà prise ?	この席はもうふさがっていますか？
Les toilettes sont occupées.	トイレはふさがっています。
Le vol de Paris à Londres a été annulé.	パリ・ロンドン間の便は欠航となった。
À quoi ça sert ?	これは何に使うものですか？
Il y a des compartiments fumeurs dans les trains ?	列車内には，喫煙客室はありますか？

◆ さまざまな否定表現

Je ne veux plus de viande.	もう肉は欲しくない。（ne...plus　もう...ない）
Elle ne boit jamais d'alcool.	彼女はアルコールはけして飲まない。（ne...jamais　けして...ない）
Le musée n'est pas encore ouvert.	美術館はまだ開いていない。（ne...pas encore　まだ...ない）
Nous n'avons rien à boire.	私たちは飲むものがなにもない。（ne...rien　なにも...ない）
Il n'y a personne dans la salle.	会場にはだれもいない。（ne...personne　だれも...ない）
Je ne connais aucun d'eux.	私は彼らのだれも知らない。（ne...aucun(e)　いかなる...もない）
Je ne suis pas du tout fatigué.	私はまったく疲れていない。（ne...pas du tout　まったく...ない）

EXERCICE 5

次の日本語の表現に対応する文を作るとき，（　　）内に入る最も適切なフランス語（各1語）を，示されている最初の文字とともに，解答欄に書いてください。

(1) 駅から遠くないところに，小さなカフェがある。

Non (l　　　　　　　) de la gare, vous trouverez un petit café.　＿＿＿＿＿＿＿

(2) 彼らは美しい5部屋のアパルトマンを買った。

Ils ont acheté un beau cinq-(p　　　　　　　).　＿＿＿＿＿＿＿

(3) 「禁煙席」

«Non-(F　　　　　　　)».　＿＿＿＿＿＿＿

(4) この辺に安くておいしいレストランはありますか？

Y a-t-il de bons restaurants bon (m　　　　　　) près d'ici ?　＿＿＿＿＿＿＿

(5) 時刻表で列車の到着時刻を確かめなさい。

Vérifie l'heure d'arrivée du train sur l'(h　　　　　　).　＿＿＿＿＿＿＿

(6) ストラスブール行きの便の出発がアナウンスされている。

Le départ du (v　　　) à destination de Strasbourg est annoncé.　＿＿＿＿＿＿＿

(7) その映画はいくつかの小劇場で上映されている。

Ce film (p　　　　　　) dans des studios de cinéma.　＿＿＿＿＿＿＿

(8) パリは生活費がかさむ。

La vie est (c　　　　　) à Paris.　＿＿＿＿＿＿＿

(9) まっすぐ行ってください。

Allez tout (d　　　　　).　＿＿＿＿＿＿＿

(10) 道に迷いました。

Je me suis (p　　　　　).　＿＿＿＿＿＿＿

6．時や終始を表わすさまざまな表現

次の日本語の表現に対応する文を作るとき，（　　）内に入る最も適切なフランス語（各1語）を，示されている最初の文字とともに書きなさい。

(1)　2人同時に話さないでください。

　　　　Ne parlez pas tous les deux en même (t　　　　　　　).

(2)　できるだけ早く帰ってきて。

　　　　Reviens le plus tôt (p　　　　　　　).

(3)　あなたが最近読んだ小説は何ですか？

　　　　Quel est le (d　　　　　　　) roman que vous avez lu ?

・解答・　(1)　**temps**　　(2)　**possible**　　(3)　**dernier**

覚えよう！

◆　**temps** を使った表現

Il travaille à temps plein [partiel].	彼はフルタイム［パート］で働いている。
Ils sont arrivés à temps.	彼らは時間通りに着いた。
Prenez votre temps.	どうぞごゆっくり。
Nous nous voyons de temps en temps.	私たちはときどき会う。
Vous pouvez emprunter trois livres en même temps.	同時に3冊まで借りられますよ。
Pouvez-vous me donner l'emploi du temps ?	時間割をいただけますか？
Il est temps d'aller à l'école.	学校へ行く時間だよ。

◆　**longtemps**（長いあいだ）を使った表現

Ça fait longtemps que j'en ai envie.	私はずっとまえからそれが欲しかった。
Ils habitent ici depuis longtemps.	彼らはずっと前からここに住んでいる。

◆　**toujours**（いつも，相変わらず）を使った表現

Sa femme est toujours très aimable.	彼の奥さんはいつも愛想がいい。
Elle aime toujours son mari.	彼女は今も変わらず夫を愛している。
Je ne serai pas toujours là.	私はいつも家にいるとはかぎらない。
Le bus n'arrive toujours pas.	バスはまだ来ない。

◆　**tôt**（早く），**tard**（遅く）を使った表現

Tu sauras tôt ou tard.	遅かれ早かれ君にもわかるよ。
Je serai là dans une heure au plus tard.	遅くとも1時間後には着きます。
Les travaux commenceront dans un mois au plus tôt.	
	工事が始まるのは早くとも1ヶ月後でしょう。
Réponds-moi le plus tôt possible.	なるべく早く返事をちょうだい。

◆　**tomber** を使った表現

Ça tombe bien !	ちょうどよかった！
Ça tombe vraiment mal, cette panne !	ほんとうにタイミングが悪いね，この故障は！

14

◆ **premier**, *première*（最初の，最初の人［もの］）**を使った表現**

Elle a fini l'exercice la première.　　　彼女は練習問題を一番に終えた。

Nous sommes le premier décembre.　　　今日は12月1日です。

C'est la première fois que je viens ici.　　　ここに来るのは初めてなんです。

◆ **dernier**, *dernière*（最後の，最後の人［もの］）**を使った表現**

Il est le dernier de la classe.　　　彼はクラスで最下位です。

Nous nous sommes vus la semaine dernière.　　　先週，私たちは会った。

À quelle heure part le dernier métro ?　　　地下鉄の終電は何時ですか？

EXERCICE 6

次の日本語の表現に対応する文を作るとき，（　　）内に入る最も適切なフランス語（各1語）を，示されている最初の文字とともに，解答欄に書いてください。

(1)　あなたたち，もう寝る時間よ。

Il est (t　　　　　　) d'aller au lit, les enfants.　　　　＿＿＿＿＿＿＿＿

(2)　あなたには長らくお目にかかっていません。

Ça fait (l　　　　　　) que je ne vous ai pas vu.　　　　＿＿＿＿＿＿＿＿

(3)　彼の小説はいつも同じようにいいできだとはかぎらない。

Ses romans ne sont pas (t　　　　　　) aussi bons.　　　　＿＿＿＿＿＿＿＿

(4)　そこに着くのは早くとも7時になるでしょう。

Je serai là au plus (t　　　　　　) à sept heures.　　　　＿＿＿＿＿＿＿＿

(5)　そこへは去年行きました。

J'y suis allé l'année (d　　　　　　).　　　　＿＿＿＿＿＿＿＿

(6)　ちょうどいいところに来たね，君の考えをきいてみたかったんだ。

Tu (t　　　　　　) bien, on voulait te demander ton avis.　　　　＿＿＿＿＿＿＿＿

(7)　フランスには初めて来ました。

C'est la (p　　　　　　) fois que je viens en France.　　　　＿＿＿＿＿＿＿＿

(8)　本の返却期限に遅れてしまいました。

Je n'ai pas pu rendre les livres à (t　　　　　　).　　　　＿＿＿＿＿＿＿＿

(9)　もうこんな時間だ，帰らなくては。

Il est déjà (t　　　　　　), il faut que je m'en aille.　　　　＿＿＿＿＿＿＿＿

(10)　約束の場所に着いたのは君が一番遅かった。

Tu es arrivé le (d　　　　　　) au rendez-vous.　　　　＿＿＿＿＿＿＿＿

15

7．人や物の評価

次の日本語の表現に対応する文を作るとき，（　　）内に入る最も適切なフランス語（各1語）を，示されている最初の文字とともに書きなさい。

(1) そう思う？

　　Tu (t　　　　　　　)?

(2) もうおしまいだ。

　　C'est (f　　　　　　).

(3) なんてついてるんだろう！

　　(Q　　　　　　　) chance !

・解答・　(1) **trouves**　　(2) **fini**　　(3) **Quelle**

―― 覚えよう！――

人や物を評価するときに用いる表現

Cet acteur est super, tu ne trouves pas ?	この男優は最高だね，そう思わない？
Pas vraiment [tellement].	それほどじゃない。
Vous trouvez ?	そう思いますか？
Quelle est votre actrice préférée ?	あなたのお気に入りの女優はだれ？
Vraiment, elle exagère !	ほんとうに，彼女はやりすぎだよ［ひどいよ］！
Que penses-tu de ce film ?	この映画をどう思う？
—Je n'en pense pas grand-chose.	—たいしたことはないと思うよ。
Il est comment ce pull ?	このセーターはどう？
— Pas mal. Mais il est plutôt cher.	—悪くない。でもどちらかというと高いよ。
Elle est comment cette robe ?	このワンピースはどう？
—Je préfère celle-là.	—あちらのほうがいいわ。
J'aime mieux ça.	こちらの方が好きです。
Cette cravate te va bien.	そのネクタイはよく似合ってるわよ。
Ce manteau est très joli.	そのコートはすてきだわ。

◆　C'est...を使った表現

C'est très joli.	とてもきれいだわ。
C'est fini.	もう終わった，おしまいだ。
C'est gentil.	どうもご親切に。
C'est complet.	満員です。
C'est dur !	それは難しい［きつい，つらい］！
C'est génial !	うまい，見事だ，すばらしい！
C'est à la mode.	今，流行しています。
C'est le grand jour.	それは大切な日です。

C'est pareil.	それは同じことだよ。
C'est très drôle !	それはじつに妙だ！
C'est délicieux.	とてもおいしい。

◆ **quel**（男性・単数）, **quels**（男性・複数）, **quelle**（女性・単数）, **quelles**（女性・複数）を用いた表現

Quel sale temps !	なんていやな天気なんだ！
Quels imbéciles !	なんてばかな奴らなんだろう！
Quelle chance !	なんて運がいいんだ！

EXERCICE 7

次の日本語の表現に対応する文を作るとき，（　）内に入る最も適切なフランス語（各1語）を，示されている最初の文字とともに，解答欄に書いてください。

(1) 今，流行しています。

　　C'est à la (m　　　　　　).　　　　　　　　　　＿＿＿＿＿＿

(2) 車より地下鉄にしようよ。

　　Prenons le métro (p　　　　　　) que la voiture.　＿＿＿＿＿＿

(3) ここは私のお気に入りの場所なんです。

　　C'est mon endroit (p　　　　　　).　　　　　　　＿＿＿＿＿＿

(4) この絵をどう思いますか？

　　Que (p　　　　　　)-vous de ce tableau ?　　　　＿＿＿＿＿＿

(5) そのスカートは悪くない。

　　Elle n'est pas (m　　　　　　), cette jupe.　　　＿＿＿＿＿＿

(6) とてもおいしい。

　　C'est (d　　　　　　).　　　　　　　　　　　　＿＿＿＿＿＿

(7) なんてすてきな家なんだ！

　　(Q　　　　　　) jolie maison !　　　　　　　　＿＿＿＿＿＿

(8) ほんとうに，彼はいい気になってる！

　　Vraiment, il (e　　　　　　) !　　　　　　　　＿＿＿＿＿＿

(9) 満員です。

　　C'est (c　　　　　　).　　　　　　　　　　　　＿＿＿＿＿＿

(10) 私は彼女の妹のほうが好きだ。

　　J'aime (m　　　　　　) sa sœur.　　　　　　　　＿＿＿＿＿＿

8. 身のまわりの話題

次の日本語の表現に対応する文を作るとき，（　　）内に入る最も適切なフランス語（各1語）を，示されている最初の文字とともに書きなさい。

(1) 君は元気そうだね。

　　　Tu as l'air en (f　　　　　　　).

(2) 彼女は数学が得意だ。

　　　Elle est (f　　　　　　) en maths.

(3) お先にどうぞ。

　　　(A　　　　　　) vous, je vous en prie.

・解答・　(1)　**forme**　　(2)　**forte**　　(3)　**Après**

覚えよう！

① **体調について話すときに用いる表現**

Ça va ? —Comme ci comme ça.	元気？　—まあまあだよ。
Tu as mauvaise mine. —Je ne suis pas en forme.	顔色がよくないよ。—体調がよくないんだ。
Je me sens encore mal.	相変わらず気分が悪いんです。
Je me sens un peu mieux.	少し気分がよくなりました。
Ça fait mal ?	それは痛むの？

　　🈟　**mal** は否定に近い意味を表わすことがあります。

　　　　Je dors mal ces jours-ci.　この頃よく眠れません。

② **身辺の事柄について話すときに用いる表現**

Cette montre ne marche pas bien.	この時計はあまり調子がよくない。
Ma voiture est en panne.	私の車は故障しました。
Qu'est-ce qui se passe ?	どんな状態ですか？
—Les freins ne marchent plus.	—ブレーキがききません。
Au mieux, tu peux attraper ce train.	うまくいけば，その列車にまにあうよ。
Je fais partie d'un club de golf.	私はゴルフ部に入っています。
Il n'est pas fort en anglais.	彼は英語が得意ではない。
Je suis faible en chimie.	私は化学が苦手です。
On parle beaucoup de ce film en ce moment.	その映画は今評判になってる。
J'écoute n'importe quelle musique.	私はどんな音楽でも聞きます。
Elle est la femme de ma vie.	彼女は私の理想の女性です。
Soyez bien sages, les enfants !	みんな，いい子にしてるんですよ！
Du calme !	静かに！
Après vous, je vous en prie.	お先にどうぞ。
Tu es prête, Marie ?	用意はできたの，マリー？
—J'arrive !	—すぐ行きます。

Un moment [instant], s'il vous plaît.	ちょっと待ってください。
Une minute, s'il vous plaît.	ちょっと待ってください。
Je ne sais pas quoi faire.	どうすればいいのかわからない。
Je n'y pouvais rien.	お手上げでした。
Qu'est-ce qui s'est passé ?	なにがあったの？
—Rien de spécial.	—とくになにも。
Au secours !	助けて！
Tant pis !	仕方がない！
Ça y est !	これでよし［やったあ，ほらやっぱり，オーケー，準備はできた］！

EXERCICE 8

次の日本語の表現に対応する文を作るとき，（　）内に入る最も適切なフランス語（各1語）を，示されている最初の文字とともに，解答欄に書いてください。

(1) いつでもいいから来てください，私は家にいますから。
　　Venez n'(i　　　　　　) quand, je suis chez moi.　　＿＿＿＿＿＿＿

(2) すぐ行きます。
　　J'(a　　　　　　)！　　＿＿＿＿＿＿＿

(3) エアコンの具合が悪いんです。
　　La climatisation ne (m　　　　　　) pas bien.　　＿＿＿＿＿＿＿

(4) 声がよく聞こえません。
　　Je vous entends (m　　　　　　).　　＿＿＿＿＿＿＿

(5) ちょっと待ってください。
　　Un (i　　　　　　), s'il vous plaît.　　＿＿＿＿＿＿＿

(6) 停電です。
　　C'est une (p　　　　　　) d'électricité.　　＿＿＿＿＿＿＿

(7) どうにもできなかった。
　　Je n'y pouvais (r　　　　　　).　　＿＿＿＿＿＿＿

(8) まあまあです。
　　Ça va comme ci (c　　　　　　) ça.　　＿＿＿＿＿＿＿

(9) みんな，用意はできた？
　　Vous êtes (p　　　　　　), les enfants ?　　＿＿＿＿＿＿＿

(10) 息子はだいぶ元気になりました。
　　Mon fils va (m　　　　　　).　　＿＿＿＿＿＿＿

19

9．電話

次の日本語の表現に対応する文を作るとき，（　）内に入る最も適切なフランス語（各1語）を，示されている最初の文字とともに書きなさい。

⑴　そのままお待ちください。

　　　Ne (q　　　　　　　) pas, s'il vous plaît.

⑵　うんざりだ！

　　　J'en ai (a　　　　　　) !

⑶　あなたにお電話です。

　　　(Q　　　　　　　) vous demande au téléphone.

―――

・解答・　⑴　**quittez**　　⑵　**assez**　　⑶　**Quelqu'un**

覚えよう！

電話で話すときに用いる表現

C'est de la part de qui ?	どちら様ですか？
Allô, je suis bien chez monsieur Fort ?	もしもし，フォールさんのお宅ですか？
Il n'est pas là, pour l'instant.	今，彼は外出中です。
Veuillez laisser un message sur le répondeur.	留守番電話にメッセージをお願いします。
Je rappellerai plus tard.	またあとで電話します。
Je vous appelle plus tard.	あとで電話します。
Plus fort, s'il vous plaît.	もっと大きな声でお願いします。
Parlez plus lentement, s'il vous plaît.	もっとゆっくり話してください。
Pouvez-vous répéter, s'il vous plaît ?	もう1度言ってくれませんか？
Ne quittez pas, s'il vous plaît.	そのままお待ちください。
Je vous le passe.	彼と代わります。
Je ne vous entends pas bien.	よく聞こえません。
Je vous écoute.	お話をうかがいます。

◆　avoir を使った表現

J'ai besoin de fromage.	私はチーズが必要です。（avoir besoin de ...が必要である）
J'ai envie de sortir ce soir.	私は今晩外出したい。（avoir envie de ...したい）
Tu as l'air fatigué.	君は疲れているようだ。（avoir l'air＋形容詞 ...のように見える）
J'ai mal au cœur.	気分が悪いんです。（avoir mal au cœur むかつく）
J'ai peur d'arriver en retard.	遅刻するんじゃないかと心配だ。（avoir peur de ...を恐れる）
Tu as de la chance !	うらやましいなあ！（avoir de la chance 運がいい）
Cf. Pas de chance !	ついてないなあ！
J'en ai assez !	うんざりです！

◆ **quelqu'un**（だれか）, **quelque chose**（なにか）, **quelque part**（どこか）**を使った表現**

Tu as un rendez-vous avec quelqu'un ?	だれかと待ち合わせ？
Y a-t-il quelqu'un qui parle français ?	だれかフランス語を話せる人はいますか？
Il y a quelque chose à faire.	しなければならないことがある。
Je voudrais vous demander quelque chose.	ちょっとおたずねしたいのですが。
Tu peux me conduire quelque part ?	どこか案内してもらえないかなあ？

EXERCICE 9

次の日本語の表現に対応する文を作るとき，（　　）内に入る最も適切なフランス語（各1語）を，示されている最初の文字とともに，解答欄に書いてください。

(1) あなたがうらやましい。

Vous avez de la (c　　　　　　).　　　　　　　　　　_____

(2) お話をうかがいます。

Je vous (é　　　　　　).　　　　　　　　　　_____

(3) おいしそう！

Ça a l'(a　　　　　　) très bon !　　　　　　　　　　_____

(4) 彼女と代わります。

Je vous la (p　　　　　　).　　　　　　　　　　_____

(5) どちら様ですか。

C'est de la (p　　　　　　) de qui ?　　　　　　　　　　_____

(6) なにか申告するものはありますか？

Vous avez (q　　　　　　) chose à déclarer ?　　　　　　_____

(7) もっと大きな声で話してください。

Parlez plus (f　　　　　　), s'il vous plaît.　　　　　　_____

(8) 私は財布をどこかですられました。

On m'a volé mon portefeuille quelque (p　　　　　　).　　_____

(9) 私はトイレに行きたい。

J'ai (e　　　　　　) d'aller aux toilettes.　　　　　　_____

(10) 私は留守番電話に彼への伝言を残しておいた。

Je lui ai laissé un message sur le (r　　　　　　).　　　_____

10. 数量・程度

次の日本語の表現に対応する文を作るとき，（　　　）内に入る最も適切なフランス語（各1語）を，示されている最初の文字とともに書きなさい。

(1) リンゴを1個だけください。

Une pomme (s　　　　　　　　), s'il vous plaît.

(2) 高すぎるよ！

C'est (t　　　　　　　　) cher！

(3) 急に空がまっ暗になった。

Tout à (c　　　　　　　　), le ciel est devenu tout noir.

・解答・　(1) **seulement**　　(2) **trop**　　(3) **coup**

覚えよう！

数量を言うときに用いる表現

Je voudrais un kilo de tomates.	トマトを1キロ欲しいのですが。
Tu peux acheter un litre de lait ?	牛乳を1リットル買ってきてくれる？
Il a bu une bouteille de vin.	彼はワインを1瓶あけた。
Elle a mangé tout le paquet de bonbons.	彼女はキャンデーを1袋全部食べてしまった。
Je prends une tasse de café après le repas.	私は食後にコーヒーを1杯飲む。
Il a bu les trois quarts de la bouteille.	彼は瓶の大部分（4分の3）を飲んでしまった。
Il reste les deux tiers du fromage.	チーズは3分2残っている。
Je pense que ce sera 50 euros environ.	それは50ユーロぐらいだと思います。
Il est resté deux jours seulement à la maison.	彼が家にいたのは2日だけだった。
Trois, ça suffit.	3つで十分です。
C'est une université de taille moyenne.	それは中規模の大学です。
J'ai trop mangé.	私は食べ過ぎた。
Il est trop gros.	彼は太りすぎだ。

◆　**plus**（より多く），**moins**（より少なく），**peu**（少し）**を使った表現**

Je voudrais rester une nuit de plus.	滞在を1日延長したいのですが。
Il est sorti il y a au plus cinq minutes.	彼が出かけたのは，せいぜい5分まえです。
Cette voiture vaut au moins vingt mille euros.	あの車は少なく見積もっても2万ユーロはする。
Elle est plus ou moins fâchée.	彼女は多少とも怒っている。
Peu à peu il s'y habituera.	彼は少しずつそれに慣れていくでしょう。
Tu veux du gâteau ? —Un tout petit peu.	ケーキはいかが？ —ほんの少しだけ。
Ça pèse un kilo à peu près.	それは1キログラムぐらいある。

◆ **fois**（...回，...度）**を使った表現**

Elle est allée au Japon plusieurs fois.　　　　彼女は何度も日本へ行ったことがある。

Il est à la fois sévère et juste.　　　　　　　彼は厳格であると同時に公平である。

Vous venez à Nice pour la première fois ?　　　ニースへ来るのは初めてですか？

◆ **coup を使った表現**

Il s'est mis à pleuvoir tout à coup.　　　　　急に雨が降りだした。

Pouvez-vous y jeter un coup d'œil ?　　　　　ちょっと見てもらえますか？

Donnez-moi un coup de main.　　　　　　　　ちょっと手を貸してください。

Il y a eu plusieurs coups de téléphone.　　　何度も電話がありました。

EXERCICE 10

　次の日本語の表現に対応する文を作るとき，（　　）内に入る最も適切なフランス語（各 1 語）を，示されている最初の文字とともに，解答欄に書いてください。

(1)　1 週間あれば，私には十分です。

　　Une semaine, ça me (s　　　　　　).　　　　　　　＿＿＿＿＿＿＿

(2)　彼女はきれいだし，頭もいい。

　　Elle est à la (f　　　　　　) belle et intelligente.　　＿＿＿＿＿＿＿

(3)　彼のスピーチは長すぎる。

　　Son discours est (t　　　　　) long.　　　　　　　＿＿＿＿＿＿＿

(4)　彼らが着くのはだいたい 6 時ごろでしょう。

　　Ils arriveront vers six heures à (p　　　　　　) près.　＿＿＿＿＿＿＿

(5)　銀行はここからせいぜい 1 キロメートルくらいのところです。

　　La banque est au (p　　　　　) à un kilomètre d'ici.　＿＿＿＿＿＿＿

(6)　この映画はまずまずの評判だった。

　　Ce film a plus ou (m　　　　　) bien réussi.　　　　＿＿＿＿＿＿＿

(7)　その町は 5 キロメートルくらいのところにある。

　　La ville est à (e　　　　　) cinq kilomètres.　　　　＿＿＿＿＿＿＿

(8)　日本の面積はフランスの約 3 分の 2 です。

　　La surface du Japon est environ deux (t　　　　　　) de la France.

　　　　　　　　　　　　　　　　　　　　　　　　　　＿＿＿＿＿＿＿

(9)　窓からちょっと見てみてよ。

　　Jette un (c　　　　　) d'œil par la fenêtre.　　　　＿＿＿＿＿＿＿

(10)　私はフルーツジュースを 2 本買った。

　　J'ai acheté deux (b　　　　　) de jus de fruit.　　　＿＿＿＿＿＿＿

まとめの問題

次の各設問において，日本語の表現 (1) 〜 (4) に対応するように，（　　）内に入れるのに最も適切なフランス語（各 1 語）を，示されている最初の文字とともに，解答欄に書いてください。（配点　8 ）

1 (1) おつりはとっておいてください！

Gardez la (m   ) !

(2) 君はそれを不当だと思うの？　ぼくもだよ。

Tu trouves cela injuste ? Moi (a   ).

(3) この時間地下鉄は混んでいる。

Il y a beaucoup de (m   ) dans le métro à cette heure-ci.

(4) 誕生日おめでとう！

Bon (a   ) !

(1)	(2)	(3)	(4)

2 (1) このまえ会ったとき，彼は元気だった。

La (d   ) fois que je l'ai vu, il était en bonne santé.

(2) なんていい天気なんだろう！

(Q   ) beau temps !

(3) みんなはその政治スキャンダルの噂をしている。

Tous les gens (p   ) beaucoup de ce scandale politique.

(4) もうパンがないよ。

Nous n'avons (p   ) de pain.

(1)	(2)	(3)	(4)

3 (1) 市内までたっぷり20キロある。

Il y a vingt (b   ) kilomètres jusqu'au centre-ville.

(2) それは私のせいではない！

Ce n'est pas de ma (f   ) !

(3) ついてないなあ！

(P   ) de chance !

(4) ポールからさっき電話があった。

Je viens de recevoir un (c   ) de téléphone de Paul.

(1)	(2)	(3)	(4)

4 (1) いっしょに写真をとりましょうよ。

On va prendre une photo (e   ).

(2) 彼女にはまったくスポーツの才能がない。

Elle n'a (a   ) talent pour le sport.

(3) 試着してみてもいいですか？

Je peux (e   )？

(4) そのうち彼は自分の選択を後悔するだろう。

(T   ) ou tard, il regrettera son choix.

(1)	(2)	(3)	(4)

5 (1) 痛む？ —それほどじゃないよ。

Ça fait mal ? —Pas (v   ).

(2) 仕方がない！

Tant (p   )！

(3) だれか手を貸してくませんか？

Est-ce que (q   ) pourrait m'aider ?

(4) 手遅れです。

C'est (t   ) tard.

(1)	(2)	(3)	(4)

6 (1) あなたは今週末空いていますか？

Vous êtes (l   ) ce week-end ?

(2) 以上です。

C'est (t   ).

(3) 今晩電話してもいいですか？ —いいですとも。

Est-ce que je peux vous téléphoner ce soir ? —Pas de (p   ).

(4) 40のサイズは私には大きすぎる。

La (t   ) 40 est trop grande pour moi.

(1)	(2)	(3)	(4)

2
動詞の活用

　対話形式のフランス語文を読み，あたえられている動詞の不定詞を適切な叙法・時制で活用させて記述する問題です。出題範囲としては，直説法現在形・複合過去形・単純未来形・半過去形・大過去形，命令法，条件法現在形，接続法現在形です。さらに，近接未来形，近接過去形，ジェロンディフも出題されます。条件法と接続法などを除くと，4級もだいたい同じ範囲から出題されるのですが，4級は日本語の文に対応するフランス語の文の動詞活用を選択する形式です。4級と3級の問題形式の大きな違いは，選択式と記述式ということになります。

出題例（2016年春季②）

2　次の対話 (1) 〜 (5) の（　　　）内の語を必要な形にして、解答欄に書いてください。（配点　10）

(1) — D'habitude, tu vas au bureau comment ?
　　 — Je (prendre) le bus.

(2) — Je ne retrouve pas mes stylos.
　　 — Ta mère les (mettre) sur la table tout à l'heure.

(3) — Les enfants ont regardé la télévision ?
　　 — Non, ils (s'amuser) dehors.

(4) — Qu'est-ce qu'on va faire ce soir ?
　　 — Si on (aller) danser ?

(5) — Si vous étiez riche, qu'est-ce que vous feriez ?
　　 — Je (voyager) pendant un an.

1. 直説法現在形

次の対話を読み，（　　）内の語を必要な形にしてください。

⑴　—Quand est-ce que tu me rends mon CD ?

　　—Je te (promettre) de te le rapporter demain.

⑵　—Il y a longtemps que tu es là ?

　　—Non, je (venir) d'arriver.

・解答・　⑴　**promets**「ぼくの CD はいつ返してくれるの？」—「あす返すと約束するよ」

　　　　⑵　**viens**「だいぶまえに着いていたの？」—「いや，着いたばかりだよ」

① **規則動詞**

　⒜　**-er** 型規則動詞

	pens*er* 考える				***écouter*** 聞く		
je	pens*e*	nous	pens*ons*	j'	écout*e*	nous	écout*ons*
tu	pens*es*	vous	pens*ez*	tu	écout*es*	vous	écout*ez*
il	pens*e*	ils	pens*ent*	il	écout*e*	ils	écout*ent*
elle	pens*e*	elles	pens*ent*	elle	écout*e*	elles	écout*ent*
on	pens*e*			on	écout*e*		

　　同型：accepter 受けいれる，aimer 愛する，arrêter 止める，arriver 着く，chanter 歌う，chercher 探す，demander たずねる，求める，dîner 夕食をとる，entrer 入る，étudier 勉強する，fermer 閉める，habiter 住む，inviter 招待する，jouer 遊ぶ，marcher 歩く，parler 話す，passer 通る，過ごす，渡す，penser 考える，porter 運ぶ，préparer 準備する，regarder 見る，rentrer 帰る，ressembler ...に似ている，rester 残る，téléphoner 電話する，travailler 働く，勉強する，trouver 見つける，visiter 訪れる

◆　ouvrir（開く）は語尾 **-ir** が，**-er** 型規則動詞と同じ語尾活用をします。

	ouvr*ir*				
j'	ouvr*e*	nous	ouvr*ons*	同型：offrir 贈る，提供する，couvrir 覆う，
tu	ouvr*es*	vous	ouvr*ez*	découvrir 発見する
il	ouvr*e*	ils	ouvr*ent*	

◆　**-er** 型規則動詞で語幹の発音と綴字がかわるもの

	acheter 買う				**appeler** 呼ぶ，電話する		
j'	ach*è*te	nous	achetons	j'	appe*l*le	nous	appelons
tu	ach*è*tes	vous	achetez	tu	appe*l*les	vous	appelez
il	ach*è*te	ils	ach*è*tent	il	appe*l*le	ils	appe*l*lent

　　同型：peser ...だけ重さがある，　　　　同型：jeter 投げる
　　　　　se promener 散歩する，
　　　　　se lever 起きる

28

préférer ...のほうを好む

je	préfère	nous	préférons
tu	préfères	vous	préférez
il	préfère	ils	préfèrent

同型：espérer 期待する，s'inquiéter 心配する

envoyer 送る

j'	envo*i*e	nous	envoyons
tu	envo*i*es	vous	envoyez
il	envo*i*e	ils	envo*i*ent

同型：essayer 試みる，payer 支払う

manger 食べる

je	mange	nous	mang*e*ons
tu	manges	vous	mangez
il	mange	ils	mangent

同型：changer 変える，voyager 旅行する

commencer 始める

je	commence	nous	commen*ç*ons
tu	commences	vous	commencez
il	commence	ils	commencent

同型：annoncer 告げる，prononcer 発音する

(b)　**-ir** 型規則動詞

fin*ir* 終える

je	fin*is*	nous	fin*issons*
tu	fin*is*	vous	fin*issez*
il	fin*it*	ils	fin*issent*

同型：choisir 選択する，obéir 従う，
réussir 成功する

② **不規則動詞**

être ...です，...にいる

je	suis	nous	sommes
tu	es	vous	êtes
il	est	ils	sont

avoir ...を持つ

j'	ai	nous	avons
tu	as	vous	avez
il	a	ils	ont

aller 行く

je	vais	nous	allons
tu	vas	vous	allez
il	va	ils	vont

venir 来る

je	viens	nous	venons
tu	viens	vous	venez
il	vient	ils	viennent

◆1）〈aller＋不定詞〉...しようとしている（近接未来）；...しに行く

Le train *va* bientôt *partir*.　　　　　列車はまもなく出発します。

Je *vais chercher* Sylvie à l'aéroport.　私は空港へシルヴィーを迎えに行きます。

2）〈venir de＋不定詞〉...したばかりである（近接過去）；〈venir＋不定詞〉...しに来る

Le film *vient de commencer*.　　　　　映画は始まったばかりです。

Elle *vient* me *voir* tous les samedis.　彼女は毎週土曜日に私に会いに来る。

faire 作る，...をする

je	fais	nous	faisons
tu	fais	vous	faites
il	fait	ils	font

dire 言う

je	dis	nous	disons
tu	dis	vous	dites
il	dit	ils	disent

voir 見る，見える

je	vois	nous	voyons
tu	vois	vous	voyez
il	voit	ils	voient

devoir …しなければならない
…に違いない，負っている

je	dois	nous	devons
tu	dois	vous	devez
il	doit	ils	doivent

recevoir 受けとる

je	reçois	nous	recevons
tu	reçois	vous	recevez
il	reçoit	ils	reçoivent

同型：s'apercevoir de …に気づく

partir 出発する

je	pars	nous	partons
tu	pars	vous	partez
il	part	ils	partent

同型：dormir 眠る，sortir 外出する
　　　servir 給仕する，役だつ

courir 走る

je	cours	nous	courons
tu	cours	vous	courez
il	court	ils	courent

lire 読む

je	lis	nous	lisons
tu	lis	vous	lisez
il	lit	ils	lisent

connaître 知る

je	connais	nous	connaissons
tu	connais	vous	connaissez
il	connaît	ils	connaissent

同型：reconnaître 見[聞き]覚えがある

prendre とる，乗る

je	prends	nous	prenons
tu	prends	vous	prenez
il	prend	ils	prennent

同型：apprendre 学ぶ，
　　　comprendre 理解する

croire 信じる，思う

je	crois	nous	croyons
tu	crois	vous	croyez
il	croit	ils	croient

boire 飲む

je	bois	nous	buvons
tu	bois	vous	buvez
il	boit	ils	boivent

savoir 知る，…できる

je	sais	nous	savons
tu	sais	vous	savez
il	sait	ils	savent

mettre 置く

je	mets	nous	mettons
tu	mets	vous	mettez
il	met	ils	mettent

同型：permettre 許す，
　　　promettre 約束する

écrire 書く

j'	écris	nous	écrivons
tu	écris	vous	écrivez
il	écrit	ils	écrivent

conduire 運転する

je	conduis	nous	conduisons
tu	conduis	vous	conduisez
il	conduit	ils	conduisent

同型：construire 建設する，suffire 十分である

plaire 気にいる

je	plais	nous	plaisons
tu	plais	vous	plaisez
il	plaît	ils	plaisent

同型：se taire 黙る

rendre 返す

je	rends	nous	rendons
tu	rends	vous	rendez
il	rend	ils	rendent

同型：attendre 待つ，descendre 降りる，
　　　entendre 聞こえる，vendre 売る

pouvoir ...できる, ...してもよい				vouloir 望む, ...したい			
je	peux	nous	pouvons	je	veux	nous	voulons
tu	peux	vous	pouvez	tu	veux	vous	voulez
il	peut	ils	peuvent	il	veut	ils	veulent

用法：現在の状態や動作，現在の習慣，一般的事実を表わします。

Elle *est* malade en ce moment.	今，彼女は具合が悪い。
Les enfants *jouent* dans le jardin.	子どもたちは庭で遊んでいる。
Le matin, je *pars* toujours à sept heures.	私は毎朝いつも 7 時に出かける。
L'argent ne *fait* pas le bonheur.	お金で幸福は買えない。

EXERCICE 1

次の対話を読み，（　　）内の語を必要な形にして，解答欄に書いてください。

(1) —Alain sait conduire ?

　　—Oui, il (venir) juste d'avoir son permis.　　　　　　　　　　　_____

(2) —Comment aimez-vous le café ?

　　—Je (préférer) le café noir.　　　　　　　　　　　　　　　　　_____

(3) —Désolé, je suis déjà pris aujourd'hui.

　　—Alors, (pouvoir)-vous venir demain ?　　　　　　　　　　　_____

(4) —Ils ne prennent pas leurs vacances ?

　　—Si, ils (partir) bientôt sur la Côte d'Azur.　　　　　　　　　_____

(5) —J'ai très soif. Tu as quelque chose à boire ?

　　—Tu (boire) de l'eau ou de la bière ?　　　　　　　　　　　　_____

(6) —Où se trouve le bâtiment C, s'il vous plaît ?

　　—Vous (voir) la porte au fond, à droite ? C'est là.　　　　　_____

(7) —Qu'est-ce que tu fais donc ici sans bagages ?

　　—J'(attendre) mon cousin qui vient me voir de Nice.　　　　_____

(8) —Je me demande quel est le prix de cette voiture.

　　—Oh, elle (devoir) coûter très cher.　　　　　　　　　　　　_____

(9) —Ils ne vont pas à Annecy cette année ?

　　—Si, mais qu'est-ce qu'ils (faire) là-bas tous les ans ?　　　_____

(10) —Vos parents savent que vous passez votre examen demain ?

　　—Non, mais je (aller) les appeler ce soir.　　　　　　　　　_____

２．代名動詞の直説法現在形

------- 例題 -------

次の対話を読み，（　　）内の語を必要な形にしてください。

(1)　—Il veille tard pour préparer son examen ?

　　—Oui. Il (se coucher) tous les soirs vers une heure.

(2)　—Votre nom, s'il vous plaît ?

　　—Je (s'appeler) Cédric Girard.

・**解答**・　(1)　**se couche**「彼は試験の準備で遅くまで起きているの？」—「はい。毎晩寝るのは１時ごろよ」

　　　　　(2)　**m'appelle**「お名前は？」—「セドリック・ジラールといいます」

覚えよう！

　代名動詞というのは，再帰代名詞 se（＝主語自身）を目的語にとっている動詞のことです。再帰代名詞の語順は目的語人称代名詞の場合と同じです。

se coucher 寝る（←自分自身を寝かせる）

je	me	couche	nous	nous	couchons
tu	te	couches	vous	vous	couchez
il	se	couche	ils	se	couchent
elle	se	couche	elles	se	couchent

s'asseoir 座る（←自分自身を座らせる）は２種類の活用形があります。

je	m'assieds	nous	nous asseyons	je	m'assois	nous	nous assoyons
tu	t'assieds	vous	vous asseyez	tu	t'assois	vous	vous assoyez
il	s'assied	ils	s'asseyent	il	s'assoit	ils	s'assoient
elle	s'assied	elles	s'asseyent	elle	s'assoit	elles	s'assoient

　　否　定　形：je ne me couche pas / je ne m'assieds pas

　　倒置疑問形：se couche-t-il ? / t'assieds-tu ?

用法

(a)　再帰的「自分自身を[に] …する」

Le dimanche, je *me promène* dans le jardin.（se は直接目的）

　　　　　　　　　　　　　　　毎週日曜日に，私は庭を散歩する。

Il ne *se lave* pas les mains avant de manger.（se は間接目的）

　　　　　　　　　　　　　　　彼は食べるまえに手を洗わない。

(b)　相互的（主語は複数）「お互いを[に] …しあう」

Ils *se regardent* sans rien dire.（se は直接目的）　彼らは何も言わずにお互いを見つめあっている。

Ils *se téléphonent* tous les soirs.（se は間接目的）彼らは毎晩お互いに電話する。

(c)　受動的（主語はものやことがら；se はつねに直接目的）「…される」

Ce livre *se vend* le mieux maintenant.　　　　この本は今もっとも売れている。

(d)　本質的（代名動詞 としてしか用いられないか，代名動詞 として用いられたときの意味がも

との動詞の意味からずれるもの；se はつねに直接目的とみなします）

Vous souvenez-vous de votre enfance ?　　　あなたは子供時代を思い出しますか？

　　圉　おもな本質的代名動詞；s'apercevoir de ...に気づく，s'en aller 立ち去る，se moquer de ...
　　　　をばかにする，se servir de ...を使う，se souvenir de ...を思い出す，se taire 黙る

◆　**非人称動詞**

En automne, il *pleut* souvent.（← pleuvoir）	秋は，よく雨が降る。
Il *faut* une heure pour finir ce travail.（← falloir）	この仕事を終えるのに，１時間かかります。
Il lui *faut* partir tout de suite.	彼(女)はすぐに出発しなければらない。
Quel temps *fait*-il ？ —Il *fait* beau.（← faire）	どんな天気ですか？　—よい天気です。
Il *fait* jour [nuit].	夜が明ける ［日が暮れる］。
Quelle heure *est*-il ？ —Il *est* midi.（← être）	何時ですか？　—正午です。
Il y *a* quelqu'un ？（← avoir）	だれかいますか？
Il lui *arrive* bien des malheurs.（← arriver）	彼(女)には多くの不幸がおこる。
Il *est* défendu de fumer ici.	ここでたばこを吸うことは禁じられている。

EXERCICE 2

　次の対話を読み，（　　）内の語を必要な形にして，解答欄に書いてください。

(1)　—Je n'aime ni le sport, ni la musique, ni le cinéma.

　　—Alors, à quoi est-ce que vous (s'intéresser) ?　　　　　＿＿＿＿＿＿

(2)　—Je travaille jusqu'à sept heures.

　　—Qu'est-ce qu'il te (rester) à faire ?　　　　　＿＿＿＿＿＿

(3)　—Quand m'as-tu vu pour la première fois ?

　　—J'ai oublié la date, mais je (se souvenir) qu'il neigeait !　　　　　＿＿＿＿＿＿

(4)　—Quel sale temps !

　　—Oui, il (pleuvoir) tous les jours depuis une semaine.　　　　　＿＿＿＿＿＿

(5)　—Tes enfants sont encore au lit ?

　　—Oui, ils (se lever) tous les matins à huit heures.　　　　　＿＿＿＿＿＿

(6)　—Tu as de ses nouvelles ?

　　—Oui, nous (s'écrire) très souvent.　　　　　＿＿＿＿＿＿

(7)　—Tu entends des bruits bizarres ?

　　—Oui. Qu'est-ce qui (se passer) ?　　　　　＿＿＿＿＿＿

(8)　—Tu vois Jacques souvent ?

　　—Non, on (ne pas se voir) beaucoup à cause de son travail.　　　　　＿＿＿＿＿＿

(9)　—Un pneu de mon vélo a crevé.

　　—Tu (se servir) de mon vélo ?　　　　　＿＿＿＿＿＿

(10)　—Vous vous appelez comment ?

　　—Je (s'appeler) Michel Fontaine.　　　　　＿＿＿＿＿＿

3．命令法

次の対話を読み，（　　　）内の語を必要な形にしてください。

(1) ― Maman, je peux aller jouer ?

　　― Non, (finir) tes devoirs avant de sortir.

(2) ― Il faut plus d'une heure pour aller à la gare ?

　　― Oui, (se dépêcher), tu vas rater ton train.

・解答・ (1) **finis**「母さん，遊びに行ってもいい？」―「だめよ，出かけるまえに宿題を終えなさい」
　　　　 (2) **dépêche-toi**「駅へ行くには1時間以上かかる？」―「そうだよ，急ぎなさい，列車に乗り遅れるよ」

覚えよう！

　肯定命令形は直説法現在，tu, nous, vous の活用形から，それぞれ主語をとりのぞいて作ります。こうしてできた命令動詞を ne...pas ではさむと否定命令形になります。

finir 終える

直説法現在形―主語をとる→肯定命令形―動詞を ne...pas ではさむ→否定命令形

tu	finis	finis	終えなさい	ne	finis	pas
nous	finissons	finissons	終えましょう	ne	finissons	pas
vous	finissez	finissez	終えてください	ne	finissez	pas

注1）-er 型規則動詞，aller, ouvrir 型動詞の tu に対する命令形では，活用形語末の s が脱落します。

travailler 働く：tu travailles → travaille, aller 行く：tu vas → va,

ouvrir 開く：tu ouvres → ouvre

　2）avoir と être は特殊な命令形をとります。

	avoir	**être**
(tu)	aie	sois
(nous)	ayons	soyons
(vous)	ayez	soyez

se dépêcher 急ぐ

直説法現在形―主語をとり，再帰代名詞を動詞の後につなぐ→肯定命令形―動詞を ne...pas ではさみ，再帰代名詞を動詞の直前にもどす→否定命令形

tu	te	dépêches	dépêche-toi	ne te dépêche pas
nous	nous	dépêchons	dépêchons-nous	ne nous dépêchons pas
vous	vous	dépêchez	dépêchez-vous	ne vous dépêchez pas

注　肯定命令形で代名詞を使う場合は，動詞の直後にトレ・デュニオン（-）でつなぎます。このとき，me, te はそれぞれ moi, toi にかえなければなりません。ただし，否定命令形で代名詞を使う場合の語順は平叙文と同じです。

　Vous *me* donnez ces fleurs.　　あなたは私にこれらの花をくれる。

　　→ Donnez-*moi* ces fleurs.　　私にこれらの花をください。

　Tu *t'*assois sur cette chaise.　　君はこの椅子に座る。

34

> → Assois-*toi* sur cette chaise. この椅子に座りなさい。
>
> Tu ne prends pas de café. 君はコーヒーを飲まない。
>
> → N'*en* prends pas. それを飲むな。

EXERCICE 3

次の対話を読み，（　　）内の語を必要な形にして，解答欄に書いてください。

(1) —Alors je vous laisse.　Au revoir.
　　—Au revoir. (Dire) bonjour à votre mère de ma part.　　＿＿＿＿＿＿

(2) —À quelle heure commence la réunion ?
　　—À trois heures.　(Être) à l'heure, s'il vous plaît.　　＿＿＿＿＿＿

(3) —Bonsoir !　J'ai sommeil, je vais au lit.
　　— (Se brosser) les dents avant de te coucher.　　＿＿＿＿＿＿

(4) —Dépêche-toi, tu vas arriver en retard à l'école.
　　—Ne (s'inquiéter) pas, j'arriverai à l'heure.　　＿＿＿＿＿＿

(5) —Je dois me lever demain matin à six heures.
　　—Il est déjà minuit.　(Aller) te coucher tout de suite.　　＿＿＿＿＿＿

(6) —Je m'excuse de mon retard.
　　—Ne restez pas debout comme ça.　(S'asseoir).　　＿＿＿＿＿＿

(7) —Maman, Jacques a l'air fatigué.
　　— (Mettre)-le au lit.　Il a besoin de dormir.　　＿＿＿＿＿＿

(8) —Monsieur, la société Lantier demande des renseignements.
　　—Eh bien, (répondre)-leur.　　＿＿＿＿＿＿

(9) —On prend le bus ou le métro ?
　　— (Prendre) le métro, ça ira plus vite.　　＿＿＿＿＿＿

(10) —Tu crois que je vais réussir mon examen ?
　　— (Avoir) confiance, tout ira bien.　　＿＿＿＿＿＿

4．直説法複合過去形

------- 例題 -------

次の対話を読み，（　　）内の語を必要な形にしてください。

⑴　—Il ne reste plus de bonbons ?

　　—Non, j'(prendre) le dernier.

⑵　—Tu as vu Pauline ces jours-ci ?

　　—Oui, elle (venir) dîner chez nous dimanche dernier.

⑶　—Françoise, tu as sommeil ?

　　—Oui, je (se coucher) très tard hier soir.

・解答・　⑴　**ai pris**「もうキャンディーは残ってないの？」—「うん，ぼくが最後の1個を食べた」
　　　　⑵　**est venue**「最近ポーリーヌに会った？」—「はい，彼女はこの前の日曜日家へ夕食を食べにきた」
　　　　⑶　**me suis couchée**「フランソワーズ，眠いの？」—「そう，ゆうべとても遅く寝たの」

助動詞（**avoir** または **être**）の直説法現在形＋過去分詞

prendre …とる，食べる，乗る					**venir** 来る				
j'	ai pris	nous	avons	pris	je	suis venu(*e*)	nous	sommes	venu(*e*)s
tu	as pris	vous	avez	pris	tu	es venu(*e*)	vous	êtes	venu(*e*)(s)
il	a pris	ils	ont	pris	il	est venu	ils	sont	venus
elle	a pris	elles	ont	pris	elle	est venu*e*	elles	sont	venu*es*

否 定 形：je n'ai pas pris / je ne suis pas venu(*e*)

倒置疑問形：a-t-il pris ? / est-il venu ?

注 1）過去分詞の作りかた

　　a）規則的な語尾

　　　不定詞の語尾 -er → -é（例外なし）：penser 考える＞pensé ; aller 行く＞allé

　　　不定詞の語尾 -ir → -i : finir 終える＞fini ; sortir 外出する＞sorti

　　b）不規則な語尾

　　　être ＞été ; mettre 置く＞mis ; prendre ＞pris ;

　　　conduire 運転する＞conduit ; dire 言う＞dit ; écrire 書く＞écrit ; faire …をする＞fait ;

　　　ouvrir 開く＞ouvert

　　　avoir ＞eu ; boire 飲む＞bu ; devoir …しなければならない＞dû ; lire 読む＞lu ;

　　　pouvoir …できる＞pu ; savoir 知る＞su ; voir …を見る，が見える＞vu ;

　　　connaître 知る＞connu ; courir 走る＞couru ; croire 信じる＞cru ; plaire 気にいる＞plu ;

　　　recevoir 受けとる＞reçu ; rendre 返す＞rendu ; venir ＞venu ; vouloir …したい＞voulu

　　2）être を助動詞とする自動詞

　　　aller 行く ←→ venir (venu) 来る，partir 出発する ←→ arriver 到着する，sortir 出る ←→

　　　entrer 入る，monter 上がる ←→ descendre (descendu) 下りる，tomber 落ちる，

　　　naître (né) 生まれる ←→ mourir (mort) 死ぬ，rester とどまる

devenir ...になる，revenir 戻る，rentrer 帰る，などこれらの動詞に接頭辞のついたものも助動詞は être です。

3）助動詞が être の場合，過去分詞は主語の性・数に一致します。

4）〈avoir＋過去分詞〉の複合時制では，過去分詞はこれに先行した直接目的語の性・数に一致します。

Quelle route as-tu pris*e* ?　　　　　君はどのような道を通ったの？

◆ 代名詞動詞の複合過去形
再帰代名詞＋助動詞（つねに **être**）の直説法現在形＋過去分詞

se coucher 寝る

je	me	suis	couché(*e*)	nous	nous	sommes	couché(*e*)*s*
tu	t'	es	couché(*e*)	vous	vous	êtes	couché(*e*)(*s*)
il	s'	est	couché	ils	se	sont	couché*s*
elle	s'	est	couché*e*	elles	se	sont	couché*es*

se laver les mains 自分の手を洗う

je	me	suis	lavé les mains	nous	nous	sommes	lavé les mains
tu	t'	es	lavé les mains	vous	vous	êtes	lavé les mains
il	s'	est	lavé les mains	ils	se	sont	lavé les mains
elle	s'	est	lavé les mains	elles	se	sont	lavé les mains

注 再帰代名詞が直接目的語の場合にかぎって，過去分詞はその再帰代名詞（＝主語）の性・数に一致します。再帰代名詞が直接目的か間接目的かをみわけるには，もとの動詞，se coucher の場合であれば，coucher（寝かせる）が「人」を直・目としてとるのか，間・目 としてとるのかを調べます。たとえば，coucher son enfant（子どもを寝かせる）とはいえますが，coucher à son enfant（子どもに寝かせる）とはいえません。つまり coucher は「人」を直・目としてとる性質のあることがわかります。このとき再帰代名詞も直・目です。同様に，s'aimer の場合は，たとえば aimer ses parents（両親を愛する）と考えて，再帰代名詞は直・目，se téléphoner の場合は，たとえば téléphoner à son ami（友だちに電話する）と考えて，間・目だと判定します。se laver les mains のように，再帰代名詞以外に目的語（les mains）があるときには，こちらから調べます。laver les mains（手を洗う）ですから，les mains は laver の直・目になっています。したがって，再帰代名詞のほうは間・目だとわかります。目的語が 2 つ併用された文では，一方が直・目なら他方はかならず間・目になるからです。

用法

(a) 現在までにすでに完了している事柄，およびその結果が現在とつながりをもつ事柄を表わします。

Ma fille *s'est mariée* le mois dernier.　　　　私の娘は先月結婚しました。

J'*ai* trop *bu* hier soir et j'ai mal à la tête.　　私は昨晩飲みすぎたので，頭が痛い。

(b) 記憶に残っている最近の事実や経験された事実を表わします。

Nous *avons rencontré* Jacques dans la rue.　　私たちは通りでジャックに会った。

Je n'*ai* jamais *visité* ce musée.　　　　私は 1 度もその美術館へ行ったことがない。

EXERCICE 4

次の対話を読み，（　　）内の語を必要な形にして，解答欄に書いてください。

⑴　—Bonjour, monsieur, je viens faire une déclaration de vol.
　　—Oui.　Ça (se passer) comment ?　　　　　　　　　　　　＿＿＿＿＿＿＿＿

⑵　—Catherine et Jean ne sont pas là ?
　　—Non, ils (partir) en promenade.　　　　　　　　　　　　＿＿＿＿＿＿＿＿

⑶　—Ce journaliste passe souvent à la télé ces jours-ci.
　　—Oui, il (recevoir) le prix du meilleur reportage le mois dernier.　　＿＿＿＿＿＿＿＿

⑷　—Elles sont en France depuis combien de temps ?
　　—Depuis deux mois : elles (arriver) en septembre.　　　　＿＿＿＿＿＿＿＿

⑸　—Est-ce qu'ils sont déjà partis ?
　　—Oui, ils (prendre) le train de 21 heures 20.　　　　　　＿＿＿＿＿＿＿＿

⑹　—Excusez-moi d'arriver en retard.
　　—Nous (rester) une demi-heure à t'attendre.　　　　　　＿＿＿＿＿＿＿＿

⑺　—Il est arrivé avec une heure de retard.
　　—Qu'est-ce qu'il t'(dire) pour expliquer son retard ?　　　＿＿＿＿＿＿＿＿

⑻　—Il n'y avait personne au rendez-vous.
　　—Évidemment, tu (se tromper) de jour !　　　　　　　　＿＿＿＿＿＿＿＿

⑼　—Ils sont amis depuis quand ?
　　—Depuis qu'ils (se connaître) pendant les vacances.　　　＿＿＿＿＿＿＿＿

⑽　—Jacques est déjà rentré du Japon ?
　　—Oui, je l'(voir) la semaine dernière, on a dîné ensemble.　＿＿＿＿＿＿＿＿

(11) —Jeanne, quelle est votre date de naissance ?
　　—Je (naître) le 9 février 1990.

＿＿＿＿＿＿＿

(12) —Je n'ai eu que deux cours hier.
　　—Qu'est-ce que vous (faire) après la classe ?

＿＿＿＿＿＿＿

(13) —Où avez-vous passé vos vacances d'été ?
　　—Nous (aller) en Bretagne.

＿＿＿＿＿＿＿

(14) —Où est Aline ?
　　—Elle (sortir) faire des courses.

＿＿＿＿＿＿＿

(15) —Si on allait se promener ?
　　—Pourquoi pas ? Mais il (se mettre) à pleuvoir.

＿＿＿＿＿＿＿

(16) —Tu as fini ton roman ?
　　—Non, j'en (lire) la moitié.

＿＿＿＿＿＿＿

(17) —Tu as parlé à Jean ?
　　—Mais non, je (ne pas avoir) le temps de le voir.

＿＿＿＿＿＿＿

(18) —Tu as passé de bonnes vacances en Espagne ?
　　—Oh ! Oui, l'Espagne, ça m'(plaire).

＿＿＿＿＿＿＿

(19) —Tu te souviens de ta grand-mère ?
　　—Oh non ! Elle (mourir) quand j'avais deux ans.

＿＿＿＿＿＿＿

(20) —Vous connaissez cette ville ?
　　—Oui, je crois que je l'(visiter) il y a quelques années.

＿＿＿＿＿＿＿

5. 直説法単純未来形・前未来形

------ **例題** ------

次の対話を読み，（　　）内の語を必要な形にしてください。

(1) —Que feras-tu quand tu auras fini ton stage linguistique ?

　　—Je (rentrer) en Tunisie.

(2) —Je suis très occupé jusqu'à demain après-midi.

　　—Alors, tu (venir) me voir demain soir.

・**解答**・ (1) **rentrerai**「君は語学研修を終えたらどうするの？」—「チュニジアへ帰ります」

　　　　 (2) **viendras**「あすの午後まではとても忙しい」—「じゃあ，あすの晩会いに来て」

-----覚えよう！-----

① **直説法単純未来形**：［語幹］動詞の不定詞語尾から，-r (-re) をとりさったもの

　　　　　　　　　　［語尾］ **-rai, -ras, -ra, -rons, -rez, -ront**

rentrer 帰る		**venir** 来る	
je rentre*rai*	nous rentre*rons*	je viend*rai*	nous viend*rons*
tu rentre*ras*	vous rentre*rez*	tu viend*ras*	vous viend*rez*
il rentre*ra*	ils rentre*ront*	il viend*ra*	ils viend*ront*

㊟ 語幹の例外

1) -er 型規則動詞の変則形（acheter 型，appeler 型）は，直説法現在１人称単数 (je) の活用形が
そのまま語幹になります。

　　acheter 買う (j'achète)＞j'*achète*rai ; appeler 呼ぶ (j'appelle)＞j'*appelle*rai

2) être＞je *se*rai ; avoir＞j'*au*rai ; aller 行く＞j'*i*rai ; venir 来る＞je *viend*rai ; vouloir ...したい
＞je *voud*rai ; falloir ...が必要である＞il *faud*ra ; devoir ...しなければならない＞je *dev*rai ;
recevoir 受けとる＞je *recev*rai ; faire ...をする＞je *fe*rai ; pouvoir ...できる＞je *pour*rai ; savoir
知る＞je *sau*rai ; voir 見える＞je *ver*rai ; envoyer 送る＞j'*enver*rai

用法

(a) 未来に起こるであろう事柄を表わします。

　　Dans un mois, elle *aura* son permis de conduire. １ヶ月後に彼女は運転免許をとるだろう。

(b) （２人称で用いて）やわらかな命令を表わします。

　　Tu m'*appelleras* demain matin. 　　　　　　　　明朝電話してね。

② **直説法前未来形**：助動詞（**avoir** または **être**）の直説法単純未来形＋過去分詞

recevoir 受けとる		**sortir** 外出する	
j' aurai reçu	nous aurons reçu	je serai sorti(*e*)	nous serons sorti(*e*)*s*
tu auras reçu	vous aurez reçu	tu seras sorti(*e*)	vous serez sorti(*e*)(*s*)
il aura reçu	ils auront reçu	il sera sorti	ils seront sortis
elle aura reçu	elles auront reçu	elle sera sorti*e*	elles seront sorti*es*

用法 単純未来形や時の副詞句などで示された未来のある時点よりまえに完了している事柄

40

を表わします。

Il *aura reçu* ma lettre avant son départ.　彼は出発するまでに私の手紙を受けとっているだろう。

EXERCICE 5

次の対話を読み，（　）内の語を必要な形にして，解答欄に書いてください。

(1)　—Il a une voiture ?

　　—Non, mais il (avoir) une moto après son bac.　　　＿＿＿＿＿＿

(2)　—Il faut absolument appeler ma tante.

　　—On le (faire) demain.　　　＿＿＿＿＿＿

(3)　—J'ai échoué au bac l'année dernière.

　　—Tu (réussir) cette année, puisque tu travailles sérieusement.　　＿＿＿＿＿＿

(4)　—J'ai rendez-vous avec Marie demain.

　　—Alors, quand vous la (voir), dites-lui de me téléphoner.　　　＿＿＿＿＿＿

(5)　—Je suis désolé.　Sophie est absente aujourd'hui.

　　—Bon, je (rappeler) demain.　Merci.　　　＿＿＿＿＿＿

(6)　—Je peux parler à votre mère maintenant ?

　　—Non, mais vous (pouvoir) lui parler ce soir.　　　＿＿＿＿＿＿

(7)　—Je voudrais quitter le bureau avant l'heure aujourd'hui.

　　—Vous pourrez rentrer quand vous (finir) ce travail.　　　＿＿＿＿＿＿

(8)　—Que feras-tu quand les cours seront terminés ?

　　—J'(aller) au concert.　　　＿＿＿＿＿＿

(9)　—Qu'est-ce que vous ferez demain ?

　　—Nous (être) à la maison toute la journée.　　　＿＿＿＿＿＿

(10)　—Vos parents ne sont pas là ?

　　—Non, mais ils (rentrer) avant sept heures.　　　＿＿＿＿＿＿

6．直説法半過去形・大過去形

次の対話を読み，（　　　）内の語を必要な形にしてください。

(1) —Tu m'as appelée hier ?

　　—Oui, mais tu n'(être) pas chez toi.

(2) —Il faut vingt minutes à pied pour aller au restaurant.

　　—Si on (prendre) un taxi ?

(3) —Tu as attrapé le train ?

　　—Non, quand je suis arrivé à la gare, il (partir).

・解答・　(1)　**étais**「きのう電話した？」—「うん，でも君は家にいなかった」
　　　　　(2)　**prenait**「レストランへ行くには歩いて20分かかる」—「タクシーにしましょうか？」
　　　　　(3)　**était parti**「列車には間に合ったの？」—「いいえ，駅に着いたとき，列車は出発した
　　　　　　　あとだった」

覚えよう！

① **直説法半過去形**：［語幹］直説法現在１人称複数(nous)の活用形から，語尾 -ons をとりさっ
　　　　　　　　　　　　たもの

　　　　　　　　　　　　例外：être > **ét-**

　　　　　　　　［語尾］**-ais, -ais, -ait, -ions, -iez, -aient**

　　prendre とる，乗る（nous pren*ons*）　　　　　　　　　　**être**

　　je pren*ais*　　nous pren*ions*　　　　　　j' ét*ais*　　nous ét*ions*

　　tu pren*ais*　　vous pren*iez*　　　　　　tu ét*ais*　　vous ét*iez*

　　il pren*ait*　　ils　　pren*aient*　　　　　il ét*ait*　　ils　　ét*aient*

用法

(a)　過去における継続，状態，反復，習慣を表わします。

Je *prenais* une douche quand le téléphone a sonné.　シャワーをあびているとき電話がなった。

Quand j'*étais* jeune, je *travaillais* dans un café.　　若いころ，私はカフェで働いていた。

À cette époque, on *se voyait* chaque samedi.　　　　当時，私たちは土曜日ごとに会っていた。

Quand il *était* étudiant, il *jouait* au tennis tous les dimanches.

　　　　　　　　　　　　　　　　　彼は学生のころ，毎週日曜日はテニスをしたものだった。

　　囲　Si＋直説法半過去形？「…しませんか？」（誘い，提案）

　　　　Si nous partions demain ?　あす出発しましょうか？

(b)　従属節に用いられて，主節の過去の時点との同時性を表わします。

Je pensais que vous *aviez* tort.　私はあなたがまちがっていると思っていた。

② **直説法大過去形**：助動詞（**avoir** または **être**）の直説法半過去形＋過去分詞

finir 終える

j'	avais fini	nous avions fini
tu	avais fini	vous aviez fini
il	avait fini	ils avaient fini
elle	avait fini	elles avaient fini

partir 出発する

j'	étais parti(*e*)	nous étions parti(*e*)*s*
tu	étais parti(*e*)	vous étiez parti(*e*)(*s*)
il	était parti	ils étaient parti*s*
elle	était parti*e*	elles étaient parti*es*

用法

(a) 複合過去形や半過去形などで示された過去のある時点より以前に完了している事柄を表わします。

Quand je lui ai téléphoné, il *avait* déjà *fini* ses devoirs.

私が彼に電話したとき，彼はすでに宿題を終えていた。

(b) 従属節に用いられて，主節の過去の時点以前に完了している事柄を表わします。

Je croyais que tu *avais arrêté* de fumer.　君はたばこをやめたのかと思っていたよ。

EXERCICE 6

次の対話を読み，（　　）内の語を必要な形にして，解答欄に書いてください。

(1) —Alain m'a téléphoné.

　　—Qu'est-ce qu'il (vouloir) ?　　_____

(2) —Dépêchons-nous ! Nous n'avons pas beaucoup de temps.

　　—Mais tu m'as dit tout à l'heure que nous (avoir) le temps.　　_____

(3) —En été, ici, il y a un orage chaque jour.

　　—Oui, mais vous (savoir) que c'était si fréquent ?　　_____

(4) —Le garagiste a réparé la voiture ?

　　—Oui, il l'(vérifier) quand je suis arrivée.　　_____

(5) —Marie, pourquoi rentres-tu chez tes parents ?

　　—Parce qu'on m'a téléphoné hier que ma mère (tomber) malade.　　_____

(6) —Où as-tu passé ton enfance ?

　　—J'(habiter) à la campagne, près de Toulouse.　　_____

(7) —Quand est-ce qu'ils se sont connus ?

　　—Quand ils (être) employés de banque à Paris.　　_____

(8) —Quand tu es rentré, tu m'as réveillé ?

　　—Non, tu (dormir) profondément.　　_____

(9) —Qu'est-ce que nous allons faire ce week-end ?

　　—Si on (aller) à la mer ?　　_____

(10) —Tu as eu un accident ?

　　—Oui, pendant que je (faire) une promenade à bicyclette.　　_____

7．条件法現在形とジェロンディフ

------- 例題 -------

次の対話を読み，（　　　）内の語を必要な形にしてください。

⑴　—Si tu avais une semaine de vacances, qu'est-ce que tu ferais ?

　　—Eh bien, j'(aller) faire du ski à la montagne.

⑵　—On va au zoo ce week-end ?

　　—J'(aimer) mieux aller à la piscine.

⑶　—Marie est faible en histoire.

　　—En (travailler) un peu plus, elle aurait de bonnes notes.

・**解答**・ ⑴　**irais**「1週間の休暇がとれたら，なにをする？」 — 「そうねえ，山へスキーをしに行く
　　　だろうね」
　　　⑵　**aimerais**「週末は動物園へ行こうか？」 — 「ぼくはプールへ行くほうがいいな」
　　　⑶　**travaillant**「マリーは歴史が苦手です」 — 「もう少し勉強すれば，いい点がとれるのだ
　　　が」

　　　覚えよう！

① **条件法現在形**：［語幹］直説法単純未来形の語幹

　　　　　　　　　　［語尾］**-rais, -rais, -rait, -rions, -riez, -raient**

　　　　　　　　　　　（＝r＋直説法半過去形の語尾）

aimer …したい		**aller** 行く	
j' aime*rais*	nous aime*rions*	j' i*rais*	nous i*rions*
tu aime*rais*	vous aime*riez*	tu i*rais*	vous i*riez*
il aime*rait*	ils aime*raient*	il i*rait*	ils i*raient*

用法

⒜　現在の事実に反する仮定や未来に起こりそうもない仮定にもとづく帰結を表わします。

　　〈Si＋直説法半過去形（もし…ならば），条件法現在形（…なのだが）〉

　　S'il *faisait* beau, j'*irais* à la plage.　　　　　もし晴れていれば，私は海へ行くのだが。

　　Si tu *étais* libre, tu *pourrais* visiter Paris.　もし君が暇なら，パリを見学できるのだが。

　　注1）条件節は〈Si＋直説法半過去形〉で表わされるとはかぎりません。

　　　　Avec plus de travail, il *réussirait* ses examens.

　　　　　　　　　　　　　　　　　　　もっと勉強すれば，彼は試験に合格するのだが。

　　　　À l'entendre parler, on *croirait* qu'il est français.

　　　　　　　　　　　　　　　　　　彼が話すのを聞けば，フランス人だと思うでしょう。

　　　2）未来に起こりうる仮定と帰結は，〈Si＋直説法現在形，直説法単純未来形〉で表わします。

　　　　S'il *fait* beau demain, j'*irai* à la plage.　あす晴れたら，私は海へ行きます。

　　　3）条件節が独立して，〈Si＋直説法半過去形〉で勧誘，提案を表わすことがあります。（「6．直説
　　　　法半過去形」参照）

⒝　現在や未来のことに関する語調緩和を表わします。

　　Je *voudrais* réserver une chambre, s'il vous plaît.　部屋の予約をしたいのですが。

Vous *devriez* vous lever plus tôt le matin. 朝はもっと早く起きるべきですよ。

② ジェロンディフ：**en**＋現在分詞

　(a)　現在分詞：［語幹］：直説法現在1人称複数(nous)の活用形から，語尾 -ons をとりさった
　　　　　　　　　　　もの（＝直説法半過去形の語幹）

　　　　　　　　　例外：avoir ＞ **ay-**, être ＞ **ét-**, savoir 知っている＞ **sach-**

　　　　　　　　［語尾］：**-ant**

　　　avoir＞ ay*ant*, être＞ ét*ant,* savoir＞ sach*ant*

　　　travailler (nous travaill*ons*) ＞travaill*ant*, finir (nous finiss*ons*)＞finiss*ant*, venir (nous
　　　ven*ons*)＞ ven*ant*, sortir (nous sort*ons*)＞ sort*ant*, prendre (nous pren*ons*)＞ pren*ant*,
　　　faire (nous fais*ons*)＞ fais*ant*, lire (nous lis*ons*)＞ lis*ant*

　(b)　ジェロンディフの用法：副詞的に用いられて，同時性，原因・理由，対立・譲歩，条件，
　　　手段・方法などを表わします。

　　　Il conduit *en écoutant* la radio. 彼はラジオを聞きながら，運転している。

　　　En apprenant cette nouvelle, il s'est mis en colère. 彼はそのニュースを知ると怒りだした。

EXERCICE 7

次の対話を読み，（　　）内の語を必要な形にして，解答欄に書いてください。

(1) —Ça te dirait d'aller au Maroc ?

　　—Moi, j'(aimer) mieux aller en Égypte. ＿＿＿＿＿＿

(2) —Comment vas-tu partir, en avion ou en train ?

　　—En avion. Si nous voyagions en train, nous (être) fatigués avant d'arriver.

　　＿＿＿＿＿＿

(3) —Elle ne lit presque jamais le journal.

　　—Si elle avait l'habitude de le lire, elle (savoir) mieux ce qui se passe dans le
　　monde. ＿＿＿＿＿＿

(4) —Je cherche René. Tu l'as vu ?

　　—Oui. Je l'ai rencontré en (attendre) l'autobus. ＿＿＿＿＿＿

(5) —Je n'ai jamais pris l'avion, j'ai un peu peur.

　　—Si vous le preniez, vous (arriver) plus vite à destination. ＿＿＿＿＿＿

(6) —Je suis très occupé ce week-end.

　　—C'est dommage. Si on allait au cinéma dimanche, on (pouvoir) voir un bon film.

　　＿＿＿＿＿＿

(7) —Mais...ton bras... ! Qu'est-ce que tu as ?

　　—Je suis tombé en (faire) du ski. ＿＿＿＿＿＿

(8) —Où se trouve ce restaurant ?

　　—En (sortir) de l'hôtel, c'est juste en face, à gauche. ＿＿＿＿＿＿

(9) —Pour aller au musée du Louvre, s'il vous plaît ?

　　—En (prendre) la rue à droite, vous tombez dessus. ＿＿＿＿＿＿

(10) —Qu'est-ce que vous feriez à ma place ?

　　—Moi, j'(acheter) plutôt cette voiture blanche. ＿＿＿＿＿＿

8．接続法現在形

----- 例題 -----

次の対話を読み，（　　）内の語を必要な形にしてください。

—Il est déjà onze heures passées !

—Il faut que nous (rentrer).

・**解答**・　**rentrions**「もう11時過ぎだよ！」—「私たちは帰らなければならない」

覚えよう！

[語幹] je, tu, il, ils は直説法現在形3人称複数(ils)の活用語幹

　　　　nous, vous は直説法現在形1人称複数(nous)の活用語幹

[語尾] **-e, -es, -e, -ions, -iez, -ent**

ⓐ　語幹がかわらないもの（直説法現在形の ils と nous の活用語幹が同形の動詞）

　　　rentrer 帰る（ils *rentr*ent, nous *rentr*ons）

je rentr*e*	nous rentr*ions*	同型：-er 型規則動詞，-ir 型規則動詞，conduire 運転する，
tu rentr*es*	vous rentr*iez*	connaître 知る，dire 言う，écrire 書く，lire 読む，
il rentr*e*	ils　rentr*ent*	mettre 置く，partir 出発する，plaire 気に入る，
		rendre 返す

　　注　特殊な語幹をもつ動詞

　　　　faire …する＞ fass-

je *fasse*	nous *fassions*	同型：pouvoir …できる＞ je *puiss*e… nous *puiss*ions…
tu *fasse*s	vous *fassiez*	savoir 知る＞ je *sach*e… nous *sach*ions…
il *fasse*	ils　*fass*ent	

ⓑ　nous と vous で語幹がかわるもの（直説法現在形の ils と nous の語幹が異なる動詞）

　　　venir 来る（ils *vienn*ent, nous *ven*ons）

je vienn*e*	nous ven*ions*	同型：-er 型規則動詞の変則形，boire 飲む，croire 信じる，
tu vienn*es*	vous ven*iez*	devoir …しなければならない，voir 見る，
il vienn*e*	ils　vienn*ent*	prendre 取る，recevoir 受けとる

　　注　特殊な語幹をもつ動詞

　　　　aller 行く＞ aill-, (nous *all*ons)

j' *aill*e	nous allions	同型：vouloir 望む＞ je *veuill*e… nous voulions…
tu *aill*es	vous alliez	
il *aill*e	ils　*aill*ent	

ⓒ　avoir と être は語幹も語尾も特殊な形をとります。

avoir		**être**	
j' aie	nous ayons	je sois	nous soyons
tu aies	vous ayez	tu sois	vous soyez
il ait	ils　aient	il soit	ils　soient

用法 一般に従属節（que...）において，実現の可能性が不確かな事柄や，主観性の濃い事柄など，頭のなかで考えられただけのことを表現するために用いられます。

(a) 主節の動詞(句)が願望，疑い，命令，感情などを表わす場合

Mes parents souhaitent que je *sois* heureuse. 両親は私の幸せを望んでいる。

Il faut que tu *ailles* chez le dentiste.　　　君は歯医者に行かなければならない。

(b) 目的，条件，譲歩などを表わす接続詞句とともに

Il m'aide pour que je *termine* plus tôt.　彼は私がもっと早く終えるように手助けしてくれる。

Bien que tu *manges* beaucoup, tu ne grossis pas.　君はよく食べるのに太らない。

(c) croire や penser など判断を表わす動詞が否定形または疑問形で使われた場合

Je ne crois pas qu'elle en *ait* besoin.　　　私は彼女がそれを必要としているとは思わない。

(d) 関係詞節の先行詞が最上級かまたはそれに準ずる表現（seul, premier, *etc.*）の場合

Sophie est la plus belle fille que je *connaisse*. ソフィーは私が知っている最も美しい娘です。

EXERCICE 8

次の対話を読み，（　　）内の語を必要な形にして，解答欄に書いてください。

(1) —Au revoir, les amis.

　　—C'est dommage que nous (ne pas pouvoir) rester.　　　＿＿＿＿＿＿＿

(2) —J'ai des frissons, j'ai dû prendre froid.

　　—Il faut que tu (aller) voir un médecin.　　　＿＿＿＿＿＿＿

(3) —Je peux vous rendre visite demain ?

　　—Oui, mais je voudrais que vous (venir) chez moi dans la matinée.　＿＿＿＿＿＿＿

(4) —La réparation de la voiture demandera deux jours de travail.

　　—J'aimerais que vous la (finir) avant la fin de la semaine.　　　＿＿＿＿＿＿＿

(5) —Le train va partir. Bon voyage !

　　—Oh là là ! Il faut que je (se dépêcher) de monter.　　　＿＿＿＿＿＿＿

(6) —On prend l'autobus ou le métro ?

　　—Il vaut mieux qu'on (prendre) le métro. C'est le plus rapide.　＿＿＿＿＿＿＿

(7) —Pierre est malade.

　　—Eh bien, je suis désolé qu'il (être) malade.　　　＿＿＿＿＿＿＿

(8) —Tu as des nouvelles de tes enfants ?

　　—Non. Je veux qu'ils m'(écrire) plus souvent.　　　＿＿＿＿＿＿＿

(9) —Tu crois que Valérie travaille beaucoup ?

　　—Je ne suis pas sûr qu'elle (travailler) beaucoup.　　　＿＿＿＿＿＿＿

(10) —Vous partez en vacances demain ?

　　—Oui, pourvu qu'il (faire) beau.　　　＿＿＿＿＿＿＿

まとめの問題

次の各設問において，対話(1)～(5)を読み，（　　）内の語を必要な形にして，解答欄に書いてください。（配点　10）

1 (1) —Maintenant on peut tout faire sur un ordinateur.

　　　 —Bientôt nous (faire) toutes nos courses sans sortir de chez nous.

　　(2) —Bonjour, madame.

　　　 —Bonjour.　(Permettre)-moi de vous présenter ma sœur.

　　(3) —Quand est-ce que tu as vu Denise ?

　　　 —Hier, en (revenir) du supermarché.

　　(4) —Renaud m'a présenté sa nouvelle femme.

　　　 —Encore ! Il (se marier) combien de fois déjà ?

　　(5) —Vous vous souvenez de votre tante ?

　　　 —Oui, elle me donnait des bonbons chaque fois que j'(aller) chez elle.

(1)	(2)	(3)	(4)	(5)

2 (1) —J'ai rendez-vous avec Alain à cinq heures.

　　　 —Alors, il faut que tu (partir) tout de suite.

　　(2) —Je cherche un emploi, je suis au chômage depuis trois mois.

　　　 —Ne te fais pas de souci, on (voir) bien.

　　(3) —Si vous gagniez au loto, que feriez-vous ?

　　　 —J'(acheter) la maison de mes rêves.

　　(4) —Tu as vu Sophie ?

　　　 —Oui, elle (venir) hier soir à la maison.

　　(5) —Vous allez passer vos vacances à Moscou cet été ?

　　　 —Oui.　Nous (apprendre) le russe en ce moment.

(1)	(2)	(3)	(4)	(5)

3 (1) —J'ai oublié mon parapluie dans le métro.

　　　 —En (avoir) de la chance, tu le retrouveras.

　　(2) —Joyeux anniversaire, chère Lucie !

　　　 —Heureusement qu'il y a des anniversaires, sinon on ne te (voir) jamais.

　　(3) —Mon ordinateur a déjà cinq ans.

　　　 —Si tu (changer) d'ordinateur ?

　　(4) —Tiens, vous avez de nouvelles lunettes ?

　　　 —Oui, je (venir) de les acheter.

　　(5) —Tu sais que Pauline et Pierre vont se marier ?

　　　 —Mais oui. Ils (se rencontrer) à Paris il y a deux ans.

(1)	(2)	(3)	(4)	(5)

4 (1) —Ma femme a réussi son permis de conduire.

　　　 —Ah, je ne le (savoir) pas.

　　(2) —Nous sommes invités à dîner par les Dupont.

　　　 —Vous les (connaître) ?

　　(3) —Peux-tu venir demain ?

　　　 —Eh non ! Il faut que j'(aller) voir mon oncle.

　　(4) —Tu aimes l'espagnol ?

　　　 —Oui. Je pense qu'il (être) de plus en plus utile au niveau international.

　　(5) —Vous m'avez fait attendre si longtemps.

　　　 —Excusez-nous. Nous (mettre) une heure pour venir à cause des embouteillages.

(1)	(2)	(3)	(4)	(5) ·

5 (1) —Il n'est pas assez jeune pour séjourner plusieurs semaines à l'étranger.
　　　　—S'il avait cinq ans de moins, il (pouvoir) faire ce voyage avec nous.

　　(2) —Pourquoi êtes-vous en colère ?
　　　　—Je souhaite que vous (travailler) plus.

　　(3) —Qu'est-ce que tu t'es fait à la jambe ?
　　　　—Je suis tombé en (descendre) l'escalier.

　　(4) —Vous avez tout expliqué à Denis ?
　　　　—Bien sûr. Il (comprendre) tout de suite.

　　(5) —Vous n'aimez pas le vin ?
　　　　—Si, mais en général, nous (boire) de l'eau à table.

(1)	(2)	(3)	(4)	(5)

6 (1) —Danielle était plus grosse que moi. Mais, maintenant elle est plus mince.
　　　　—Elle a maigri en (faire) un régime sévère.

　　(2) —Tu me promets que tu me donneras des nouvelles ?
　　　　—C'est promis, je te (téléphoner) !

　　(3) —Vous avez manqué le train de 17 heures 10 ?
　　　　—Oui, ce train (partir) quand je suis arrivé à la gare.

　　(4) —Vous avez parlé avec Jeanne ces jours-ci ?
　　　　—Non, nous ne la (voir) plus depuis huit jours.

　　(5) —Vous connaissez ce jeune écrivain ?
　　　　—Oui, son premier livre (avoir) un grand succès l'année dernière.

(1)	(2)	(3)	(4)	(5)

3
代名詞に関する問題

　　フランス語文の空欄に入る適切な代名詞を3つの選択肢のなかから選ぶ問題です。出題される代名詞は，強勢形人称代名詞，目的語人称代名詞，再帰代名詞，中性代名詞，指示代名詞，所有代名詞，疑問代名詞，関係代名詞，不定代名詞などです。代名詞の用法を理解することは言うまでもありませんが，そのまえに文意を正確に読みとることが，問題解法のポイントになります。

出題例（2016年春季 ③）

3　　次の (1) 〜 (4) の（　　）内に入れるのにもっとも適切なものを、それぞれ ① 〜 ③ のなかから1つずつ選び、解答欄のその番号にマークしてください。
（配点　8）

(1)　Comme je n'avais pas faim, je n'ai (　　) mangé.
　　　① aucun　　　　② qui　　　　③ rien

(2)　J'ai oublié (　　). Je dois retourner à la maison.
　　　① personne　　② quelque chose　③ quoi

(3)　Le vin est bon pour la santé, mais il ne faut pas (　　) boire trop.
　　　① en　　　　　② le　　　　　③ y

(4)　Paul ne ment jamais. J'ai confiance en (　　).
　　　① elle　　　　② eux　　　　③ lui

---

1. 強勢形人称代名詞

次の文の（　　）内に入れるのに最も適切なものを，①〜③のなかから1つずつ選んでください。

(1) La grand-mère de François est très âgée : il pense toujours à (　　　　　　).

        ① elle　　　　② la　　　　③ lui

(2) C'est (　　　　　　) qui lui ai donné ce collier.

        ① eux　　　　② moi　　　　③ toi

・解答・　(1)　①「フランソワの祖母は高齢です。だから彼はいつも彼女のことを考えている」
　　　　　(2)　②「このネックレスを彼女にあげたのは私です」

覚えよう！

主語	je	tu	il	elle	nous	vous	ils	elles
強勢形	**moi** 私	**toi** 君	**lui** 彼	**elle** 彼女	**nous** 私たち	**vous** あなた（たち）	**eux** 彼ら	**elles** 彼女ら

用法

(a)　前置詞のあとで

  Je suis allé chez *elle* avec *lui*.　　　　私は彼といっしょに彼女の家へ行った。

  Ce dictionnaire est à *moi*.　　　　　　この辞書は私のものです。

(b)　C'est [Ce sont] のあとで

  Qui est là ? —C'est *moi*.　　　　　　どなた？　—私です。

  C'est *moi* qui vous remercie.　　　　　私のほうこそあなたに感謝しています。

  Ce sont *eux* qui m'ont aidé.　　　　　私に手を貸してくれたのは彼らです。

(c)　主語や目的語の強調

  Moi, je veux aller au cinéma.　　　　私は，映画へ行きたい。

  Elle te déteste, *toi*.　　　　　　　　彼女は君を嫌っている，君を。

  注　aussi や non plus とともに

    J'ai vu ce film, et vous ?　　　　　　私はこの映画を見た，あなたは？

    —*Moi* aussi.　　　　　　　　　　　　—私もです。

    Tu ne bois pas de vin, et ton mari ?　君はワインを飲まないけど，ご主人は？

    —*Lui* non plus.　　　　　　　　　　　—彼もです。

(d)　比較の que や限定表現 ne...que のあとで

  Monique est plus âgée que *nous*.　　モニックは私たちより年上です。

EXERCICE 1

次の文の（　　）内に入れるのに最も適切な強勢形人称代名詞を記入してください。

(1) Allez-y sans (　　　　　　　). Je ne veux pas sortir ce soir.　　　　＿＿＿＿＿＿

(2) Ce cadeau est pour (　　　　　　　) ; aujourd'hui c'est ton anniversaire.

＿＿＿＿＿＿

(3) C'est (　　　　　) qui m'avez conseillé ce livre.　　　　＿＿＿＿＿＿

(4) C'est (　　　　　) qui suis arrivé le premier.　　　　＿＿＿＿＿＿

(5) Ces acteurs sont très populaires. Mais cette actrice est plus célèbre
    qu'(　　　　　).　　　　＿＿＿＿＿＿

(6) Elle va se marier avec Jean. Elle n'aime que (　　　　　　　).　　　　＿＿＿＿＿＿

(7) J'ai réussi grâce à (　　　　　　), tu m'as beaucoup aidé.　　　　＿＿＿＿＿＿

(8) Mes cousines, (　　　　　　), font très bien la cuisine.　　　　＿＿＿＿＿＿

(9) Nous allons à la piscine. Voulez-vous venir avec (　　　　　) ?　　　　＿＿＿＿＿＿

(10) Stéphanie est très sympathique ; il s'intéresse à (　　　　　).　　　　＿＿＿＿＿＿

２．目的語人称代名詞

次の文の（　　　）内に入れるのに最も適切なものを，①〜③のなかから１つずつ選んでください。

(1)　Elle est intelligente. Mais je (　　　　　　) trouve méchante.

　　　　　　① la　　　　　　② les　　　　　　③ lui

(2)　Où est mon portable ? Ah (　　　　　　) voilà.

　　　　　　① en　　　　　　② le　　　　　　③ lui

(3)　Si tu veux sortir avec Monique ce soir, téléphone-(　　　　　　) vite.

　　　　　　① elle　　　　　　② la　　　　　　③ lui

・解答・　(1)　①「彼女は聡明です。でも彼女は意地悪だと思います」

　　　　　(2)　②「私の携帯電話はどこ？　おや，それはここにあった」〈直接目的語人称代名詞＋voilà〉

　　　　　(3)　③「君が今晩モニックと出かけたいのなら，彼女にすぐ電話しなさい」

覚えよう！

数	単　　　　　数				複　　　　　数			
人称	1人称	2人称	3人称		1人称	2人称	3人称	
			男性	女性			男性	女性
主語	je	tu	il	elle	nous	vous	ils	elles
直接目的語	**me (m')** 私を[に]	**te (t')** 君を[に]	**le (l')** 彼を それを	**la (l')** 彼女を それを	**nous** 私たち を[に]	**vous** あなた(たち) を[に]	**les** 彼(女)らを それらを	
間接目的語			**lui** 彼(女)に				**leur** 彼(女)らに	

注１）（　）内は母音字または無音の h で始まる語のまえで用います。

　　２）「もの・事柄」には，その性・数に応じて３人称の代名詞を使います。ただし，間接目的語人称代名詞 lui, leur は，「人」にしか使いません。

　ここでは，目的語人称代名詞の語順については基本的な事柄だけにとどめ，おもに目的語を人称代名詞におきかえるときの方法を学習します。語順については第５章の「単語を並べかえる問題」でとりあげます。

(a)　肯定命令文以外の場合，目的語人称代名詞は**動詞**（複合時制のときは**助動詞**）**の直前**におきます。

　Je connais *madame Morin*. → Je *la* connais.　私はモラン夫人[彼女]を知っています。

　　madame Morin は単数，３人称，女性，直接目的語（以下，直・目と略）ですから la におきかえます。

　Ne fermez pas *la porte*. → Ne *la* fermez pas.　ドア[それ]を閉めないでください。

　　la porte は単数，３人称，女性，直・目ですから la におきかえます。

Il a acheté *ces lunettes* à Paris.→ Il *les* a achetées à Paris.

彼はこの眼鏡［これ］をパリで買った。

　　ces lunettes は複数，３人称，女性，直・目ですから les におきかえます。なお，〈avoir
＋過去分詞〉の複合時制の場合，過去分詞はこれに先行した直・目の性・数に一致します。

Je peux voir *monsieur Ruff* ce soir ? → Je peux *le* voir ce soir ?

今晩リュフ氏［彼］に会えますか？

　　monsieur Ruff は単数，３人称，男性，直・目ですから le におきかえます。代名詞はこれ
を目的語にとっている動詞の直前におきます。

J'écris souvent à *mes parents*. → Je *leur* écris souvent.

私はよく両親［彼ら］に手紙を書きます。

　　mes parents は複数，３人称，男性，間接目的語（以下，間・目と略）ですから leur にお
きかえます。間・目には前置詞（多くの場合は à）がつきます。

Rendras-tu visite à *ta tante* ? → *Lui* rendras-tu visite ?　君はおばさん［彼女］を訪問するの？

　　ta tante は単数，３人称，女性，間・目ですから lui におきかえます。

　　囲1)〈à＋人〉の場合は間接目的語人称代名詞が使えますが，〈à＋もの・事柄〉の場合は中性
　　　代名詞を使います。

　　　Je vais à *la gare*. → J'*y* vais.　　　　私は駅［そこ］へ行きます。

　　2)〈penser à＋人〉の場合，間接目的語人称代名詞は使えません。

　　　Je pense à *Gérard*. → Je pense à *lui*.　私はジェラール［彼］のことを考えている。

(b)　肯定命令文の場合，目的語人称代名詞は**命令動詞の直後**にトレ・デュニオン (-) でつなぎま
す。

Louons *cet appartement*. → Louons-*le*.　　　　　このアパルトマン［それ］を借りましょう。

　　cet appartement は単数，３人称，男性，直・目ですから le におきかえます。

Téléphonez à *monsieur Dupont*. → Téléphonez-*lui*.　デュポンさん［彼］に電話してください。

　　monsieur Dupont は単数，３人称，男性，間・目ですから lui におきかえます。

Rendez-*moi* ce livre demain.（← Vous *me* rendez ce livre demain.）

この本はあす私に返してください。

　　肯定命令文では，me, te は，それぞれ強勢形人称代名詞の moi, toi にかえなければなりま
せん。

EXERCICE 2

次の文の（　　）内に入れるのに最も適切な目的語人称代名詞を記入してください。

(1) Il adore jouer au tennis avec elle et il (　　　　　) invite dimanche à la campagne.

_____

(2) J'ai acheté un cadeau pour toi et je te (　　　　) donne ce soir. _____

(3) Je ne (　　　　) crois pas, tu me racontes des histoires.　　　　_____

(4) Je ne trouve plus mes lunettes.　Ah, (　　　　) voilà.　　　_____

(5) Monique ?　Je (　　　　) vois tous les jours.　　　　_____

(6) Parlez-(　　　　) de votre projet, elle sera sûrement d'accord. _____

(7) Si vous pouvez, venez (　　　　) chercher à la gare, sinon je prendrai un taxi.

_____

(8) Téléphone à tes parents et demande-(　　　　) s'ils peuvent venir ce soir.

_____

(9) Tiens, il y a une lettre pour Jacques, tu (　　　　) lui donneras. _____

(10) Tu voulais ce livre ?　Prends-(　　　　), j'ai fini.　　　_____

3．再帰代名詞

次の文の（　　）内に入れるのに最も適切なものを，①〜③のなかから1つずつ選んでください。

(1) D'habitude, je (　　　　　　　) couche vers minuit.

   ① lui   ② me   ③ se

(2) On va rater le train. Dépêche-(　　　　　　　).

   ① moi   ② toi   ③ tu

・**解答**・ (1) ②「ふだん私は12時ごろ寝る」se coucher「寝る」。代名動詞は不定詞として用いるとき
    も，再帰代名詞は主語の人称に一致します。

   (2) ②「列車に乗り遅れそうだよ。急ぎなさい」se dépêcher「急ぐ」。代名動詞の命令形で
    す。

覚えよう！

 再帰代名詞は，動詞を代名動詞の形にするときに用いられます。目的語人称代名詞は，主語以外の人やものが目的語であるときに使われますが，再帰代名詞は，原則として主語自身が目的語であるときに使われます。語順は，目的語人称代名詞の場合と同じです。

 Elle *les* couche. (← Elle couche *les enfants*.) 彼女は彼ら（＝子どもたち）を寝かせる。

 Elle *se* couche.   彼女は寝る（←彼女は彼女自身を寝かせる）。

     se couche 寝る（←自分自身を寝かせる）

	直説法現在形	肯定命令形	否定命令形
je	*me* couche		
tu	*te* couches	→ couche-*toi*	→ ne *te* couche pas
il	*se* couche		
elle	*se* couche		
on	*se* couche		
nous	*nous* couchons	→ couchons-*nous*	→ ne *nous* couchons pas
vous	*vous* couchez	→ couchez-*vous*	→ ne *vous* couchez pas
ils	*se* couchent		
elles	*se* couchent		

 注 1）me, te, se は母音字または無音の h のまえで，エリズィオンしてそれぞれ m', t', s' となります。

  2）よく使われる代名動詞：s'aimer 愛しあう，s'appeler ...という名前である，s'asseoir 座る，se dépêcher 急ぐ，s'écrire 手紙をだしあう，s'habiller 服を着る，s'inquiéter 心配する，se laver 洗う，se lever 起きる，se moquer ばかにする，se promener 散歩する，se reposer 休息する，se retrouver 落ちあう，se réveiller 目を覚ます，se souvenir 思い出す，覚えている，など．

3）s'asseoir の命令形には 2 つの形があります。

assieds-toi	asseyons-nous	asseyez-vous
assois-toi	assoyons-nous	assoyez-vous

Vous *vous* appelez comment ?　　　　　　　あなたの名前は何といいますか？
　—Je *m'*appelle Nicolas Legrand.　　　　　—ニコラ・ルグランといいます。
Ils *se* promènent souvent le long de la rivière.　彼らはよく川沿いを散歩します。
Ne *vous* dépêchez pas !　　　　　　　　　急がないでください。
Vous souvenez-vous de cette soirée ?　　　あのパーティーのことを覚えていますか？
Je dois *me* lever demain matin à six heures.　私は明朝 6 時に起きなければならない。
Couche-*toi* tôt !　　　　　　　　　　　　早く寝なさい！

EXERCICE 3

次の文の（　　）内に入れるのに最も適切な再帰代名詞を記入してください。

⑴ Alors on (　　　　　　　) retrouve où ?　　　　　　　＿＿＿＿＿＿＿＿

⑵ Bonjour, monsieur, asseyez-(　　　　　　), s'il vous plaît.　＿＿＿＿＿＿＿＿

⑶ Ça (　　　　　) écrit comment ?　　　　　　　　　　＿＿＿＿＿＿＿＿

⑷ Comment est-ce que je (　　　　　) habille aujourd'hui ?　＿＿＿＿＿＿＿＿

⑸ Elle a l'air fatiguée. Elle a besoin de (　　　　) reposer.　＿＿＿＿＿＿＿＿

⑹ Il est plus de dix heures, lève-(　　　　　) !　　　　＿＿＿＿＿＿＿＿

⑺ Ils (　　　　) téléphonent tous les jours pour échanger des nouvelles.

　　　　　　　　　　　　　　　　　　　　　　　　　＿＿＿＿＿＿＿＿

⑻ Ne (　　　　) inquiète pas, on arrivera à l'heure.　　＿＿＿＿＿＿＿＿

⑼ Nous (　　　　　) promenons souvent dans la forêt.　＿＿＿＿＿＿＿＿

⑽ Va (　　　　) coucher, il est tard.　　　　　　　　＿＿＿＿＿＿＿＿

4．中性代名詞

次の文の（　　）内に入れるのに最も適切なものを，①～③のなかから1つずつ選んでください。

(1) La musique classique, vous vous (　　　　　　) intéressez ?

    ① en   ② l'   ③ y

(2) Des tomates ? Vous (　　　　　) voulez combien ?

    ① en   ② les   ③ y

(3) Jean est rentré du Japon hier. Tu (　　　　　) as déjà dit à Renée ?

    ① l'   ② les   ③ t'

・**解答**・ (1) ③「クラシック音楽，あなたはそれに興味がありますか？」à la musique classique → y。

(2) ①「トマト？　何個欲しいのですか？」de tomates → en。

(3) ①「ジャンはきのう日本から帰国した。そのことをもうルネに言った？」Jean est rentré du Japon hier. → le。

覚えよう！

ここでとりあげる3つの代名詞は，性・数の変化がありません。語順は，目的語人称代名詞の場合と同じで，肯定命令文以外では動詞または助動詞の直前に，肯定命令文ではトレ・デュニオンをつけて，動詞の直後におきます。

① **y**

(a) 〈à [dans, en, chez, *etc.*]＋場所〉に代わります。

Je vais *à Rome*. → J'*y* vais.   私はローマ[そこ]へ行きます。

Il habite toujours *en Espagne*.   彼はあいかわらず スペイン[そこ]に住んでいる。

    → Il *y* habite toujours.

(b) 〈à＋名詞表現〉に代わります。

Pensez *à votre avenir*. → Pensez-*y*.   将来のこと[そのこと]を考えてください。

    注 〈à＋□〉に代えるとき，□は原則として「もの・事柄」でなければなりません。〈à＋人〉の場合は，目的語人称代名詞を使います。

② **en**

(a) 〈de＋場所〉に代わります。

Il est revenu *de Paris* hier. → Il *en* est revenu hier.   彼はきのうパリ[そこ]から帰った。

(b) 〈de＋名詞表現〉に代わります。

Je suis content *de ma nouvelle voiture*.   私は新しい車[それ]に満足している。

    → J'*en* suis content.

(c) 〈不定冠詞複数（des），部分冠詞（du, de la, de l'），否定の de (d')＋名詞〉に代わります。

Je lis quelquefois *des romans français*.   私はときどきフランスの小説[それ]を読みます。

    → J'*en* lis quelquefois.

Je viens de prendre *du café*.   私はコーヒー[それ]を飲んだばかりです。

    → Je viens d'*en* prendre.

Il ne boit pas *de vin*. → Il n'*en* boit pas.　彼はワイン[それ]を飲まない。

(d) 〈数量副詞＋de＋名詞〉の〈de＋名詞〉に代わります。

Il a beaucoup *de disques*. → Il *en* a beaucoup.　彼はレコード[それ]をたくさんもっている。

(e) 〈数詞＋名詞〉の〈名詞〉に代わります。

Il a *un dictionnaire français-anglais*. → Il *en* a un.　彼は仏英辞典[それ]を1冊もっている。

J'ai *trois vélos*. → J'*en* ai trois.　　　　　　　私は自転車[それ]を3台もっている。

③ **le**

(a) 文，節，不定詞に代わります。

J'espère *qu'elle arrivera à l'heure*.　私は彼女が定刻に着くように[そう]願います。

　→ Je *l'*espère.

Nous ne pensions pas *arriver si tôt*.　私たちはこんなに早く着くとは[そう]思わなかった。

　→ Nous ne *le* pensions pas.

(b) 属詞（形容詞，名詞）に代わります。

Elle est *fatiguée*. → Elle *l'*est.　　　彼女は疲れている[そうです]。

EXERCICE 4

次の文の（　　）内に入れるのに最も適切な中性代名詞を記入してください。

(1) Elle est moins âgée que vous ne (　　　　　　) pensez.　　　_____

(2) Il a plu alors que personne ne s'(　　　　　　) attendait.　　　_____

(3) Il faut revenir avant huit heures ; pensez-(　　　　　　).　　　_____

(4) Il n'a pas compris ma question et il n'(　　　　　　) a pas répondu.　_____

(5) Il y a eu un grave accident d'avion. Vous (　　　　　　) saviez ?　_____

(6) Je ne connais pas Venise. Je n'(　　　　　　) suis jamais allé.　_____

(7) Je ne peux pas te prêter ce dictionnaire. J'(　　　　　　) ai besoin.　_____

(8) Ma sœur a neuf ans et j'(　　　　　) ai six.　　　　　　_____

(9) Si tu as de l'argent sur toi, prête-m'(　　　　　　) un peu, s'il te plaît.

　　　　　　　　　　　　　　　　　　　　　　　　　　　_____

(10) Tu vas voir, Alain va arriver très tard, j'(　　　　　　) suis sûr.　_____

5．指示代名詞・所有代名詞

----- 例題 -----

次の文の（　　　）内に入れるのに最も適切なものを，①～③のなかから1つずつ選んでください。

(1)　（　　　　　　　　　　） qui me plaît le plus, dans la maison, c'est la cuisine.

　　　　　① ce　　　　　② cela　　　　③ la

(2)　Je n'aime pas ce roman de Sartre ; je préfère (　　　　　　　) de Zola.

　　　　　① ce　　　　　② celle　　　③ celui

(3)　C'est ton dictionnaire, ce n'est pas (　　　　　　　).

　　　　　① la mienne　② le mien　　③ le tien

・解答・　(1)　①「私が家で一番気に入っているのは台所です」
　　　　　(2)　③「サルトルのこの小説は好きではない，ゾラのもののほうがいい」
　　　　　(3)　②「これは君の辞書です，私のものではありません」

覚えよう！

① 指示代名詞

(a) 性・数変化しないもの

ce être の主語として，または関係代名詞の先行詞として使われます。

　　Ce sont mes cahiers.　　　　　　　　　これらは私のノートです。

　　Ce que je désire, c'est la liberté.　　　　私が望むもの，それは自由です。

ceci／cela　2つのものを区別するために用いられ，ceci は近いものを，cela は遠いものを示します。

　　J'aime *ceci,* mais je n'aime pas *cela*.　　こちらは好きだ。でもあちらは好きではない。

ça　cela のくだけた形です。

　　Comment *ça* va ？ ―Comme ci comme *ça*.　元気かい？　―まあまあだよ。

(b) 性・数変化するもの

前置詞 de または関係詞節に限定されて用いられます。2つのものを区別したいときは，-ci, -là をつけて，それぞれ近いものと遠いものを示します。

男性・単数	女性・単数	男性・複数	女性・複数
celui	**celle**	**ceux**	**celles**

　C'est ma moto, et c'est *celle* de Louis.　　これは私のバイクで，あれはルイのものです。

　Celui qui marche là-bas, c'est mon père.　あそこを歩いている人，あれは私の父です。

　De ces deux cravates, tu préfères *celle-ci* ou *celle-là* ？

　　　これら2本のネクタイのなかで，君はこちらのほうが好きですか，それともあちらですか？

② 所有代名詞

所有される名詞の 性・数 / 所有者	男性・単数	女性・単数	男性・複数	女性・複数
je　　　　私のもの	le mien	la mienne	les miens	les miennes
tu　　　　君のもの	le tien	la tienne	les tiens	les tiennes
il, elle　　彼(女)のもの	le sien	la sienne	les siens	les siennes
nous　　私たちのもの	le nôtre	la nôtre	les nôtres	
vous　あなた(たち)のもの	le vôtre	la vôtre	les vôtres	
ils, elles　彼(女)たちのもの	le leur	la leur	les leurs	

Ma mère est moins âgée que *la tienne*. (← ta mère)　　私の母は君の母より年下です。

De ces prarapluies, lequel est *le vôtre* ? (← votre parapluie)

これらの傘のなかで，どれがあなたのものですか？

EXERCICE 5

次の文の（　）内に入れるのに最も適切な指示代名詞（ce, celui, celle, ceux, celles）または所有代名詞を記入してください。

⑴ Elle est partie avec (　　　　　　) qui sont venus la chercher. _____

⑵ Est-ce que tu sais (　　　　　) qui se passe ? _____

⑶ J'ai ton numéro de téléphone, mais je n'ai pas (　　　　　　) de Marc.

_____

⑷ Je n'ai pas ma voiture. Pouvez-vous me prêter (　　　　) ? _____

⑸ Je prends mon parapluie. Pierre prend aussi (　　　　). _____

⑹ Ma mère a cinquante ans. Et toi, quel âge a (　　　　) ? _____

⑺ Mes valises sont dans la voiture. Où sont (　　　　　) de Philippe et d'Anne ?

_____

⑻ Personne n'entend (　　　　) qu'elle dit. _____

⑼ Tu as tes papiers d'identité ? Moi, je ne trouve plus (　　　　). _____

⑽ Tu vois ces trois filles là-bas ? (　　　　　) qui porte un chapeau, c'est ma fille.

_____

6．疑問代名詞

----- 例題 -----

次の文の（　　）内に入れるのに最も適切なものを，①～③のなかから1つずつ選んでください。

(1) De (　　　　　　　) parlez-vous ?
　　　　　① que　　　　② quoi　　　　③ toi

(2) (　　　　　　　) de ces dames est ta tante ?
　　　　　① Laquelle　　② Lequel　　③ Qui est-ce qui

・**解答**・　(1)　②「あなたは何について話しているのですか？」
　　　　　(2)　①「あのご婦人がたのなかのだれが君のおばさんなの？」

覚えよう！

① 性・数変化しないもの

	主 語	直接目的語・属詞	間接目的語・状況補語
人 （だれ）	(a) **qui**… ? **qui est-ce qui**… ? だれが	(c) **qui**＋倒置形？ **qui est-ce que**… ? だれを・…はだれ	(e) 前置詞＋**qui**＋倒置形？ 前置詞＋**qui est-ce que**… ?
もの （なに）	(b) **qu'est-ce qui**… ? なにが	(d) **que**＋倒置形？ **qu'est-ce que**… ? なにを・…はなに	(f) 前置詞＋**quoi**＋倒置形？ 前置詞＋**quoi est-ce que**… ?

(a)　*Qui* joue du piano ? [*Qui est-ce qui* joue du piano ?]　　だれがピアノをひいているの？
　　　—C'est ma mère.　　　　　　　　　　　　　　　　　　—私の母です。

(b)　*Qu'est-ce qui* se passe ?　　　　　　　　どうしたのですか？［なにが起こったんですか？］
　　　—Ma voiture est en panne.　　　　　　　　　—車が故障したんです。

(c)　*Qui* cherchez-vous ? [*Qui est-ce que* vous cherchez ?]　だれを探しているのですか？
　　　　—Je cherche mon fils.　　　　　　　　　　　　—私のむすこを探しています。
　　　Qui est cette dame ?　　　　　　　　　あの夫人はだれですか？
　　　　—C'est madame Chaurand.　　　　　　　　—あれはショーラン夫人です。

(d)　*Que* cherchez-vous ? [*Qu'est-ce que* vous cherchez ?] あなたはなにを探しているのですか？
　　　　—Je cherche mes lunettes.　　　　　　　　　—眼鏡を探しています。
　　　Qu'est-ce que c'est ?　　　　　　　　　これは何ですか？
　　　　—C'est un cadeau pour toi.　　　　　　　　—君へのプレゼントだよ。

(e)　Avec *qui* sortez-vous ? [Avec *qui* est-ce que vous sortez ?]　だれとでかけるのですか？
　　　　—Je sors avec Anne.　　　　　　　　　　　　—アンヌとです。

(f)　De *quoi* parle-t-il ? [De *quoi* est-ce qu'il parle ?]　彼は何について話しているのですか？
　　　　—Il parle de son voyage.　　　　　　　　　—旅行についてです。

囲　くだけた表現では，倒置形をさけてイントネーションの疑問文を使うことがあります。

Tu cherches *qui* ?	だれを探してるの？	C'est *qui* ?	あれはだれ？
Tu cherches *quoi* ?	なにを探してるの？	C'est *quoi* ?	これはなに？
Tu sors avec *qui* ?	だれとでかけるの？	Il parle de *quoi* ?	彼は何について話してるの？

② **性・数変化するもの**

「...のなかのだれ」，「...のなかのなに」と選択を問う場合に用います。〈定冠詞＋疑問形容詞〉
の形をとり，それぞれ性・数に対応しています。

男性・単数	女性・単数	男性・複数	女性・複数
lequel	**laquelle**	**lesquels**	**lesquelles**

à＋*le*quel, *la*quelle, *les*quels, *les*quelles → *au*quel, à laquelle, *aux*quels, *aux*quelles

de＋*le*quel, *la*quelle, *les*quels, *les*quelles → *du*quel, de laquelle, *des*quels, *des*quelles

Lequel de vos amis est le plus studieux ?　あなたの友人のなかでだれがもっとも勤勉ですか？

　—C'est Louis.　　　　　　　　　　　　　　—ルイです。

Laquelle de ces deux montres préférez-vous ?

　　　　　　　　　　　　　　　　　　これら2つの腕時計のなかでどちらがいいですか？

　—Je préfère cette montre-ci.　　　　　—こちらの腕時計です。

Desquels de ces livres as-tu besoin ?　これらの本のなかでどれが必要なの？

　—J'ai besoin de ces deux livres.　　　—これら2冊の本です。

EXERCICE 6

次の文の（　　）内に入れるのに最も適切な疑問代名詞を記入してください。

(1)　À (　　　　　　　　) écrit-elle ?　—Elle écrit à Jean.　　　　　＿＿＿＿＿＿＿

(2)　Avec (　　　　　　　　) de ces filles sors-tu ?　　　　　　　　＿＿＿＿＿＿＿

(3)　(　　　　　　　) de ces deux disques veux-tu écouter ?　　　　＿＿＿＿＿＿＿

(4)　(　　　　　　　) de ces livres sont les plus faciles à lire ?　　＿＿＿＿＿＿＿

(5)　À (　　　　　　　) penses-tu ?　—Je pense à mes vacances.　　＿＿＿＿＿＿＿

(6)　Il y a trois actrices dans ce film. À ton avis, (　　　　　　) est la plus jolie ?

　　　　　　　　　　　　　　　　　　　　　　　　　　　　　　　＿＿＿＿＿＿＿

(7)　(　　　　　　) intéresse les jeunes ?　—C'est le rock.　　　　＿＿＿＿＿＿＿

(8)　(　　　　　　) lisez-vous ?　—Je lis un roman policier.　　　　＿＿＿＿＿＿＿

(9)　Voilà des journaux. (　　　　　　) est le plus intéressant ?　　＿＿＿＿＿＿＿

(10)　(　　　　　　) vous faites dans la vie ?　—Je suis ingénieur.　＿＿＿＿＿＿＿

７．関係代名詞

------- **例題** ---

次の文の（　　　）内に入れるのに最も適切なものを，①〜③のなかから１つずつ選んでください。

(1)　J'ai vu ce film （　　　　　　　） on parle beaucoup.
　　　　　① dont　　　　② que　　　　③ qui

(2)　Rendez-vous dans le café （　　　　　　　） nous nous retrouvons d'habitude.
　　　　　① dont　　　　② où　　　　③ que

(3)　C'est une amie avec （　　　　　　　） Marthe est allée en Afrique.
　　　　　① quel　　　　② qui　　　　③ quoi

・**解答**・　(1)　①「私はみんなが話題にしているその映画を見た」
　　　　　(2)　②「私たちがいつも落ちあうカフェで会いましょう」
　　　　　(3)　②「こちらはマルトがいっしょにアフリカへ行った友だちです」

┌─ **覚えよう！** ───

　関係代名詞をふくむ節を関係詞節とよび，関係詞節が修飾する名詞を先行詞といいます。関係代名詞は先行詞にかわる代名詞ですから，先行詞が関係詞節のなかにどのような形で組み入れられるのか，あるいは関係詞節のなかでどのような働きをしているのかによって関係代名詞の種類が決まります。

① 性・数変化しないもの

(a)　**qui**　先行詞（人・もの）は関係詞節の動詞の主語になります。

Je connais <u>la petite fille</u> *qui* <u>joue dans le parc</u>.
　　　　　　先行詞　　　　　　　　関係詞節

私は公園で遊んでいる少女を知っている。

　　関係代名詞を先行詞におきかえると，*La petite fille* joue dans le parc.という文が成立します。

(b)　**que**　先行詞（人・もの）は関係詞節の動詞の直接目的語になります。

<u>La robe</u> *que* <u>tu as achetée</u> en France te va bien.
　先行詞　　　　　関係詞節

君がフランスで買ったドレスは君によく似合う。

　　関係代名詞を先行詞におきかえると，Tu as acheté *la robe* en France. という文が成立します。なお，過去分詞はこれに先行した直接目的語の性・数に一致します。

(c)　**dont**　de＋先行詞（人・もの）が関係詞節中の補語になります。

Où est <u>la photo</u> *dont* <u>vous parliez</u> ?
　　　　　先行詞　　　　関係詞節

あなたが話していた写真はどこにありますか？

　　関係代名詞を先行詞におきかえたとき，parler de（...について話す）から，Vous parliez *de la photo*. という文が成立します。

<u>Mon ami</u> *dont* <u>le père est écrivain</u> habite ici.
　先行詞　　　　　関係詞節

父親が作家である私の友だちはここに住んでいます。

　　関係代名詞を先行詞におきかえたとき，文意から Le père *de mon ami* est écrivain. という文が成立します。

──

65

(d) **où** 先行詞(もの)は関係詞節中で場所・時を表わす状況補語になります。

Il fait trop chaud dans la pièce *où* nous travaillons.　　　私たちが働いている部屋は暑す
　　　　　　　　　先行詞　　　　関係詞節　　　　　　　　　　ぎる。

　　　関係代名詞を先行詞におきかえたとき，文意から Nous travaillons *dans la pièce*.という
　　文が成立します。

Le jour *où* je suis arrivé ici, il neigeait.　　　私がここについた日は雪が降っ
　先行詞　　　関係詞節　　　　　　　　　　　　　　　ていた。

　　　関係代名詞を先行詞におきかえたとき，Je suis arrivé ici *ce jour-là*.という文が成立します。

　　　囲 où は〈前置詞＋où〉の形で用いることもできます。

　　　　C'est la ville *d'où* il vient.（← il vient de cette ville）ここは彼がそこの出身である町です。

(e) **前置詞＋qui** 先行詞(人)は関係詞節中で間接目的語・状況補語になります。

Où habite l'étudiant *à qui* tu as téléphoné.　　　君が電話した学生はどこに住ん
　　　　　　　先行詞　　　　関係詞節　　　　　　　　　でるの？

　　　関係代名詞を先行詞におきかえたとき，Tu as téléphoné *à l'étudiant*.という文が成立
　　します。

② **性・数変化するもの**

前置詞＋**lequel, laquelle, lesquels, lesquelles**

　先行詞(主として，もの)は関係詞節中で間接目的語・状況補語になります。一般に前置詞を
ともなって使われます。形は縮約形もふくめて性・数変化する疑問代名詞と同形です。

J'ignore la raison *pour laquelle* il a refusé mon invitation.　　　私は彼が招待を断った理由がわ
　　　先行詞　　　　　　関係詞節　　　　　　　　　　　　　からない。

　　　関係代名詞を先行詞におきかえたとき，Il a refusé mon invitation *pour la raison*.という
　　文が成立します。なお，関係代名詞は先行詞の性・数に一致します。この例文では，laquelle
　　が la raison の女性・単数に一致しています。

EXERCICE 7

　　　次の文の（　　）内に入れるのに最も適切な関係代名詞を記入してください。

(1) C'est le voisin à (　　　　　　　) j'ai vendu ma voiture.　　　　　　＿＿＿＿＿＿

(2) C'est un voyage (　　　　　　　) tout le monde a été très content.　　＿＿＿＿＿＿

(3) Elle n'aime pas beaucoup ce (　　　　　) est à la mode.　　　　　　＿＿＿＿＿＿

(4) Il y a des forêts (　　　　　　) les arbres sont tous malades.　　　　＿＿＿＿＿＿

(5) Je n'oublierai jamais le jour (　　　　　　) tu as eu ton accident.　　＿＿＿＿＿＿

(6) La jeune fille avec (　　　　　) il va se marier est photographe.　　　＿＿＿＿＿＿

(7) Le fauteuil sur (　　　　　) tu es assise est à mon grand-père.　　　＿＿＿＿＿＿

(8) Ma grand-mère parle toujours de ce voyage (　　　　　) elle se souvient encore.

　　　　　　　　　　　　　　　　　　　　　　　　　　　　　　　　　　＿＿＿＿＿＿

(9) On a voyagé en Espagne (　　　　　) on rêvait de vivre.　　　　　＿＿＿＿＿＿

(10) Quels sont les livres (　　　　　) tu as lus cet été ?　　　　　　　＿＿＿＿＿＿

8．不定代名詞

次の文の（　　　）内に入れるのに最も適切なものを，①〜③のなかから1つずつ選んでください。

(1)　J'appelle, mais (　　　　　　　) ne répond.

　　　　①　il　　　　　　②　personne　　　③　quelqu'un

(2)　(　　　　　　　　) pourrait m'aider ?

　　　　①　Personne　　②　Quelqu'un　　③　Rien

・**解答**・　(1)　②「呼んでいるけど，だれも答えない」
　　　　　　(2)　②「だれか手を貸してくれませんか？」

覚えよう！

① **on** 「人々は」，「だれか」，「私たちは」など，主語としてだけ用いられ，動詞は3人称単数で活用させます。

Dans ce café, *on* doit payer en espèces.

　　　　　　　　　　　　　　　　この喫茶店では，（人々は）現金で払わなければならない。

J'entends des pas, *on* vient.　　　　　　足音が聞こえる，だれか来る。

Alors, *on* va au restaurant ?　　　　　それでは，レストランへ行きましょうか？（on＝nous）

② **quelqu'un** 「だれか，ある人」

Quelqu'un t'a téléphoné.　　　　　　　君に電話があったよ。

Y a-t-il *quelqu'un* à la maison ?　　　　家にはだれかいますか？

③ **ne...personne, personne...ne** 「だれも...ない」否定をあらわし，pas は省略されます。

Il n'y a *personne* dans le jardin.　　　　庭にはだれもいない。

Personne ne vient dîner ce soir.　　　　今晩はだれも夕食をとりに来ない。

④ **quelque chose** 「なにか，あるもの」

Vous avez *quelque chose* à dire ?　　　　なにか言うことがありますか？

Y a-t-il *quelque chose* d'intéressant ?　　なにかおもしろいことがありますか？

⑤ **ne...rien, rien...ne** 「なにも...ない」否定をあらわし，pas は省略されます。

Je n'ai *rien* à dire.　　　　　　　　　言うべきことはなにもない。

Rien n'est vrai dans cette histoire.　　　この話のなかで，ほんとうのことはなにもない。

⑥ **chacun(*e*)** 「めいめい，それぞれ」動詞は3人称単数で活用させます。

J'ai un cadeau pour *chacun* d'entre eux.　彼らのめいめいにプレゼントがある。

Regardez ces tasses, *chacune* est différente.

　　　　　　　　　　　　　　　これらの茶碗をごらんなさい。それぞれ違っている。

⑦ **ne...aucun(*e*), aucun(*e*)...ne** 「だれも［なにも］...ない」否定をあらわし，pas は省略されます。

Aucun de ses amis n'est venu le voir.　　友だちのなかのだれも彼に会いに来なかった。

Elle n'aime *aucune* de ces robes.　　　　彼女はこれらのドレスのどれも気に入らない。

67

⑧ **plusieurs** 「...の何人も［のいくつも］」，「何人もの人たち」

Plusieurs de mes amis m'écrivent souvent.　友だちの何人もがよく私に手紙をくれる。

J'ai vu *plusieurs* de ses tableaux.　私は彼(女)の絵を何枚も見ました。

Plusieurs le pensent.　何人もの人たちがそう考えている。

⑨ **certain(e)s** 「...の何人か［のいくつか］」，「何人かの人たち」

Je connais *certaines* de ses amies.　私は彼(女)の友だちの何人かと知りあいです。

Certains de ses romans sont très connus.　彼(女)の小説の何冊かはとても有名です。

Certains aiment le café, d'autres préfèrent le thé.

　　　　　　　　コーヒが好きな人もいれば，紅茶のほうが好きな人もいる。

⑩ **tout**（中性・単数），**tous**（男性・複数），**toutes**（女性・複数）「すべての人［もの］」

Il a *tout* mangé.　彼は全部食べてしまった。

Tous sont étudiants.　みんな学生です。

Toutes sont japonaises.　みんな日本人です。

EXERCICE 8

次の文の（　　）内に入れるのに最も適切な不定代名詞を記入してください。

(1) Dans la cuisine, il faudrait (　　　　　) nettoyer.　　　＿＿＿＿＿＿＿

(2) (　　　　　) des étudiants de la classe a un dictionnaire.　＿＿＿＿＿＿＿

(3) Je n'ai écrit à (　　　　) pendant mes vacances.　　　　＿＿＿＿＿＿＿

(4) Je n'arrive pas à trouver la rue de Provence ; je vais demander à (　　　　).

　　　　　　　　　　　　　　　　　　　　　　　　　　　＿＿＿＿＿＿＿

(5) Il cherche (　　　　) de bien pour l'aider dans son travail.　＿＿＿＿＿＿＿

(6) (　　　　) n'a téléphoné pendant mon absence ?　　　　＿＿＿＿＿＿＿

(7) Tu n'as (　　　　) à manger ? J'ai faim !　　　　　　＿＿＿＿＿＿＿

(8) Vous avez (　　　　) à déclarer ?　　　　　　　　　＿＿＿＿＿＿＿

(9) Vous connaissez vos voisins d'immeuble ? —Non, pas (　　　) !

　　　　　　　　　　　　　　　　　　　　　　　　　　　＿＿＿＿＿＿＿

(10) Y a-t-il (　　　　) d'intéressant à la télévision ce soir ?　＿＿＿＿＿＿＿

まとめの問題

次の各設問において，(1)〜(4)の（　　　）内に入れるのに最も適切なものを，それぞれ①〜③のなかから1つずつ選び，解答欄に書いてください。（配点　8）

1 (1) Il a loué une villa au bord de la mer. Il (　　　　　) est très content.
　　　① en　　　　　　　② lui　　　　　　　③ y

(2) J'ai acheté son dernier roman et je suis en train de (　　　　) lire.
　　　① la　　　　　　　② le　　　　　　　③ me

(3) La population de la France est moins dense que (　　　　) du Japon.
　　　① celui　　　　　② celle　　　　　③ elle

(4) Ne vous inquiétez pas ! (　　　　) ira bien !
　　　① Quelque chose　　② Rien　　　　③ Tout

(1)	(2)	(3)	(4)

2 (1) (　　　　　) a laissé son journal sur un banc dans le jardin.
　　　① Personne　　　② Quelqu'un　　　③ Rien

(2) Il habite tout près de la gare. Il peut (　　　　) aller à pied.
　　　① en　　　　　　② les　　　　　　③ y

(3) J'habite chez une amie (　　　　) la tante travaille à Air France.
　　　① dont　　　　　② que　　　　　③ qui

(4) Julien a bu plus de vin que (　　　　).
　　　① te　　　　　　② toi　　　　　③ tu

(1)	(2)	(3)	(4)

3 (1) Il n'y aura pas assez de place dans leur voiture. Prenons-(　　　　).
　　　① la leur　　　　② la nôtre　　　③ le nôtre

(2) Ta mère n'est toujours pas là ? —Ah, (　　　　) voilà enfin.
　　　① en　　　　　　② la　　　　　　③ lui

(3) Tu peux venir avec moi, si tu (　　　　) veux.
　　　① le　　　　　　② te　　　　　③ y

(4) Vous avez raté l'autobus ? Alors, vous prendrez (　　　　) d'après.
　　　① celui　　　　　② celle　　　　　③ elle

(1)	(2)	(3)	(4)

4 (1) Cette pêche n'est pas mûre, prends-(   ) une autre.

      ① en   ② le   ③ lui

(2) L'homme avec (   ) tu parlais est écrivain.

      ① que   ② qui   ③ quoi

(3) Pierre les déteste et il ne veut pas (   ) parler.

      ① eux   ② les   ③ leur

(4) Tu as (   ) à me dire ?

      ① personne   ② quelque chose   ③ quelqu'un

(1)	(2)	(3)	(4)

5 (1) Demain à sept heures, devant le cinéma, ça (   ) va ?

      ① la   ② les   ③ vous

(2) Elle n'achète jamais (   ) qui est très cher.

      ① ce   ② cela   ③ la

(3) Je suis passé chez elle, mais elle n'(   ) était pas.

      ① en   ② lui   ③ y

(4) Par (   ) commençons-nous ?

      ① que   ② quel   ③ quoi

(1)	(2)	(3)	(4)

6 (1) C'est (   ) qui a appris à nager à mes enfants.

      ① lui   ② moi   ③ toi

(2) Emilie et Nicolas (   ) invitent à dîner très souvent.

      ① lui   ② leur   ③ s'

(3) Je n'arrive jamais à lire ce (   ) tu écris.

      ① que   ② qui   ③ quoi

(4) Va acheter un paquet de café, il n'y (   ) a plus.

      ① en   ② les   ③ y

(1)	(2)	(3)	(4)

4
前置詞に関する問題

　　前置詞に関する問題は、5級から1級までかならず出題されます。3級では、4つの問題文の空欄に、あたえられた6つの前置詞のなかから適切なものを選ぶ問題です。4級までの前置詞の基本的な用法にくわえて、前置詞の意味というよりも、動詞や形容詞との結びつきといった文の前後関係から適切な前置詞を決めたり、また慣用的な用法を覚えておく必要もあります。

出題例（2016年春季 4 ）

4　　次の (1) ～ (4) の (　　) 内に入れるのにもっとも適切なものを、下の ① ～ ⑥ のなかから1つずつ選び、解答欄のその番号にマークしてください。ただし、同じものを複数回用いることはできません。(配点　8)

(1)　Il fallait marcher longtemps (　　) la pluie.

(2)　Il regarde souvent des matchs de foot (　　) la télé.

(3)　Je vais t'accompagner (　　) l'avocate.

(4)　Nous jouons au tennis une fois (　　) semaine.

　　　① à　　　　② chez　　　③ de
　　　④ entre　　⑤ par　　　⑥ sous

71

1．場所の前置詞⑴

------ 例題 ------

次の文の（　）内に入れるのに最も適切なものを，下の①〜⑥のなかから1つずつ選んでください。

⑴　Il est étudiant (　　　　　　　　) l'Université de Nice.

⑵　Il s'est promené (　　　　　　　) les bois.

⑶　Nous dînerons (　　　　　　　) ville ce soir.

　　　① à　　② chez　　③ dans　　④ de　　⑤ en　　⑥ pour

・解答・　⑴　①「彼はニース大学の学生です」

　　　　　⑵　③「彼は森のなかを散歩した」

　　　　　⑶　⑤「今晩私たちは町で夕食をとります」

覚えよう！

① **à**　…に，で；…へ

Je reste *à* la maison aujourd'hui.　　　　　　私はきょうは家にいます。

Il accompagne ses amis *à* la gare.　　　　　　彼は友人たちを駅へおくって行く。（方向）

À ta place, j'accepterais sa proposition.

　　　　　　　　　　　　　　　もし君の立場だったら，彼（女）の提案を受け入れるのだが。

② **pour**　…に向かって；…行きの

Le train *pour* Strasbourg part à 15 heures 10. ストラスブール行きの列車は15時10分に出発します。

③ **dans**　…のなかで，のなかに

Il travaille *dans* sa chambre.　　　　　　　　彼は部屋で勉強している。

Elle monte *dans* une voiture.　　　　　　　　彼女は車に乗りこむ。

Son fils est mort *dans* un accident de voiture.　彼（女）の息子は自動車事故で死んだ。（状況）

④ **en**　…で，に

Je suis allé *en* ville cet après-midi.　　　　　きょうの午後私は町へ行った。

Il va *en* classe.　　　　　　　　　　　　　　彼は授業に行く。

Elle est étudiante *en* lettres.　　　　　　　　彼女は文学部の学生です。（分野・領域）

注1）àには広がりの観念がないのに対して，dans と en には広がりの観念がふくまれます。dans は
一般に〈dans＋冠詞・所有形容詞付きの名詞〉の形で限定された広がりを，en は〈en＋無冠詞名
詞〉の形で漠然とした広がりを示します。

Il habite *dans* la banlieue parisienne.　　　　彼はパリ郊外に住んでいる。

Il habite *en* banlieue.　　　　　　　　　　　彼は郊外に住んでいる。

2）〈à, dans, en＋地名〉について。

ⅰ）国名。〈au, aux＋男性名詞〉，〈en＋女性名詞または母音で始まる男性名詞〉

au Japon　日本に　　　　　*aux* États-Unis　合衆国に

en France　フランスに　　　*en* Iran　　　　イランに

ⅱ）都市名。〈à＋無冠詞の都市名〉が原則。ただし，都市を限定された広がりと考えるときは dans
を使います。

Je vais *à* Paris.　　　　　私はパリへ行く。

Elle se promène *dans* Paris.　彼女はパリの町を散歩する。

⑤　**de**　…から

Je reviens *de* Rome [*du* Japon, *de* France].　　私はローマ [日本，フランス] から帰る。

　注　〈de＋無冠詞の都市名〉，〈du, des＋男性国名〉，〈de, d'＋女性国名または母音で始まる男性国名〉

　　　Le T.G.V. va *de* Paris à Lyon en deux heures.　T.G.V. は2時間でパリからリヨンへ行く。

　　　Il est *de* Marseille.　　　　　　　　彼はマルセイユ出身です。

EXERCICE 1

　次の文の（　　）内に入れるのに最も適切なものを，**à**，**dans**，**de**，**en**，**pour** のなかから１つずつ選び，解答欄に記入してください。

⑴　Alain travaille (　　　　　　) Genève.　　　　　　＿＿＿＿＿＿＿

⑵　Elle va en vacances (　　　　　　) Italie.　　　　　　＿＿＿＿＿＿＿

⑶　Est-ce qu'il y a un avion (　　　　　　) Paris vers 10 heures ?　＿＿＿＿＿＿＿

⑷　Il faut treize heures pour aller (　　　　　　) France au Japon.　＿＿＿＿＿＿＿

⑸　Ils sont montés (　　　　　) un taxi.　　　　　　＿＿＿＿＿＿＿

⑹　J'ai lu cet article (　　　　　　) le journal d'aujourd'hui.　＿＿＿＿＿＿＿

⑺　Monique est sortie (　　　　　　) l'hôpital lundi dernier.　＿＿＿＿＿＿＿

⑻　Ne laisse pas ta chambre (　　　　　) désordre.　　　＿＿＿＿＿＿＿

⑼　(　　　　　) ta place, j'irais me reposer à la campagne.　＿＿＿＿＿＿＿

⑽　Vous habitez (　　　　　) ville ou à la campagne ?　＿＿＿＿＿＿＿

2．場所の前置詞⑵

次の文の（　）内に入れるのに最も適切なものを，下の①～⑥のなかから1つずつ選んでください。

⑴　Il est sorti (　　　　　　　　) la porte de droite.

⑵　Madame, faites comme (　　　　　　　) vous.

⑶　Tu arrives à nager (　　　　　　　) l'eau ?

　　　① chez　② devant　③ entre　④ sous　⑤ sur　⑥ par

・解答・　⑴　⑥「彼は右側のドアからでた」
　　　　　⑵　①「奥さん，楽にしてください」
　　　　　⑶　④「君はうまく水中にもぐれる？」

覚えよう！

①　**par**　…から，を通って；…中を；…に

Le chat est entré *par* la fenêtre.　　　　　その猫は窓から入った。

Il a voyagé de *par* le monde.　　　　　　彼は世界中いたるところを旅行した。

Mon cousin habite *par* ici.　　　　　　　私の従兄弟はこの辺りに住んでいる。

②　**chez**　…の家に，の店で；…の国では

Ce soir, je reste *chez* moi.　　　　　　　今晩私は家にいます。

Va *chez* le boulanger acheter du pain.　　パン屋へパンを買いに行きなさい。

Chez nous, l'hiver est bien dur.　　　　　われわれの国では，冬はとても厳しい。

③　**sur**　…の上に；…の方に

Les clefs sont *sur* la table.　　　　　　　鍵はテーブルの上にある。

Mon appartement donne *sur* la cour.　　私のアパルトマンは中庭に面している。

C'est *sur* votre droite, la pharmacie est juste à côté.　右手の方です，薬局はすぐ近くです。

④　**sous**　…の下に

Le chat est *sous* la table.　　　　　　　猫はテーブルの下にいる。

En hiver, notre maison est *sous* la neige.　冬になると，私たちの家は雪の下に埋もれる。

⑤　**entre**　（2つのものをさす名詞）のあいだに；（3つ以上のものをさす名詞）のなかで

Il y a 500 kilomètres *entre* Lyon et Paris.　リヨン・パリ間は500キロメートルある。

Entre plusieurs solutions, tu as choisi la meilleure.

　　　　　　　　いくつもの解決策のなかから，君は最良のものを選んだ。（選択範囲）

⑥　**parmi**　（3つ以上のものをさす名詞）のなかで，

Parmi toutes les voitures que j'ai eues, c'est la dernière que je préfère.

　　　　　　　　私がもったすべての車のなかで，私が好きなのは最後のものです。（選択範囲）

⑦　**devant**　…のまえに

Mon école est juste *devant* l'église.　　私の学校は教会の正面にある。

⑧ **derrière** ...のうしろに

Pierre est juste *derrière* toi.　　　　　　　ピエールは君のまうしろにいる。

⑨ **vers** ...の方へ

Nous roulons *vers* Dijon.　　　　　　　　私たちはディジョンへと車を走らせている。

⑩ **jusqu'à** ...まで

Je marche *jusqu*'à la gare.　　　　　　　私は駅まで歩きます。

EXERCICE 2

次の文の（　　）内に入れるのに最も適切なものを，**chez**，**derrière**，**devant**，**entre**，**jusqu'à**，**par**，**parmi**，**sous**，**sur**，**vers** のなかから1つずつ選び，解答欄に記入してください。ただし同じものを複数回用いることはできません。

⑴　Au cinéma, j'étais malheureusement assis (　　　　　) un homme de grande taille.　　　　　　　　　　　　　　　　　　　　　　　　_____

⑵　Cette route va bien (　　　　　) le Nord.　　　　　　_____

⑶　De l'aéroport (　　　　　) la maison, il y a une heure de trajet._____

⑷　Elle a collé des posters (　　　　　) les murs de sa chambre. _____

⑸　J'ai reconnu Françoise (　　　　　) les assistants.　　　_____

⑹　Je suis passé (　　　　　) tes fenêtres hier matin.　　　_____

⑺　Je vais dîner (　　　　　) une amie ce soir.　　　　　_____

⑻　Ne reste pas (　　　　　) moi, je ne vois rien.　　　　_____

⑼　L'église se trouve (　　　　　) la poste et la mairie.　　_____

⑽　Vous passerez (　　　　　) Lyon pour aller dans le Midi ?　_____

3．時の前置詞⑴

------ 例題 ------

次の文の（　　　）内に入れるのに最も適切なものを，下の①〜⑥のなかから１つずつ選んでください。

⑴　Je reviens (　　　　　　　　) dix minutes.

⑵　Tu viens en Provence (　　　　　　　　) la première fois ?

⑶　Il a neigé (　　　　　　) deux jours.

　　　　①　à　　②　dans　　③　de　　④　entre　　⑤　pendant　　⑥　pour

・解答・　⑴　②「10分後に戻ります」
　　　　　⑵　⑥「プロヴァンスへ来るのは初めてなの？」pour la première fois「初めて」
　　　　　⑶　⑤「２日間雪が降りつづいた」

覚えよう！

① **à**　...に；...のときに

Nous avions rendez-vous *à* six heures.	私たちは６時に会う約束をしていた。
Elle n'était pas là *à* mon arrivée.	私が着いたとき彼女はいなかった。

② **vers**　...頃に

Il reviendra *vers* trois heures.	彼は３時頃に帰ります。

③ **de**　...から；...に

Les élèves ont cours *de* huit heures à midi.	生徒たちは８時から正午まで授業がある。
Il est parti *de* grand matin.	彼は朝早く出発した。

④ **en**　...に；...かかって

Ne parle pas de ça *en* sa présence !	彼がいるときは，そのことを話すな！
Je suis né *en* 1990.	私は1990年に生まれた。
Qu'est-ce qu'il a pu changer *en* deux ans !	２年かけて彼はなにを変えることができたんだ！

⑤ **dans**　...のあいだに；〈dans＋定冠詞＋時間表現〉...以内に；〈dans＋時間表現〉（今から）...後に

Dans sa jeunesse, elle était très jolie.	若いころ，彼女はとてもきれいだった。
Je passerai chez vous *dans* la semaine.	１週間以内にお宅へ伺います。
Le travail sera fait *dans* une semaine.	その仕事は１週間後にできるだろう。
cf. Le travail sera fait *en* une semaine.	その仕事は１週間でできるだろう。

⑥ **pour**　...の予定で；...の機会に

Il est absent de Paris *pour* quelques jours.	彼は数日の予定でパリを留守にしています。
Pour cette fois, je veux visiter ce village.	今回はその村を訪れたい。

⑦ **pendant**　...のあいだに

Nous avons roulé *pendant* trois heures.	私たちは３時間車を走らせた。
J'ai fait du français *pendant* mes vacances.	私は休暇のあいだフランス語を勉強した。

⑧ **entre** ...から...までのあいだに
Appelle-moi *entre* six et sept heures.　　　6時から7時までのあいだに電話してね。

EXERCICE 3

次の文の（　　）内に入れるのに最も適切なものを，**à**，**dans**，**de**，**en**，**entre**，**pendant**，**pour**，**vers** のなかから1つずつ選び，解答欄に記入してください。

(1)（　　　　　　　　）la date du 10 juin, on est invité chez les Dupont.　＿＿＿＿＿＿＿

(2) J'ai trouvé la solution（　　　　　　　）deux heures.　　　　＿＿＿＿＿＿＿

(3) J'ai un problème à résoudre（　　　　　　　）demain.　　　　＿＿＿＿＿＿＿

(4) Je serai là（　　　　　　）huit et neuf heures.　　　　　　＿＿＿＿＿＿＿

(5) Je t'appellerai（　　　　　　　）une semaine.　　　　　　　＿＿＿＿＿＿＿

(6) On fera la réunion（　　　　　　　）le 15 avril, on vous précisera la date plus tard.

＿＿＿＿＿＿＿

(7) On trouve des fraises（　　　　　　　）mai à juillet.　　　　＿＿＿＿＿＿＿

(8)（　　　　　　　　）son enfance, elle habitait à la campagne, près de Dijon.

＿＿＿＿＿＿＿

(9) Qui va garder ton chat（　　　　　　　）les vacances ?　　　＿＿＿＿＿＿＿

(10) Vous partez（　　　　　　　）combien de temps ?　　　　　＿＿＿＿＿＿＿

4．時の前置詞(2)

----- 例題

次の文の（　　　）内に入れるのに最も適切なものを，下の①〜⑥のなかから1つずつ選んでください。

(1) Il a plu (　　　　　　　　) mon arrivée.

(2) Il a dormi (　　　　　　　) midi.

(3) Rends-moi ce CD (　　　　　　　) lundi.

　　　① à　　② à partir de　　③ avant　　④ depuis　　⑤ de　　⑥ jusqu'à

・解答・　(1)　④「私が着いてからずっと雨が降った」
　　　　　(2)　⑥「彼は正午まで眠った」
　　　　　(3)　③「この CD は月曜日までに返してね」

覚えよう！

① **depuis**　...以来；...前から

Il n'y a rien de nouveau *depuis* hier.　　　　きのうからなにも新しいことはない。

On n'a pas vu Monique *depuis* un mois.　　モニックには1ヶ月前から会っていない。

　　圉　depuis は，過去のある時点からの継続や状態を表わすときに用いられ，ある時点から未来へ向かう内容については à partir de を用います。

　　À partir de demain, j'arrête de fumer.　　あすから私はたばこをやめます。

② **dès**（起点を強調して）...からすぐに

Vous me téléphonerez *dès* demain.　　　　あすにでも早速電話をください。

③ **jusqu' à**　...まで

Jusqu'à dix ans, il a été un enfant terrible.　10歳まで彼はやんちゃ坊主だった。

④ **avant**　...の前に，までに；...する前に

Je me lève tous les matins *avant* huit heures.　私は毎朝8時前に起きる。

Tu dois rentrer *avant* minuit.　　　　　　君は午前0時までに帰らなければならない。

Mets ton manteau *avant* de sortir.　　　　外出する前にコートを着なさい。

　　圉1）現在以外の時点を起点とするときは〈時間表現＋avant〉を用い，現在を起点とするときは〈il y a＋時間表現〉を用います。なお，この avant は副詞です。

　　　Il m'a dit qu'il était arrivé deux jours *avant*.　彼は私に2日前に着いたと言った。

　　　Il est arrivé *il y a* deux jours.　　　　彼は（今から）2日前に着いた。

　　2）avant と jusqu'à について。avant が行為の期限を示すのに対して，jusqu'à はある時点までの行為の継続を表わします。

　　　Hier soir j'ai lu *jusqu'à* minuit.　　　昨晩私は午前0時まで本を読んでいた。

⑤ **après**　...のあとに；...したあとで

Elle s'est couchée *après* onze heures.　　　彼女は11時過ぎに寝た。

Il a séjourné à Paris *après* son voyage dans le Midi.　彼は南仏への旅行のあとパリに滞在した。

Après avoir mangé, il est allé se promener.　食事をしたあと彼は散歩に行った。

EXERCICE 4

次の文の（　　　）内に入れるのに最も適切なものを，**après**，**avant**，**depuis**，**dès**，**jusqu'à** のなかから1つずつ選び，解答欄に記入してください。

(1) Attendez-moi (　　　　　　) ce que je revienne.　　　　＿＿＿＿＿＿

(2) (　　　　　　) avoir fini ses devoirs, il est allé jouer.　　　　＿＿＿＿＿＿

(3) Ce film m'a plu (　　　　　) le début.　　　　＿＿＿＿＿＿

(4) Il est à l'hôpital (　　　　　) deux mois.　　　　＿＿＿＿＿＿

(5) J'ai deux cours ce matin. Je te verrai (　　　　　) les cours, vers une heure.

    ＿＿＿＿＿＿

(6) Je t'attends (　　　　　) une heure, dépêche-toi !　　　　＿＿＿＿＿＿

(7) (　　　　　) mon arrivée, j'ai fait des progrès en français.　　　　＿＿＿＿＿＿

(8) (　　　　　) quel âge as-tu continué tes études ?　　　　＿＿＿＿＿＿

(9) Réfléchissez (　　　　　) d'agir.　　　　＿＿＿＿＿＿

(10) (　　　　　) votre départ, n'oubliez pas de rendre la clef à la réception.

    ＿＿＿＿＿＿

5．その他の前置詞 (1)

次の文の（　　）内に入れるのに最も適切なものを，下の①〜⑥のなかから１つずつ選んでください。

(1)　Nous prendrons le menu (　　　　　　　　) vingt euros.

(2)　Mon grand-père est (　　　　　　) bonne santé.

(3)　Il est arrivé à Limoges (　　　　　　　) le dernier train.

　　　　① à　② avant　③ avec　④ en　⑤ par　⑥ pour

・**解答**・　(1)　①「私たちは20ユーロの定食をいただくことにします」

　　　　　　(2)　④「私の祖父は元気です」

　　　　　　(3)　⑤「彼は最終電車でリモージュに着いた」

覚えよう！

① **à**

(a) ［手段，媒介］…で，によって

Elle va faire ses courses *à* pied [*à* bicyclette, *à* moto].

彼女は歩いて［自転車で，バイクで］買いものに行く。

On a donné la nouvelle *à* la radio.　　　そのニュースはラジオを通して伝えられた。

(b) 〈名詞，不定代名詞＋à＋不定詞〉［義務，用途］…すべき，するための

J'ai beaucoup de choses *à* faire.　　　私はしなければならないことがたくさんある。

(c) ［値段，数量］

Trois timbres *à* un euro, s'il vous plaît.　　　１ユーロの切手を３枚ください。

(d) ［所有，所属］…のものである

Cette robe est *à* ma mère.　　　このドレスは母のものです。

② **avec**

(a) ［同伴］…と一緒に

Elle est *avec* Pierre dans le salon.　　　彼女はピエールと応接間にいます。

(b) ［所有，付属］…を持って，のついた

Vous avez une chambre *avec* salle de bains ?　　バス付きの部屋はありますか？

(c) ［手段］…を使って，によって

Il s'est coupé au doigt *avec* un couteau.　　　彼はナイフで指を切った。

(d) ［(無冠詞名詞とともに) 様態］…をもって，の様子で

J'accepte votre invitation *avec* plaisir.　　　私は喜んであなたの招待をお受けします。

(e) ［条件］…があれば

Avec sa permission, je t'emmènerai au cinéma.

彼(女)が許してくれたら，君を映画へ連れて行くよ。

(f) ［一致，調和］…と

Je suis d'accord *avec* vous.　　　私はあなたに賛成です。

③ **en**

(a) ［状態，様態，服装，材料，変化］…の状態で，を着た，でできた，の状態に

Il est *en* voyage pour quinze jours. 　　　　彼は2週間の予定で旅行中です。

Elle s'habille toujours *en* blanc. 　　　　彼女はいつも白い服を着ている。

Ces fleurs sont *en* papier. 　　　　これらの花は紙でできている。

Traduisez cela *en* français. 　　　　それをフランス語に訳してください。

(b) ［手段，方法］…で，によって

Vous irez *en* avion ou *en* bateau ? 　　飛行機で行くのですか？　それとも船ですか？

　　圧 原則として，体が露出する乗りものは à を用い，なかに入ってのる乗りものは en を用います。

(c) 〈en＋現在分詞〉の形でジェロンディフを構成し，同時性，手段・方法などを表わします。

En sortant du supermarché, j'ai rencontré Marie.

　　　　　　　　　　　　　　　　　　　　私はスーパーをでるとき，マリーに会った。

④ **par**

(a) ［手段，方法，媒介］…によって，を用いて，を通して

On peut payer *par* chèque ? 　　　　小切手で支払うことができますか？

Je veux envoyer ce colis *par* avion. 　　私はこの小包を航空便で送りたい。

J'ai appris cette nouvelle *par* un ami. 　　私はそのニュースを友人から聞いた。

(b) ［動作主］…によって

Les impôts sont payés *par* tous les Français. 税金はすべてのフランス人によって支払われる。

　　Cf. Ma grand-mère est aimée *de* tous. 　　私の祖母はみんなから愛されている。

(c) 〈par＋無冠詞名詞〉［配分］…につき，当たり

Nous allons au cinéma deux fois *par* mois. 　私たちは月に2回映画へ行く。

EXERCICE 5

　次の文の（　　）内に入れるのに最も適切なものを，**à**，**avec**，**en**，**par** のなかから1つずつ選び，解答欄に記入してください。

(1) Alain est parti tout seul (　　　　　　) bicyclette dans la forêt. 　＿＿＿＿＿＿

(2) Cet accident est arrivé (　　　　　　) ta faute. 　＿＿＿＿＿＿

(3) Cette statue ancienne est (　　　　　) bois. 　＿＿＿＿＿＿

(4) (　　　　　　　) des lunettes, il peut bien lire. 　＿＿＿＿＿＿

(5) Il a regardé le film (　　　　　　) intérêt. 　＿＿＿＿＿＿

(6) Ils se sont acheté une maison (　　　　　) un grand jardin. 　＿＿＿＿＿＿

(7) Ma fille ne travaille qu'une heure (　　　　　) jour. 　＿＿＿＿＿＿

(8) Nous avons fait une promenade (　　　　　) bateau sur le lac. ＿＿＿＿＿＿

(9) Qu'est-ce qu'il vous reste (　　　　) faire ? 　＿＿＿＿＿＿

(10) Vous pouvez changer cet argent (　　　　　) euros ? 　＿＿＿＿＿＿

6．その他の前置詞⑵

------ 例題 --

次の文の（　　）内に入れるのに最も適切なものを，下の①〜⑥のなかから1つずつ選んでください。

⑴　Il est sorti (　　　　　　　) acheter des cigarettes.

⑵　Il boit son café (　　　　　　) sucre.

⑶　Il est temps (　　　　　) se décider.

　　　①　comme　　②　contre　　③　de　　④　pour　　⑤　sans　　⑥　sur

・解答・　⑴　④「彼はたばこを買うために出かけた」
　　　　　⑵　⑤「彼は砂糖を入れないでコーヒーを飲む」
　　　　　⑶　③「いよいよ決心する時だ」Il est temps de＋不定詞「今こそ...する時だ」

覚えよう！

① **pour**

　(a)　[目的，用途] ...のために；...するために

　　　Il a beaucoup travaillé *pour* son examen.　　　彼は試験のために猛勉強した。

　　　Cette lettre est *pour* toi.　　　この手紙は君宛だよ。

　　　Il faut encore une heure *pour* finir mon devoir.　私の宿題を終えるにはもう1時間かかる。

　(b)　[原因，理由] ...のために，のせいで

　　　C'est *pour* ça qu'ils ne se parlent plus ?　　彼らがもう話をしないのはそのせいなの？

　(c)　〈assez, trop＋形容詞＋pour＋不定詞〉[適合]...なので，それで...

　　　Elle est trop petite *pour* voyager toute seule.　　彼女は幼すぎるのでひとりでは旅行できない。

② **contre**

　(a)　[対抗，対立] ...に反して

　　　Tout le monde a voté *contre* le projet.　　　全員がその案に反対投票した。

　　　Cf. J'ai voté *pour* le projet.　　　私はその案に賛成投票した。

　(b)　[近接，接触] ...にぴたりとつけて

　　　Posez les cartons *contre* le mur.　　　ボール箱を壁につけて置いてください。

③　**sans**　[欠如]...なしに，のない；...することなしに

　　　Comment peut-il conduire *sans* ses lunettes ?　めがねなしで，どうして彼に運転できるの？

　　　Il est parti *sans* même me dire au revoir.　　彼は私にさよならも言わないで行ってしまった。

④　**sur**

　(a)　[主題] ...に関して

　　　Ce sont des livres *sur* la cuisine française.　　これらはフランス料理に関する本です。

　(b)　[比率] ...のうち，に対して

　　　Cinq élèves *sur* dix ont été reçus à l'examen.　　10人のうち5人の生徒が試験に合格した。

　　　Ce magasin est ouvert vingt-quatre heures *sur* vingt-quatre.　　この店は24時間営業です。

⑤ **comme**（接続詞）

  (a)　［比較，様態］...のように，と同じく

    Il est en retard *comme* d'habitude.　　　　　　彼はいつものように遅刻です。

  (b)　〈comme＋無冠詞名詞〉［資格］...として

    Qui est-ce que tu as engagé *comme* secrétaire ?　君は秘書としてだれを採用したの？

⑥ **selon**　...によれば

  Selon la météo, le beau temps devrait durer.　　天気予報によると，好天が続くはずだが。

⑦ **de**

  (a)　〈不定代名詞（rien, personne, quelque chose, quelqu'un）＋de＋形容詞〉

    Il y a quelque chose *d*'intéressant ?　　　　　なにかおもしろいことがありますか？

    C'est quelqu'un *de* très gentil.　　　　　　　こちらはとても親切な人です。

  (b)　［数量，程度］...だけ

    Elle a maigri *de* cinq kilos en suivant un régime.　彼女はダイエットをして５キロやせた。

  (c)　〈de＋不定詞〉

    Ça me fait plaisir *de* vous voir.　　　　　　　私はあなたにお会いできるのがうれしい。

    C'est impossible *de* travailler dans ces conditions. このような条件下で働くことはできない。

EXERCICE 6

次の文の（　　）内に入れるのに最も適切なものを，**comme**，**contre**，**de**，**pour**，**sans**，**selon**，**sur** のなかから１つずつ選び，解答欄に記入してください。

⑴　Elle travaille un jour (　　　　　　) deux.　　　　　　＿＿＿＿＿＿＿

⑵　Fais (　　　　　　) tu veux.　　　　　　　　　　　　＿＿＿＿＿＿＿

⑶　Il n'y a rien (　　　　　　) vrai dans tout ce qu'il t'a raconté.　＿＿＿＿＿＿＿

⑷　J'ai assisté à une conférence (　　　　　　) les tragédies de Racine.

　　　　　　　　　　　　　　　　　　　　　　　　　　　　＿＿＿＿＿＿＿

⑸　Je suis en colère (　　　　　　) ma fille.　　　　　　＿＿＿＿＿＿＿

⑹　L'avion est en retard (　　　　　　) trente minutes.　　＿＿＿＿＿＿＿

⑺　(　　　　　　) les journaux, il va faire très chaud cet été.　＿＿＿＿＿＿＿

⑻　(　　　　　　) manteau, on a froid en hiver.　　　　＿＿＿＿＿＿＿

⑼　Pierre a roulé (　　　　　　) s'arrêter jusqu'à Nice.　　＿＿＿＿＿＿＿

⑽　Tu es assez intelligent (　　　　　　) comprendre ce que je dis, non ?

　　　　　　　　　　　　　　　　　　　　　　　　　　　　＿＿＿＿＿＿＿

7．形容詞・副詞の補語を導く前置詞

次の文の（　　）内に入れるのに最も適切なものを，下の ① ～ ⑥ のなかから１つずつ選んでください。

(1) Le calcium est nécessaire (　　　　　　) la croissance.

(2) Elle est gentille (　　　　) son père.

(3) Il est parti depuis plus (　　　　) deux heures.

　　　① à　　② avec　　③ de　　④ en　　⑤ par　　⑥ sur

・解答・ (1) ①「カルシウムは成長にとって必要なものです」

　　　 (2) ②「彼女は父親にやさしい」

　　　 (3) ③「彼が出発して２時間以上になる」

覚えよう！

① 形容詞＋*à*

agréable *à*＋もの／不定詞 ...に快い　　　　bon(*ne*) *à*＋もの／不定詞 ...に適した，すべき

difficile *à*＋不定詞 ...するのがむずかしい　　facile *à*＋不定詞 ...するのに容易な

indifférent(*e*) *à*＋人／もの ...に（とって）無関心な

nécessaire *à* [*pour*]＋人／もの ...にとって必要な

prêt(*e*) *à* [*pour*]＋もの／不定詞 ...の用意ができた　　propre *à*＋もの／不定詞 ...に適した

semblable *à*＋人／もの ...に似た　　　　utile *à*＋人／もの／不定詞 ...に［すれば］役にたつ

　注　非人称構文では Il [C'est]＋形容詞＋de＋不定詞（...することは～です）の構文になります。

　　　　C'est difficile *de* vivre avec Paul.　　　　ポールといっしょに生活することはむずかしい。

　　Ce tissu est très agréable *à* toucher.　　　この生地はとても肌ざわりがいい。

　　C'est bon *à* savoir.　　　　　　　　　　これは知っておくべきです。

　　Son écriture est difficile *à* lire.　　　　　彼の字は読みにくい。

　　Nous sommes prêts *au* départ.　　　　　私たちは出発の用意ができている。

　　Ton projet est tout à fait semblable *au* mien.　君のプランは私のととてもよく似ている。

② 形容詞＋de

absent(*e*) *de*＋もの ...にいない，欠けている　　âgé(*e*) *de*＋数詞＋ans ...歳の

certain(*e*) *de*＋もの／不定詞 ...を確信した　　content(*e*) *de*＋人／もの／不定詞 ...に満足した

différent(*e*) *de*＋人／もの ...と異なった　　fier(*ère*) *de*＋人／もの／不定詞 ...が自慢である

heur*eux*(*euse*) *de*＋もの／不定詞 ...がうれしい　plein(*e*) *de*＋人／もの ...でいっぱいの

proche *de*＋人／もの ...に近い　　　　　　sûr(*e*) *de*＋もの／不定詞 ...を確信した

　　Pierre est âgé *de* douze ans.　　　　　　　ピエールは12歳です。

　　Jean est certain *de* ce qu'il dit.　　　　　ジャンは自分の言っていることに自信がある。

　　Elle a été très contente *de* son séjour en Italie. 彼女はイタリア滞在にとても満足した。

　　Ils n'aiment pas être différents *des* autres.　彼らは他人と違うことを好まない。

　　Cette bouteille est pleine *de* vin.　　　　　この瓶にはワインがいっぱい入っている。

84

③ **形容詞＋en**

faible *en* [*à*]＋もの ...が不得手な　　　　　　fort(*e*) *en* [*à*, *sur*]＋もの ...がよくできる

Jean est faible *en* mathématiques.　　　　ジャンは数学が不得手です。

④ **形容詞＋avec**

gentil(*le*) *avec* [*pour*]＋人 ...に対して親切な

⑤ **形容詞＋pour**

bon(*ne*) *pour*＋人／もの／不定詞 ...に良い，適した　nécessaire *pour*＋不定詞 ...するために必要な

suffisant(*e*) *pour*＋不定詞 ...するのに十分な

Ce médicament est bon *pour* le foie.　　　この薬は肝臓によい。

Je n'ai pas le courage nécessaire *pour* lui parler. 私には彼（女）に話すだけの勇気がない。

⑥ **副詞＋de**

près *de*＋人／もの ...の近くに　　　　　　loin *de*＋人／もの ...から遠くに

plus [autant, moins] *de*＋数量表現 ...以上の ［と同じくらいの，より少ない］

L'école est loin *de* chez moi.　　　　　　学校は私の家から遠い。

Les Fort ont moins *de* vacances que nous.　フォール家の人たちは私たちより休暇が少ない。

EXERCICE 7

次の文の（　　　）内に入れるのに最も適切なものを，**à**，**de**，**en**，**pour** のなかから１つず
つ選び，解答欄に記入してください。

(1) Cet élève est très fort (　　　　　　　) dessin.　　　　　＿＿＿＿＿＿

(2) Ce texte est vraiment difficile (　　　　　　) traduire.　　　＿＿＿＿＿＿

(3) Elle est enfin prête (　　　　　　) partir.　　　　　　　　＿＿＿＿＿＿

(4) Il a fini ses devoirs en moins (　　　　　　) trente minutes.　＿＿＿＿＿＿

(5) Il est difficile (　　　　　) répondre à cette question.　　　＿＿＿＿＿＿

(6) Ils sont fiers (　　　　) leur fils.　　　　　　　　　　　＿＿＿＿＿＿

(7) L'alcool n'est pas bon (　　　　　　) la santé.　　　　　　＿＿＿＿＿＿

(8) Sa maison est très proche (　　　　　　) son bureau.　　　＿＿＿＿＿＿

(9) Une journée, c'est suffisant (　　　　　) visiter ce musée.　＿＿＿＿＿＿

(10) Ses explications sont faciles (　　　　　　) comprendre.　　＿＿＿＿＿＿

8．動詞の補語を導く前置詞

次の文の（　　）内に入れるのに最も適切なものを，下の ① 〜 ⑥ のなかから 1 つずつ選んでください。

⑴　Il ressemble beaucoup （　　　　　　）son frère.

⑵　Tu te souviens （　　　　　　） nos promesses ?

⑶　Appuyez （　　　　　　） le bouton rouge !

　　① à　　② avec　　③ de　　④ en　　⑤ par　　⑥ sur

・解答・　⑴　①「彼は彼の兄[弟]によく似ている」
　　　　　⑵　③「君は私たちの約束を覚えている？」
　　　　　⑶　⑥「赤いボタンを押してください！」

覚えよう！

① **動詞＋à**

apprendre *à*＋不定詞　[(à＋人) *à*＋不定詞] ...を学ぶ [(人に)...を教える]

arriver *à*＋もの／不定詞 ...に到達する，うまく...できる

échapper *à*＋人／もの ...から逃れる　　chercher *à*＋不定詞 ...しようと努める

commencer *à*＋不定詞 ...し始める　　hésiter *à*＋不定詞　...するのをためらう

faire plaisir *à*＋人　　　...を喜ばせる　　frapper *à*＋もの　　...をノックする

se mettre *à*＋もの／不定詞 ...し始める　passer＋時間表現＋*à*＋不定詞 ...して時を過ごす

obéir *à*＋人／もの ...に従う　　penser *à*＋人／もの／不定詞 ...のことを考える

plaire *à*＋人 ...の気に入る　　ressembler *à*＋人／もの ...に似ている

réussir *à*＋もの／不定詞 ...に成功する　　servir *à*＋人／もの／不定詞 ...の役にたつ

　　Cette année, Louis apprend *à* lire et *à* écrire.　　今年，ルイは読み書きを学ぶ。

　　Son père lui a appris *à* conduire.　　父親が彼(女)に運転を教えた。

　　Demain, il passera son temps *à* faire du golf.　あす彼はゴルフをして時を過ごす。

　　Je pense toujours *à* ma famille.　　私はいつも家族のことを考えている。

② **動詞＋de**

avoir besoin [honte, peur] *de*＋人／もの／不定詞 ...が必要である [はずかしい，怖い]

avoir [prendre] soin *de*＋人／もの ...に心を配る　　s'approcher *de*＋人／もの ...に近づく

cesser *de*＋不定詞 ...するのをやめる　　conseiller（à＋人）*de*＋不定詞（人に)...を勧める

décider *de*＋不定詞 ...を決める　　dire（à＋人）*de*＋不定詞　（人に)...を命じる

douter *de*＋人／もの／不定詞 ...を疑う　　essayer *de*＋不定詞 ...しようと試みる

finir *de*＋不定詞 ...し終える，するのをやめる　oublier *de*＋不定詞 ...するのを忘れる

s'occuper *de*＋人／もの／不定詞 ...にかかわる，の世話をする

penser＋もの＋*de*＋人／もの／不定詞 ...について ...と思う

permettre（à＋人／もの）*de*＋不定詞　（...に)...を許す　　profiter *de*＋人／もの ...を利用する

remercier＋人＋*de*＋不定詞 人に ...を感謝する　　se servir *de*＋人／もの ...を使う

se souvenir *de*＋人／もの／不定詞 ...を覚えている   jouer *de*＋楽器 ...を演奏する

    J'ai besoin *de* prendre l'avion.   私は飛行機に乗る必要がある。

    Elle s'est approchée *de* la fenêtre.   彼女は窓辺に近づいた。

    Il profitera *de* ses vacances pour visiter Rome.   彼は休暇を利用してローマを訪れるだろう。

    Je vous remercie *de* m'avoir si bien accueilli.   歓迎していただいたことを感謝します。

    Tu peux te servir *de* cet ordinateur ?   このコンピューターを使える？

③ **動詞＋sur**

  appuyer *sur*＋もの ...を押す   compter *sur*＋人／もの ...を当てにする

  donner *sur*＋もの ...に面している

    Vous pouvez compter *sur* moi.   あなたは私を当てにしてもいいです。

④ **動詞＋avec**

  avoir rendez-vous *avec*＋人 ...と会う約束がある   se marier *avec*＋人 ...と結婚する

    J'ai rendez-vous *avec* Jacques à huit heures.   私は8時にジャックと会う約束がある。

⑤ **動詞＋par**

  commencer *par*＋人／もの／不定詞 ...から始める   finir *par*＋不定詞 最後には ...する

    Je finirai bien *par* trouver la solution.   私は最後には解決策を見つけます。

EXERCICE 8

次の文の（　　）内に入れるのに最も適切なものを，**à**，**avec**，**de**，**par**，**sur** のなかから
1つずつ選び，解答欄に記入してください。

(1)　Aide-moi, je n'arrive pas (　　　　　　　　) ouvrir la porte.　　＿＿＿＿＿＿

(2)　Anne va se marier (　　　　　　　　) un professeur de piano.　　＿＿＿＿＿＿

(3)　Il a échappé (　　　　　　) l'incendie.　　＿＿＿＿＿＿

(4)　Je lui ai permis (　　　　　　　) rentrer à minuit.　　＿＿＿＿＿＿

(5)　La pluie n'a pas cessé (　　　　　　　) tomber depuis deux jours.　　＿＿＿＿＿＿

(6)　Nous comptons (　　　　　　　) votre présence à la réunion.　　＿＿＿＿＿＿

(7)　(　　　　　　) où commence-t-on ?　　＿＿＿＿＿＿

(8)　Que penses-tu (　　　　　　) ma nouvelle robe ?　　＿＿＿＿＿＿

(9)　(　　　　　　) quoi sert cette machine ?　　＿＿＿＿＿＿

(10)　Sophie a décidé (　　　　　　　) prendre ses vacances en juillet.　　＿＿＿＿＿＿

まとめの問題

次の各設問において，(1)～(4)の（　）内に入れるのに最も適切なものを，下の①～⑥のなかから1つずつ選び，その番号を解答欄に書いてください。ただし，同じものは1度しか用いてはいけません。なお，①～⑥では，文頭にくるものも小文字にしてあります。
（配点　8）

1 (1) Je n'ai rien (　　　　) vous proposer.
  (2) Je ne veux pas sortir (　　　　) la pluie.
  (3) Ta montre avance (　　　　) trois minutes.
  (4) Vous avez des projets (　　　　) ce soir ?

   ① à   ② avant   ③ chez
   ④ de   ⑤ pour   ⑥ sous

(1)	(2)	(3)	(4)

2 (1) Anne a trouvé un travail intéressant, elle travaille (　　　　) plaisir.
  (2) En hiver, il neige beaucoup (　　　　) cette région.
  (3) Il vient de sortir de (　　　　) lui.
  (4) Pousse le lit (　　　　) le mur !

   ① à   ② avec   ③ dans
   ④ de   ⑤ chez   ⑥ contre

(1)	(2)	(3)	(4)

3 (1) Il n'a plus de travail (　　　　) le 15 août.
  (2) Mon portefeuille est tombé (　　　　) mon sac.
  (3) On peut rentrer (　　　　) pied, si tu préfères.
  (4) Trouvez-vous une grande différence (　　　　) ces deux pays ?

   ① à   ② avec   ③ dans
   ④ de   ⑤ depuis   ⑥ entre

(1)	(2)	(3)	(4)

4 (1) Ils vont au théâtre une fois (　　　　　) an.

(2) Je t'écrirai des cartes postales (　　　　　) mon voyage.

(3) (　　　　　) un an, vous parlerez très bien le français.

(4) Vous descendez (　　　　　) la prochaine station.

    ① à   ② dans   ③ de

    ④ depuis   ⑤ par   ⑥ pendant

(1)	(2)	(3)	(4)

5 (1) Elle a appris l'allemand (　　　　　) deux ans.

(2) Ma fille avait un an quand elle a commencé (　　　　　) marcher.

(3) Passez (　　　　　) ici, s'il vous plaît.

(4) Reviens (　　　　　) sept heures.

    ① à   ② avant   ③ de

    ④ en   ⑤ par   ⑥ sur

(1)	(2)	(3)	(4)

6 (1) Avant d'interviewer cet acteur, je voudrais des renseignements (　　　　　) lui.

(2) Juste au moment où on sortait, il s'est mis (　　　　　) pleuvoir.

(3) Qu'est-ce que vous prenez (　　　　　) boisson ?

(4) Sophie est sortie (　　　　　) son parapluie.

    ① à   ② comme   ③ dans

    ④ par   ⑤ sans   ⑥ sur

(1)	(2)	(3)	(4)

5
単語を並べかえる問題

　5級，4級を受験した経験のある人にはおなじみの形式でしょう。3級では，正しい文を作るために並べかえなければならない語(句)が5つになります。したがって，4級で出題された否定文，強調構文，比較の構文などもより複雑な文における語順が問われることになります。不定詞や節を従える動詞および関係代名詞の出題範囲も広がります。

出題例（2016年秋季⑤）

5 　例にならい、次の (1) ～ (4) において、それぞれ ① ～ ⑤ をすべて用いて文を完成したときに、(　　) 内に入るのはどれですか。① ～ ⑤ のなかから1つずつ選び、解答欄のその番号にマークしてください。(配点　8)

　例 : Je ＿＿＿＿ ＿＿＿＿ (＿＿＿) ＿＿＿＿ ＿＿＿＿ ma fille.

　　　　① de　　　② le　　　③ parapluie　④ prête　　⑤ te

　　　Je te prête (le) parapluie de ma fille.
　　　　⑤　　④　　②　　③　　①

　　　となり、⑤④②③①の順なので、(　　) 内に入るのは②。

(1)　Elle ＿＿＿ ＿＿＿ (＿＿) ＿＿＿ ＿＿＿ qu'elle devait faire.

　　① a　　　　② ce　　　③ comprendre　④ fini　　⑤ par

(2)　Il ＿＿＿ ＿＿＿ (＿＿) ＿＿＿ ＿＿＿ tout de suite.

　　① mieux　　② partes　　③ que　　　④ tu　　　⑤ vaut

(3)　Je fais des courses ＿＿＿ ＿＿＿ (＿＿) ＿＿＿ ＿＿＿ d'ouvrir.

　　① dans　　② qui　　③ supermarché　④ un　　⑤ vient

(4)　Nous ＿＿＿ ＿＿＿ (＿＿) ＿＿＿ ＿＿＿ chien.

　　① avons　　② les　　③ leur　　④ promener　⑤ vus

1．否定文

次の(1)～(3)において，それぞれ①～⑤をすべて用いて文を完成させたときに，（　　）内に入るのはどれですか。①～⑤のなかから１つずつ選んでください。

(1) D'habitude, ＿＿＿ ＿＿＿ （＿＿＿） ＿＿＿ ＿＿＿ minuit.
      ① avant   ② il   ③ ne   ④ pas   ⑤ se couche

(2) Nous ＿＿＿ ＿＿＿ （＿＿＿） ＿＿＿ ＿＿＿ la piscine hier.
      ① à   ② allés   ③ ne   ④ pas   ⑤ sommes

(3) Elle ＿＿＿ ＿＿＿ （＿＿＿） ＿＿＿ ＿＿＿ vin.
      ① boit   ② de   ③ jamais   ④ ne   ⑤ presque

・**解答**・ (1) ⑤ D'habitude, il ne (se couche) pas avant minuit. 「ふだん彼は12時よりまえに寝ることはない」

    (2) ④ Nous ne sommes (pas) allés à la piscine hier. 「きのう私たちはプールへ行かなかった」

    (3) ⑤ Elle ne boit (presque) jamais de vin. 「彼女はめったにワインを飲まない」
    presque（副詞）は動詞のあとにおかれます。

覚えよう！

(a) 否定文の語順

$$\textbf{ne [n'] （＋代名詞）＋活用している（助）動詞＋pas}$$

Elle *ne* croit *pas* ces histoires.	彼女はその話を信じていない。
Tu *ne* t'aperçois *pas* de ton erreur.	君は過ちに気づいていない。
Je *ne* veux *pas* voir Marie.	私はマリーに会いたくない。
Il *n'*a *pas* regardé la télé.	彼はテレビを見なかった。

注　不定詞を否定形にするときは，〈ne pas＋不定詞〉の語順にします。ただし，複合形の場合，〈ne pas＋不定詞の複合形〉あるいは〈ne＋助動詞の不定詞＋pas＋過去分詞〉となります。

Je me suis enfin décidé à *ne pas partir*.	私は結局出発しないことにした。
Je me repens de *ne pas être parti*［*n'être pas parti*］.	私は出発しなかったことを後悔している。

(b) さまざまな否定表現

pas のかわりに plus, jamais などの語を用いるとさまざまな否定表現を作ることができます。また，これらの語を組み合わせることによって，否定表現にさらにニュアンスをつけることができます。

ne...plus もう...ない	**ne...jamais** 決して...ない	**ne...pas encore** まだ...ない
ne...rien なにも...ない	**ne...personne** だれも...ない	**ne...aucun(*e*)** ～いかなる～も...ない
ne...que～ ～しか...ない	**ne...guère** ほとんど...ない	
ne...pas du tout まったく...ない	**ne...nulle part** どこにも...ない	
ne...ni A ni B も B も...ない	**ne...pas toujours** いつも...というわけではない	

Ils *n'*ont *pas encore* fini leur travail.	彼らはまだ仕事を終えていない。
Je *ne* trouve *nulle part* mon sac.	私のバッグがどこにも見あたらない。

Il *n'*y avait *ni* orange *ni* pomme dans le frigo. 　　冷蔵庫にはオレンジもリンゴもなかった。

Il *n'*est *pas toujours* à la maison. 　　彼はいつも家にいるというわけではない。

Carole *ne* le reverra *plus jamais*. 　　カロルはもう決して彼には会わないだろう。

Je *ne* peux *plus rien* pour toi. 　　君のためにできることはもうなにもない。

Jacques *n'*a *plus* d'argent *du tout*. 　　ジャックはもうお金をまったく持っていない。

Il *ne* reste *plus qu'*une heure. 　　もう1時間しか残っていない。

◆　副詞の位置

文体や強調のしかたによって変化がありますが，おおよその傾向は次のようになります。

1）形容詞，副詞を修飾するときは，それらのまえにおきます。

Elle est *tellement* aimable. 　　彼女はとても愛想がいい。

Charles court *très* vite. 　　シャルルはとても走るのが速い。

2）動詞を修飾するときは，そのあとにおきます。ただし複合時制では，時の副詞（aujourd'hui, hier, tôt, tard, *etc.*）や場所の副詞（ici, là, *etc.*）をのぞいて助動詞のうしろにおきます。

Je pense *toujours* à ton avenir. 　　私はいつも君の将来のことを考えている。

J'ai *bien* compris. 　　よくわかりました。

EXERCICE 1

　次の文において，それぞれ①～⑤をすべて用いて文を完成したときに，（　　）内に入るのはどれですか。①～⑤のなかから1つずつ選び，解答欄にその番号を記入してください。

(1) Cette actrice ＿＿＿ ＿＿＿ （＿＿＿） ＿＿＿ ＿＿＿.　　＿＿＿＿

　　① connue 　② encore 　③ est 　④ n' 　⑤ pas

(2) Elle fait attention ＿＿＿ ＿＿＿ （＿＿＿） ＿＿＿ ＿＿＿ d'argent.　　＿＿＿＿

　　① à 　② dépenser 　③ ne 　④ pas 　⑤ trop

(3) Elle ＿＿＿ ＿＿＿ （＿＿＿） ＿＿＿ ＿＿＿ à personne.　　＿＿＿＿

　　① adresse 　② donne 　③ ne 　④ jamais 　⑤ son

(4) Elle ＿＿＿ ＿＿＿ （＿＿＿） ＿＿＿ ＿＿＿.　　＿＿＿＿

　　① est 　② heureuse 　③ n' 　④ pas 　⑤ très

(5) Il ＿＿＿ ＿＿＿ （＿＿＿） ＿＿＿ ＿＿＿ sur lui.　　＿＿＿＿

　　① argent 　② avait 　③ d' 　④ n' 　⑤ pas

(6) Il ＿＿＿ ＿＿＿ （＿＿＿） ＿＿＿ ＿＿＿.　　＿＿＿＿

　　① en 　② guère 　③ n' 　④ plus 　⑤ reste

(7) Il ＿＿＿ ＿＿＿ （＿＿＿） ＿＿＿ ＿＿＿ fromage dans le frigo.　　＿＿＿＿

　　① a 　② de 　③ n' 　④ plus 　⑤ y

(8) Je ＿＿＿ ＿＿＿ （＿＿＿） ＿＿＿ ＿＿＿.　　＿＿＿＿

　　① du 　② ne 　③ marche 　④ plus 　⑤ tout

(9) Nous ＿＿＿ ＿＿＿ （＿＿＿） ＿＿＿ ＿＿＿ ce point.　　＿＿＿＿

　　① d'accord 　② ne 　③ pas 　④ sommes 　⑤ sur

(10) Nous ＿＿＿ ＿＿＿ （＿＿＿） ＿＿＿ ＿＿＿ dans notre appartement.　　＿＿＿＿

　　① avons 　② deux 　③ n' 　④ pièces 　⑤ que

２．目的語人称代名詞と中性代名詞の語順

次の(1)〜(2)において，それぞれ①〜⑤をすべて用いて文を完成させたときに，(　　　)
内に入るのはどれですか。①〜⑤のなかから１つずつ選んでください。

(1) François ＿＿＿＿ ＿＿＿ (＿＿＿) ＿＿＿ ＿＿＿ .

  ① a   ② bague   ③ lui   ④ offert   ⑤ une

(2) Pourriez-vous ＿＿＿ ＿＿＿ (＿＿＿) ＿＿＿ ＿＿＿ vin ?

  ① de   ② donner   ③ me   ④ un   ⑤ verre

・解答・ (1) ④ François lui a (offert) une bague.「フランソワは彼女に指輪をプレゼントした」

     (2) ④ Pourriez-vous me donner (un) verre de vin ?「私にワインを１杯いただけますか？」

覚えよう！

(a) 目的語人称代名詞（再帰代名詞をふくむ）と中性代名詞は，肯定命令文以外の場合は，**動詞**
（複合時制のときは**助動詞**）**の直前**におきます。

    主語＋(ne)＋目的語人称代名詞＋中性代名詞＋(助)動詞＋(pas)

なお，２つの代名詞を併用するときは次の語順によります。

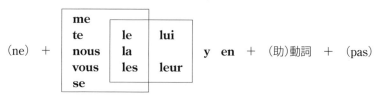

     注 me, te, se, le, la は，母音字または無音の h のまえでは，それぞれ m', t', s' l', l' にな
     ります。

Je *le* connais. (← Je connais *son numéro de téléphone*.)私はそれ [彼の電話番号] を知っている。

Je n'*en* veux plus. (← Je ne veux plus *de café*.)   私はもうそれ[コーヒー]を欲しくない。

Elle *s'*est réveillée en retard ce matin.   彼女はけさ起きるのが遅かった。

Il ne *nous* a pas dit son nom.   彼は私たちに名前を言わなかった。

Lui demandez-vous son âge ? (← Demandez-vous son âge à *Alice* ?)

              彼女[アリス]に年齢をたずねますか？

Ne *les* mange pas. (← Ne mange pas *ces gâteaux*.)   それら[これらのケーキ]を食べないでね。

Tu ne *me l'*as pas donnée. (← Tu ne *m'*as pas donné *ton adresse*.)

              君は私にそれ[君の住所]を教えなかった。

注１）目的語人称代名詞は，その代名詞を目的語とする動詞の直前におきます。

  Je vais *le* promener. (← Je vais promener *mon chien*.)   私はそれ[私の犬]を散歩させに行く。

  Ils sont en train de *les* étudier. (← Ils sont en train d'étudier *les pronoms*.)

          彼らはそれら[代名詞]を勉強しているところです。

   cf. Je veux *en* boire. (← Je veux boire *du vin*.)   私はそれ[ワイン]を飲みたい。

    Il peut *y* entrer. (← Il peut entrer *au casino*.)   彼はそこ[カジノ]に入ることができる。

  ２）目的語人称代名詞と中性代名詞 (y, en) を併用するときは，〈目的語人称代名詞＋y＋en〉の語

順になります。中性代名詞の le は目的語人称代名詞の le と同じ位置をしめます。

Je *leur en* ai acheté.（← J'ai acheté *des glaces aux enfants*.）
私は彼ら[子どもたち]にそれ[アイスクリーム]を買ってやった。

Je *m'y* promène souvent.（← Je *me* promène souvent *dans les bois*.）
私はよくそこ[森]を散歩する。

Il *y en* a beaucoup.（← Il *y* a beaucoup *de fleurs*.）　それ[花]がたくさんある。

Il *me l'*a dit.（← Il *m'*a dit *qu'il serait en retard*.）　彼は私にそう[遅れると]言った。

(b)　肯定命令文の場合は，命令動詞の直後にトレ・デュニオンでつなぎます。

なお，2つの目的語人称代名詞を併用するときは次の語順によります。

動詞の命令形─直接目的─間接目的

Prenez-*le*.（← Prenez *le train de 6 heures 10*.）　それ[6時10分の列車]に乗ってください。
Montrez-*la-moi*.（← Montrez-*moi cette carte*.）　それ[その地図]を私に見せてください。
cf. Parle-*lui-en*.（← Parle-*lui de ton projet*.）　彼(女)にそのこと[計画]について話しなさい。

注　肯定命令文では，me, te はそれぞれ moi, toi になります。

EXERCICE 2

次の文において，それぞれ①～⑤をすべて用いて文を完成したときに，（　　）内に入るのはどれですか。①～⑤のなかから1つずつ選び，解答欄にその番号を記入してください。

(1)　Ce voyage, vous _____ _____ (_____) _____ _____?　_____
　　① en　　　　② ne　　　　③ pas　　　　④ souvenez　　⑤ vous

(2)　Il _____ _____ (_____) _____ _____ à l'heure.　_____
　　① a　　　　② dit　　　　③ l'　　　　④ me　　　　⑤ tout

(3)　J'ai fait de la confiture de fraises, tu _____ _____ (_____) _____ _____ sur
　　tes tartines ?　_____
　　① en　　　　② mettre　　③ ne　　　　④ pas　　　　⑤ veux

(4)　Je _____ _____ (_____) _____ _____ .　_____
　　① de　　　　② leur　　　③ parler　　④ toi　　　　⑤ vais

(5)　Je _____ _____ (_____) _____ restaurant universitaire.　_____
　　① ai　　　　② au　　　　③ hier　　　④ l'　　　　⑤ vu

(6)　Le rock, je _____ _____ (_____) _____ _____ beaucoup.　_____
　　① intéresse　② m'　　　　③ ne　　　　④ pas　　　　⑤ y

(7)　Nous _____ _____ (_____) _____ _____ .　_____
　　① annoncé　② avons　　③ cette　　④ leur　　　⑤ nouvelle

(8)　Oh, les belles oranges, _____ _____ (_____) _____ _____ .　_____
　　① en　　　　② j'　　　　③ kilos　　④ trois　　　⑤ voudrais

(9)　Répondez-_____ _____ (_____) _____ une question.　_____
　　① je　　　　② moi　　　③ pose　　④ quand　　⑤ vous

(10)　Tu _____ _____ (_____) _____ _____ semaine.　_____
　　① dans　　　② le　　　　③ me　　　④ rendras　　⑤ une

95

３．不定詞や節を従える動詞

次の(1)～(2)において，それぞれ①～⑤をすべて用いて文を完成させたときに，（　　）内に入るのはどれですか。①～⑤のなかから１つずつ選んでください。

(1)　Vous ＿＿＿＿ ＿＿＿＿ （＿＿＿＿） ＿＿＿＿ ＿＿＿＿ ?

　　　① donner　　② le　　　③ me　　　④ pouvez　　⑤ prix

(2)　Je ＿＿＿＿ ＿＿＿＿ （＿＿＿＿） ＿＿＿＿ ＿＿＿＿ .

　　　① dois　　② faire　　③ mon　　④ ordinateur　⑤ réparer

・解答・　(1)　①　Vous pouvez me (donner) le prix ?「その値段を私に教えてくれますか？」

　　　　　(2)　⑤　Je dois faire (réparer) mon ordinateur.「私はパソコンを修理してもらわなければならない」

━━ 覚えよう！ ━━━━━━━━━━━━━━━━━━━━━━━━━━━━━

① 不定詞を従える動詞

(a) **pouvoir** の活用形＋不定詞　［可能］...することができる，［許可］...してもよい

(b) **vouloir** の活用形＋不定詞　［意思］...したい

(c) **savoir** の活用形＋不定詞　［能力］...することができる

(d) **devoir** の活用形＋不定詞　［義務］...しなければならない

(e) **aller** の活用形＋不定詞　［近接未来］まもなく...する／...しに行く

(f) **venir** の活用形＋**de (d')**＋不定詞　［近接過去］...したばかりだ／**venir** の活用形＋不定詞 ...しに来る

(g) **Il faut**＋不定詞　［必要・義務］...しなければならない

(h) **penser** の活用形＋不定詞　［意図］...するつもりである

　　Ma fille *pense devenir* médecin plus tard.　　　私の娘は将来医者になるつもりだ。

　　cf. Qu'est-ce que tu *penses* de ma proposition ?　私の提案をどう思う？

(i) **faire** の活用形＋不定詞＋不定詞の動作主　［使役］...に...させる

　　Il *fait travailler* sa sœur.　→ Il la *fait travailler*.　彼は妹［彼女］に勉強させる。

　　Il *a fait travailler* sa sœur.　→ Il l'*a fait travailler*.　彼は妹［彼女］に勉強させた。

　　　注　faire の過去分詞は直接目的語との性・数一致がありません。

　　cf. Il *a fait apprendre* la danse à sa fille.→ Il lui *a fait apprendre* la danse.

　　　　　　　　　　　　　　　　　　　　　　　　彼は娘［彼女］にダンスを習わせた。

(j) **laisser** の活用形＋不定詞の動作主＋不定詞［不定詞＋不定詞の動作主］［放任］...が...するに任せる

　　Elle *laisse* ses enfants *jouer*［*jouer* ses enfants］.　彼女は子どもたちを遊ばせておく。

　　→ Elle les *laisse jouer*.　　　　　　　　　　　彼女は彼らを遊ばせておく。

　　J'ai *laissé* ma fille *conduire* ma voiture.　　　私は娘に私の車を運転させておいた。

　　→ Je l'*ai laissée conduire* ma voiture.　　　　私は彼女に私の車を運転させておいた。

(k) **感覚動詞** の活用形＋不定詞の動作主＋不定詞［不定詞＋不定詞の動作主］...が...するのを... する（感覚動詞：écouter, entendre, regarder, sentir, voir, *etc*.）

Je *sens* la terre *trembler* [*trembler* la terre].　　私は地面が揺れるのを感じる。

　→ Je la *sens trembler*.　　　　　　　　　　　　　私はそれが揺れるのを感じる。

J'*ai entendu* mes filles *chanter* cette chanson. 私には娘たちがあの歌を歌うのが聞こえた。

　→ Je les *ai entendues chanter* cette chanson. 私には彼女たちがあの歌を歌うのが聞こえた。

　→ Je les *ai entendues* la *chanter*.　　　　　私には彼女たちがそれを歌うのが聞こえた。

② **節を従える動詞**

　(a) 主語＋**savoir** の活用形＋**que**＋直説法 ...を知っている

　(b) 主語＋**penser** の活用形＋**que**＋直説法 [確信・推定]...だと思う

　(c) 主語＋**croire** の活用形＋**que**＋直説法 ［推定]...だと思う

　(d) 主語＋**trouver** の活用形＋**que**＋直説法 ［評価]...だと思う

　(e) 主語＋**vouloir** の活用形＋**que**＋接続法 ［願望]...を望む

　　Il *veut que* vous *continuiez* votre travail.　　彼はあなたに仕事を続けて欲しいと思っている。

　(f) **Il faut que**＋接続法 ［必要・義務]...しなければならない

　　Il *faut que* tu *sois* gentil avec ta petite sœur.　君は妹にやさしくすべきだよ。

EXERCICE 3

　次の文において，それぞれ ① ～ ⑤ をすべて用いて文を完成したときに，（　　）内に入るのはどれですか。① ～ ⑤ のなかから１つずつ選び，解答欄にその番号を記入してください。

(1) Elle ＿＿＿＿ ＿＿＿＿ （＿＿＿＿） ＿＿＿＿ ＿＿＿＿ la piscine.　　　　　＿＿＿＿＿＿

　　　① dans　　　② enfants　　③ les　　　　④ nager　　　⑤ regardait

(2) Hier, je ＿＿＿＿ ＿＿＿＿ （＿＿＿＿） ＿＿＿＿ ＿＿＿＿ cinéma.　　　　＿＿＿＿＿＿

　　　① ai　　　　② du　　　　③ sortir　　　④ vous　　　⑤ vu

(3) Il ＿＿＿＿ ＿＿＿＿ （＿＿＿＿） ＿＿＿＿ ＿＿＿＿.　　　　　　　　　＿＿＿＿＿＿

　　　① en　　　　② parler　　　③ va　　　　④ venir　　　⑤ vous

(4) Il a ＿＿＿＿ ＿＿＿＿ （＿＿＿＿） ＿＿＿＿ ＿＿＿＿ télévision.　　　　＿＿＿＿＿＿

　　　① fils　　　② la　　　　③ laissé　　　④ regarder　　⑤ son

(5) Il m' ＿＿＿＿ ＿＿＿＿ （＿＿＿＿） ＿＿＿＿ ＿＿＿＿.　　　　　　　　＿＿＿＿＿＿

　　　① a　　　　② ce　　　　③ fait　　　　④ terminer　　⑤ travail

(6) Il ＿＿＿＿ ＿＿＿＿ （＿＿＿＿） ＿＿＿＿ ＿＿＿＿ valises avant midi.　＿＿＿＿＿＿

　　　① fasses　　② faut　　　③ que　　　　④ tes　　　　⑤ tu

(7) Je ＿＿＿＿ ＿＿＿＿ （＿＿＿＿） ＿＿＿＿ ＿＿＿＿ vite.　　　　　　　＿＿＿＿＿＿

　　　① conduises ② moins　　③ que　　　　④ tu　　　　⑤ veux

(8) Je ＿＿＿＿ ＿＿＿＿ （＿＿＿＿） ＿＿＿＿ ＿＿＿＿.　　　　　　　　　＿＿＿＿＿＿

　　　① offrir　　② un　　　　③ verre　　　④ voudrais　　⑤ vous

(9) Nous ＿＿＿＿ ＿＿＿＿ （＿＿＿＿） ＿＿＿＿ ＿＿＿＿ chez nous.　　　＿＿＿＿＿＿

　　　① avons　　② cousin　　③ fait　　　　④ notre　　　⑤ venir

(10) Son père ＿＿＿＿ ＿＿＿＿ （＿＿＿＿） ＿＿＿＿ ＿＿＿＿.　　　　　＿＿＿＿＿＿

　　　① aller　　　② en　　　　③ Italie　　　④ la　　　　⑤ laissera

4．関係代名詞と強調構文

----- 例題 -----

次の(1)～(3)において，それぞれ①～⑤をすべて用いて文を完成させたときに，(　　)
内に入るのはどれですか。①～⑤のなかから１つずつ選んでください。

(1)　Montre-moi la ＿＿＿＿ ＿＿＿＿ (＿＿＿＿) ＿＿＿＿ ＿＿＿＿.
　　　① achetée　　② as　　　　③ jupe　　　　④ que　　　　⑤ tu

(2)　C'est avec ＿＿＿＿ ＿＿＿＿ (＿＿＿＿) ＿＿＿＿ au cinéma.
　　　① allé　　　② elle　　　③ je　　　　　④ que　　　　⑤ suis

(3)　Il y a ＿＿＿＿ ＿＿＿＿ (＿＿＿＿) ＿＿＿＿ ＿＿＿＿ connais.
　　　① ans　　　② deux　　　③ je　　　　　④ la　　　　　⑤ que

・解答・　(1)　⑤　Montre-moi la <u>jupe</u> <u>que</u> (<u>tu</u>) <u>as</u> <u>achetée</u>.「あなたが買ったスカートを見せてよ」
　　　　　(2)　③　C'est avec <u>elle</u> <u>que</u> (<u>je</u>) <u>suis</u> <u>allé</u> au cinéma.「私がいっしょに映画へ行ったのは彼女とです」
　　　　　(3)　⑤　Il y a <u>deux</u> <u>ans</u> (<u>que</u>) je <u>la</u> connais.「私は彼女と知り合って２年になる」

覚えよう！

① **関係代名詞** (第３章「7．関係代名詞」参照)

先行詞(人・もの)＋**qui**＋動詞：qui(＝先行詞)は動詞の主語

先行詞(人・もの)＋**que**＋主語＋動詞：que(＝先行詞)は動詞の直接目的語

先行詞(人・もの)＋**dont**＋主語＋動詞：dont＝de＋先行詞

先行詞(もの)＋**où**＋主語＋動詞：où＝(場所・時を表わす)前置詞＋先行詞

Renée a une sœur *qui* fait des études aux États-Unis. (qui＝sa sœur)
　　　　　　　　　　　　　　　　ルネにはアメリカで勉強している姉[妹]がいる。

Voilà un garçon *que* je rencontre souvent à la station. (que＝ce garçon)
　　　　　　　　　　　　　　　あれは，私が地下鉄の駅でよく会う少年です。

Tu as déjà vu ce film *dont* tout le monde parle ? (dont＝de ce film)
　　　　　　　　　　　　　君は，みんなが話題にしているあの映画をもう見た？

Je ne veux pas habiter Rouen *où* je ne connais personne. (où＝à Rouen)
　　　　　　　　　　　　　私はだれも知り合いがいないルーアンには住みたくない。

L'année où ma sœur est née il y a eu un tremblement de terre. (où＝cette année-là)
　　　　　　　　　　　　　妹が生まれた年に地震があった。

② **強調構文**

(a) 基本形

　(i) 主語の強調　　　　　　　　　：**C'est**＋主語＋**qui**＋動詞

　(ii) 主語以外の語(句)の強調：**C'est [Ce sont]**＋主語以外の語(句)＋**que**＋主語＋動詞

　J'ai vu Paul à la gare.　私は駅でポールに会った。

　　→ *C'est* moi *qui* ai vu Paul à la gare.　駅でポールに会ったのは私です。

→ *C'est* Paul *que* j'ai vu à la gare.　私が駅で会ったのはポールです。

→ *C'est* à la gare *que* j'ai vu Paul.　私がポールに会ったのは駅でです。

　　注　主語を強調するとき，C'est のうしろの人称代名詞は強勢形になります（第3章「1. 強勢形人称代名詞」参照）。この場合，代名詞は複数形でも C'est (*ex.* C'est nous, C'est vous) を使います。ただし，代名詞が3人称複数形のときは，Ce sont (*ex.* Ce sont eux, Ce sont elles) を使います。

(b)　Voici, Voilà による強調構文

　　Marie arrive.　　　　　　　　マリーがやって来る。

　　→ *Voilà* Marie *qui* arrive.　ほら，マリーがやって来る。

　　→ La *voilà qui* arrive.　　　ほら，彼女がやって来る。

(c)　時間の経過の強調

　　J'habite ici depuis cinq ans [longtemps].　私は5年前［ずっと前］からここに住んでいる。

$$\left. \begin{array}{l} \textit{Il y a} \\ \rightarrow \textit{Voilà [Voici]} \\ \textit{Ça fait} \end{array} \right\}$$ cinq ans [longtemps] *que* j'habite ici.

　　　　　　　　　　　　　　　　私がここに住むようになって5年［長い間］になる。

EXERCICE 4

　次の文において，それぞれ ① ～ ⑤ をすべて用いて文を完成したときに，（　　）内に入るのはどれですか。① ～ ⑤ のなかから1つずつ選び，解答欄にその番号を記入してください。

(1)　Ça fait ＿＿＿ ＿＿＿ （＿＿＿） ＿＿＿ ＿＿＿ attends.　　　　　　＿＿＿＿＿

　　　① heure　　　② je　　　　③ que　　　　④ une　　　　⑤ vous

(2)　C'est ＿＿＿ ＿＿＿ （＿＿＿） ＿＿＿ ＿＿＿ à l'aéroport.　　　　＿＿＿＿＿

　　　① chercher　② moi　　　③ qui　　　　④ vais　　　　⑤ vous

(3)　C'est à ＿＿＿ ＿＿＿ （＿＿＿） ＿＿＿ ＿＿＿ une semaine.　　　＿＿＿＿＿

　　　① avons　　　② Nice　　　③ nous　　　④ passé　　　⑤ que

(4)　C'est ＿＿＿ ＿＿＿ （＿＿＿） ＿＿＿ ＿＿＿ Marseille.　　　　　＿＿＿＿＿

　　　① demain　　② je　　　　③ pars　　　④ pour　　　　⑤ que

(5)　Comment ＿＿＿ ＿＿＿ （＿＿＿） ＿＿＿ ＿＿＿ assise à côté de toi ?　＿＿＿＿＿

　　　① était　　　② fille　　　③ la　　　　④ qui　　　　⑤ s'appelle

(6)　Dis-moi ＿＿＿ ＿＿＿ （＿＿＿） ＿＿＿ ＿＿＿ .　　　　　　　　＿＿＿＿＿

　　　① ce　　　　② que　　　　③ sais　　　④ tout　　　　⑤ tu

(7)　Il y a ＿＿＿ ＿＿＿ （＿＿＿） ＿＿＿ ＿＿＿ vu Pierre.　　　　　＿＿＿＿＿

　　　① n'ai　　　② je　　　　③ longtemps　④ pas　　　　⑤ que

(8)　J'ai un ＿＿＿ ＿＿＿ （＿＿＿） ＿＿＿ ＿＿＿ souvent chez moi.　　＿＿＿＿＿

　　　① chat　　　② dont　　　③ le　　　　④ vient　　　⑤ voisin

(9)　Je vais en ＿＿＿ ＿＿＿ （＿＿＿） ＿＿＿ ＿＿＿ avec sa famille.　　＿＿＿＿＿

　　　① frère　　　② habite　　③ Italie　　④ mon　　　⑤ où

(10)　Tiens, ＿＿＿ ＿＿＿ （＿＿＿） ＿＿＿ ＿＿＿ .　　　　　　　　　＿＿＿＿＿

　　　① ami　　　② notre　　③ qui　　　④ vient　　　⑤ voilà

5．比較の構文

次の(1)～(2)において，それぞれ①～⑤をすべて用いて文を完成させたときに，(　　)内に入るのはどれですか。①～⑤のなかから1つずつ選んでください。

(1)　Ta mère ＿＿＿＿ ＿＿＿＿ (＿＿＿＿) ＿＿＿＿ ＿＿＿＿ âge.

　　　　① jeune　　　② paraît　　　③ plus　　　④ que　　　⑤ son

(2)　Rome ＿＿＿＿ ＿＿＿＿ (＿＿＿＿) ＿＿＿＿ ＿＿＿＿ villes du monde.

　　　　① anciennes　② des　　　③ est　　　④ plus　　　⑤ une

・解答・　(1)　①　Ta mère paraît plus (jeune) que son âge.「君のお母さんは年齢より若く見える」

　　　　(2)　②　Rome est une (des) plus anciennes villes du monde.「ローマは世界で最も古い町のひとつです」de＋les (plus anciennes) が des に縮約されています。

覚えよう！

① **比較級**

(a) 形容詞と副詞の比較級：**plus [aussi, moins]＋形容詞・副詞＋que**～

Paris est *plus* peuplé *que* Lyon.　　　　　　　　　　パリはリヨンより人口が多い。

Le théâtre ne coûte pas *aussi* cher *que* tu crois.　　　芝居は君が思っているほど高くない。

Les jours sont *moins* longs *que* les nuits en décembre.　12月は昼は夜より長くない。

注　形容詞は，関係する名詞・代名詞の性・数に一致します。

(b) 名詞の比較級：**plus [autant, moins]＋de＋名詞＋que**～

Elle a *plus de* livres *que* moi.　　　　　彼女は私よりたくさんの本をもっている。

Il a *autant de* patience *que* toi.　　　　彼は君と同じくらい我慢強い。

Ils prennent *moins de* vacances *qu'*avant.　彼らは以前ほどヴァカンスをとらない。

cf. Ça coûte *plus de* dix euros.　　　　それは10ユーロ以上する。（plus de＋数詞＋名詞 …以上）

② **最上級**

形容詞と副詞の最上級：**定冠詞＋plus [moins]＋形容詞・副詞＋de**～

Quelle est *la plus* grande ville *du* Japon ?　　　日本で最大の都市はどこですか？

La Loire est le fleuve *le plus* long *de* France.　ロワール川はフランスで最長の川です。

C'est Michel qui court *le moins* vite *de* la classe.　クラスで一番走るのが遅いのはミシェルです。

注1）形容詞の最上級では，定冠詞と形容詞は関係する名詞・代名詞の性・数に一致します。副詞の最上級では，定冠詞はつねに le を用います。

　　2）形容詞の最上級では，定冠詞のかわりに所有形容詞を用いることがあります。

Elle a mis *sa* plus belle robe.　　　　　　彼女は彼女のもっとも美しいドレスを着た。

③ **特殊な優等比較級・優等最上級**

bon(*ne, s, nes*)	よい，優れた	**meilleur(*e*)(*s*)**	**le (*la, les*) meilleur(*e*)(*s*)**
bien	よく，うまく	**mieux**	**le mieux**
beaucoup	多く	**plus**	**le plus**
peu	少なく	**moins**	**le moins**

Ses résultats sont *meilleurs que* ceux de l'année dernière.

彼の試験の成績は去年のものより良い。

C'est Alice qui danse *le mieux de* nous trois.

私たち3人のなかで一番うまく踊るのはアリスです。

Cécile travaille *plus que* Louise.　　　セシルはルイーズよりもよく勉強する。

C'est Alain qui lit *le plus de* toute la classe.　クラス全体でもっとも読書するのはアランです。

  cf. J'aime la musique *autant qu*'elle.（autant que ...と同じくらい）

私は彼女と同じくらい音楽が好きだ。

EXERCICE 5

　次の文において，それぞれ①～⑤をすべて用いて文を完成したときに，（　　）内に入るのはどれですか。①～⑤のなかから1つずつ選び，解答欄にその番号を記入してください。

(1)　Daniel est parti ＿＿＿ ＿＿＿ (＿＿＿) ＿＿＿ ＿＿＿ .　　　　＿＿＿＿＿
　　　① de　　　② depuis　　③ deux　　　④ heures　　⑤ plus

(2)　Elle n'aime pas ＿＿＿ ＿＿＿ (＿＿＿) ＿＿＿ ＿＿＿ .　　　　＿＿＿＿＿
　　　① autant　　② les　　　③ moi　　　④ que　　　⑤ voyages

(3)　Il n'est pas ＿＿＿ ＿＿＿ (＿＿＿) ＿＿＿ ＿＿＿ .　　　　　＿＿＿＿＿
　　　① aussi　　② croyez　　③ que　　　④ riche　　⑤ vous

(4)　Je n'ai jamais ＿＿＿ ＿＿＿ (＿＿＿) ＿＿＿ ＿＿＿ ces vacances. ＿＿＿＿＿
　　　① autant　　② de　　　③ livres　　④ lu　　　⑤ que

(5)　Je pense ＿＿＿ ＿＿＿ (＿＿＿) ＿＿＿ ＿＿＿ que l'autre.　　＿＿＿＿＿
　　　① ce　　　② est　　　③ meilleur　④ que　　　⑤ vin

(6)　Nous ＿＿＿ ＿＿＿ (＿＿＿) ＿＿＿ ＿＿＿ qu'avant.　　　　＿＿＿＿＿
　　　① allons　　② moins　　③ nous　　④ promener　⑤ souvent

(7)　Paris est la ville ＿＿＿ ＿＿＿ (＿＿＿) ＿＿＿ ＿＿＿ .　　　　＿＿＿＿＿
　　　① aimons　　② le　　　③ nous　　④ plus　　⑤ que

(8)　Quelle est la ＿＿＿ ＿＿＿ (＿＿＿) ＿＿＿ ＿＿＿ France ?　　＿＿＿＿＿
　　　① de　　　② haute　　③ la　　　④ montagne　⑤ plus

(9)　Répondez à ＿＿＿ ＿＿＿ (＿＿＿) ＿＿＿ ＿＿＿ possible.　　＿＿＿＿＿
　　　① cette　　② le　　　③ lettre　　④ plus　　⑤ vite

(10)　Voilà ＿＿＿ ＿＿＿ (＿＿＿) ＿＿＿ ＿＿＿ du village.　　　＿＿＿＿＿
　　　① belles　　② des　　　③ maisons　④ plus　　⑤ une

6．直接話法と間接話法

次の (1)〜(2) において，それぞれ ①〜⑤ をすべて用いて文を完成させたときに，（　　）内に入るのはどれですか。①〜⑤ のなかから１つずつ選んでください。

(1)　Je ＿＿＿＿＿ ＿＿＿＿＿ （＿＿＿＿＿） ＿＿＿＿＿ ＿＿＿＿＿ me voir.

　　　　① demande　　② elle　　　③ me　　　④ si　　　⑤ viendra

(2)　Je lui ＿＿＿＿＿ ＿＿＿＿＿ （＿＿＿＿＿） ＿＿＿＿＿ ＿＿＿＿＿ stationner devant la sortie.

　　　　① ai　　　② de　　　　③ dit　　　④ ne　　　⑤ pas

・解答・　(1)　④　Je me demande (si) elle viendra me voir. 「彼女は私に会いにくるだろうか」
　　　　　(2)　②　Je lui ai dit (de) ne pas stationner devant la sortie. 「私は彼(女)に出入り口のまえには駐車しないようにと言った」

覚えよう！

　発話内容を引用符（«　　»）のなかにそのままの形で示して伝えるものを直接話法，接続詞（que, si, *etc.*）を用いることによって，発話内容を話し手・書き手のことばになおして伝えるものを間接話法といいます。

　(a)　被伝達文が平叙文の場合　伝達動詞(主節の動詞)＋**que [qu']**＋被伝達文

　　Il me dit : «Je n'entends rien.»　　　　　彼は私に「私にはなにも聞こえない」と言う。

　　　→ Il me dit *qu*'il n'entend rien.　　　　彼は私に，彼にはなにも聞こえないと言う。

　　被伝達文の主語が文意に従って，je から il にかわります。動詞は主語に応じて活用します。

　(b)　被伝達文が疑問文の場合

　ⅰ）疑問詞を用いない疑問文　伝達動詞＋**si [s']**＋被伝達文（平叙文の語順：主語＋動詞）

　　Il me demande : « Aimez-vous Picasso ? »

　　　　　　　　　　　　　　　　　　　　　彼は私に「あなたはピカソを好きですか」とたずねる。

　　　→ Il me demande *si* j'aime Picasso. 彼は私に，私がピカソを好きかどうかとたずねる。

　　被伝達文の主語は，vous から je にかわります。被伝達文は平叙文の語順にします。

　ⅱ）疑問詞を用いた疑問文　伝達動詞＋疑問詞＋被伝達文（平叙文の語順：主語＋動詞）

　　Il me demande : « Quel âge avez-vous ? »　彼は私に「あなたは何歳ですか」とたずねる。

　　　→ Il me demande *quel âge* j'ai.　　　　彼は私に，私が何歳かとたずねる。

　　Il me demande : « Qui êtes-vous ? »　　彼は私に「あなたはだれですか」とたずねる。

　　　→ Il me demande *qui* je suis.　　　　彼は私に，私がだれかとたずねる。

　　Il me demande : « Que racontez-vous ? »彼は私に「あなたはなにを話しているの」とたずねる。

　　　→ Il me demande *ce que* je raconte.　彼は私に，私がなにを話しているのかとたずねる。

　　注 1）次の疑問代名詞は間接話法のなかでは変形します。

　　　qui est-ce qui → **qui**（だれが）　　qui est-ce que → **qui**（だれを）

　　　qu'est-ce qui → **ce qui**（なにが）　qu'est-ce que [que] → **ce que**（なにを）

　　　2）被伝達文が主語を省略して，〈疑問詞＋不定詞〉の形で示されることがあります。

　　　Vous pourriez me dire *où aller* ?　どこへ行けばいいのか教えていただけますか？

(c) 被伝達文が命令文の場合　伝達動詞＋**de**＋被伝達文　（動詞は不定詞）

Il m'a dit : «Suivez-moi !»　　　　　彼は私に「私について来なさい」と言った。

　→ Il m'a dit *de* le suivre.　　　　彼は私に，彼について来るようにと言った。

◆ 伝達動詞が過去時制のときの時制の一致

従属節（被伝達文）の動詞は次のような時制の一致をします。時の副詞の変化にも注意してください。

直説法現在形→直説法半過去形

Il m'a dit : «Je ne *travaille* pas aujourd'hui.»　彼は私に「私はきょうは仕事がない」と言った。

　→ Il m'a dit qu'il ne *travaillait* pas ce jour-là.彼は私に，彼がその日は仕事がないと言った。

直説法過去時制→直説法大過去形

Il m'a dit : «J'*ai vu* Louis hier.»　　　　彼は私に「私はきのうルイに会った」と言った。

　→ Il m'a dit qu'il *avait vu* Louis la veille.　彼は私に，彼が前日ルイに会ったと言った。

直説法単純未来形→条件法現在形

Il m'a dit : «J'*arriverai* demain.»　　　　彼は私に「私はあす着く」と言った。

　→ Il m'a dit qu'il *arriverait* le lendemain.　彼は私に，彼が翌日着くと言った。

EXERCICE 6

次の文において，それぞれ①～⑤をすべて用いて文を完成したときに，（　　）内に入るのはどれですか。①～⑤のなかから１つずつ選び，解答欄にその番号を記入してください。

(1)　Dis à tes enfants ＿＿＿ ＿＿＿ （＿＿＿） ＿＿＿ ＿＿＿ de bruit. ＿＿＿＿＿

　　① de　　　　② faire　　　③ ne　　　　④ pas　　　　⑤ trop

(2)　Dis-moi ＿＿＿ ＿＿＿ （＿＿＿） ＿＿＿ ＿＿＿ quand tu seras grand. ＿＿＿＿＿

　　① ce　　　　② faire　　　③ que　　　④ tu　　　　⑤ veux

(3)　Dites-＿＿＿ ＿＿＿ （＿＿＿） ＿＿＿ ＿＿＿ l'accident. ＿＿＿＿＿

　　① a　　　　② causé　　　③ ce　　　④ moi　　　⑤ qui

(4)　Elle m' ＿＿＿ ＿＿＿ （＿＿＿） ＿＿＿ ＿＿＿ vite. ＿＿＿＿＿

　　① a　　　　② de　　　　③ dit　　　④ écrire　　⑤ lui

(5)　Il nous a demandé ＿＿＿ ＿＿＿ （＿＿＿） ＿＿＿ ＿＿＿ avec lui. ＿＿＿＿＿

　　① au　　　　② irions　　③ nous　　④ si　　　　⑤ théâtre

(6)　J'aimerais savoir ＿＿＿ ＿＿＿ （＿＿＿） ＿＿＿ ＿＿＿ invitation. ＿＿＿＿＿

　　① as　　　　② mon　　　③ pourquoi　④ refusé　　⑤ tu

(7)　Je ne sais pas ＿＿＿ ＿＿＿ （＿＿＿） ＿＿＿ ＿＿＿ hier. ＿＿＿＿＿

　　① avec　　　② elle　　　③ est　　　④ qui　　　⑤ sortie

(8)　Pourriez-vous me ＿＿＿ ＿＿＿ （＿＿＿） ＿＿＿ ＿＿＿ à l'aéroport ? ＿＿＿＿＿

　　① aller　　　② comment　③ dire　　④ faire　　⑤ pour

(9)　Sophie m'a dit ＿＿＿ ＿＿＿ （＿＿＿） ＿＿＿ ＿＿＿ à la gare. ＿＿＿＿＿

　　① chercher　② me　　　③ Paul　　④ que　　　⑤ viendrait

(10)　Vous savez ＿＿＿ ＿＿＿ （＿＿＿） ＿＿＿ ＿＿＿ à Venise ? ＿＿＿＿＿

　　① combien　② de　　　③ il　　　④ restera　　⑤ temps

7．慣用句 (1)

------ 例題 ------

次の (1)～(2) において，それぞれ ①～⑤ をすべて用いて文を完成させたときに，（　　　）内に入るのはどれですか。①～⑤ のなかから１つずつ選んでください。

(1) Elle ＿＿＿＿ ＿＿＿＿ （＿＿＿＿） ＿＿＿＿ ＿＿＿＿ de bonne heure.

　　　① a　　　　② de　　　　③ l'habitude　④ lever　　⑤ se

(2) Je ＿＿＿＿ ＿＿＿＿ （＿＿＿＿） ＿＿＿＿ ＿＿＿＿ connaissance.

　　　① de　　　② faire　　　③ heureux　④ suis　　⑤ votre

・解答・ (1) ② Elle a l'habitude (de) se lever de bonne heure. 「彼女は早起きの習慣がある」

　　　　 (2) ① Je suis heureux (de) faire votre connaissance. 「お目にかかれてうれしく思います」

＿＿＿＿ 覚えよう！ ＿＿＿＿

〈動詞＋前置詞〉の動詞句については，第４章「8．動詞の補語を導く前置詞」にもまとめてあります。

① **avoir の動詞句**

avoir affaire à+人 ...とかかわりあう	avoir besoin de+人／もの／不定詞 ...が必要である
avoir droit à+もの ...を受ける権利がある	avoir envie de+もの／不定詞 ...が欲しい，...したい
avoir mal à+体の一部 ...が痛い	avoir peur de+人／もの／不定詞 ...が怖い

avoir raison（de＋不定詞）(...するのは) 正しい

avoir tort（de＋不定詞）(...するのは) まちがっている

avoir beau＋不定詞 ...してもむだである　　　avoir lieu 行われる，起こる

avoir (de la) peine à＋不定詞 ...に苦労する

avoir de la chance（de＋不定詞）(...するとは) 運がいい

avoir le courage de＋不定詞 ...する勇気がある　　avoir l'habitude de＋不定詞 ...を習慣にしている

avoir l'intention de＋不定詞 ...するつもりである　avoir le plaisir de＋不定詞 ...してうれしい

avoir l'air＋形容詞[de＋不定詞]...のように見える　avoir à＋不定詞 ...しなければならない

n'avoir pas à＋不定詞 ...する必要はない　　　n'avoir qu'à＋不定詞 ...しさえすればよい

Je n'aimerais pas *avoir affaire à* lui.	できれば彼とはかかわりあいたくないのですが。
Elle *a peur du* chien.	彼女は犬が怖い。
La première rencontre *aura lieu* jeudi prochain.	最初の会議は今度の木曜日に行なわれます。
J'ai de la peine à le croire.	彼の言うことは信じがたい。
J'ai ma famille *à* nourrir.	私は家族を養わなければならない。
Tu *n'avais qu'à* faire attention.	ちょっと注意すればよかったのに。
J'ai beau crier, il n'entend rien.	いくら大きな声をだしても，彼にはなにも聞こえない。
Ces fruits *ont l'air* très bons.	これらの果物はとてもおいしそうです。

② **être の動詞句**

être content(*e*) de＋人／もの／不定詞 ...に満足した　être d'accord avec＋人 ...に賛成する

être en train de＋不定詞 ...している最中である　être obligé(*e*) de＋不定詞 ...しなければならない

être prêt(*e*) à＋もの／不定詞 ...の準備が整った

être heur*eux*(*euse*) de＋もの／不定詞 ...がうれしい

> Je *suis obligé de* partir tout de suite.　　　　私はすぐに出発しなければならない。
>
> Il *est en train de* lire le journal dans son bureau.　彼は書斎で新聞を読んでいるところです。

注　être 動詞を用いる構文

1）Il est＋形容詞＋de＋不定詞（非人称構文）...することは〜である

Il est difficile *de* finir ce travail avant midi.　この仕事を正午までに終えるのはむずかしい。

2）être＋過去分詞（＋par または de...）（受動態）(...によって) 〜される

Un léger retard *a été annoncé* aux passagers.　軽微な遅れが乗客へ告げられた。

EXERCICE 7

次の文において，それぞれ ① 〜 ⑤ をすべて用いて文を完成したときに，（　　）内に入るのはどれですか。① 〜 ⑤ のなかから１つずつ選び，解答欄にその番号を記入してください。

(1)　J'ai ＿＿＿ ＿＿＿（＿＿＿）＿＿＿ ＿＿＿ à Nice.　　　　＿＿＿＿＿

　　① de　　　② l'intention　③ mes　　　④ passer　　⑤ vacances

(2)　Je n'ai pas ＿＿＿ ＿＿＿（＿＿＿）＿＿＿ ＿＿＿ je pense.　　＿＿＿＿＿

　　① à　　　　② ce　　　　③ dire　　　④ que　　　⑤ vous

(3)　Je n'ai pas ＿＿＿ ＿＿＿（＿＿＿）＿＿＿ ＿＿＿ .　　　　　＿＿＿＿＿

　　① ce　　　② de　　　　③ envie　　　④ soir　　　⑤ sortir

(4)　Je n'ai pas ＿＿＿ ＿＿＿（＿＿＿）＿＿＿ ＿＿＿ .　　　　　＿＿＿＿＿

　　① courage　② de　　　　③ le　　　　④ lui　　　⑤ parler

(5)　Ils ＿＿＿ ＿＿＿（＿＿＿）＿＿＿ ＿＿＿ la sieste.　　　　　＿＿＿＿＿

　　① de　　　② faire　　　③ habitude　④ l'　　　　⑤ ont

(6)　Le dîner ＿＿＿ ＿＿＿（＿＿＿）＿＿＿ ＿＿＿ .　　　　　　＿＿＿＿＿

　　① à　　　　② est　　　　③ être　　　④ prêt　　　⑤ servi

(7)　Nous ＿＿＿ ＿＿＿（＿＿＿）＿＿＿ ＿＿＿ train.　　　　　＿＿＿＿＿

　　① avons　　② de　　　　③ le　　　　④ manquer　⑤ peur

(8)　Tu ＿＿＿ ＿＿＿（＿＿＿）＿＿＿ ＿＿＿ .　　　　　　　　＿＿＿＿＿

　　① as　　　　② besoin　　③ de　　　　④ reposer　　⑤ te

(9)　Vous ＿＿＿ ＿＿＿（＿＿＿）＿＿＿ ＿＿＿ sa proposition.　＿＿＿＿＿

　　① avez　　② de　　　　③ eu　　　　④ raison　　⑤ refuser

(10)　Vous aurez ＿＿＿ ＿＿＿（＿＿＿）＿＿＿ ＿＿＿ réussir.　　＿＿＿＿＿

　　① à　　　　② des　　　　③ efforts　　④ faire　　　⑤ pour

105

8．慣用句⑵

------ 例題 ------

次の⑴～⑵において，それぞれ①～⑤をすべて用いて文を完成させたときに，（　　　）内に入るのはどれですか。①～⑤のなかから１つずつ選んでください。

⑴　Il ＿＿＿＿ ＿＿＿＿ （＿＿＿＿） ＿＿＿＿ ＿＿＿＿ le soir.

　　　　①　a　　　　　②　de　　　　　③　lui　　　　④　permis　　　⑤　sortir

⑵　Il a ＿＿＿＿ ＿＿＿＿ （＿＿＿＿） ＿＿＿＿ ＿＿＿＿.

　　　　①　accepter　　②　fini　　　　③　mon　　　　④　invitation　　⑤　par

・解答・　⑴　④　Il lui a (permis) de sortir le soir.「彼は彼（女）に夜間外出を許可した」

　　　　　⑵　①　Il a fini par (accepter) mon invitation.「彼はとうとう私の招待を受け入れた」

覚えよう！

① **faire の動詞句**

faire plaisir à＋人 ...を喜ばせる　　　　　faire peur à＋人 ...を怖がらせる

faire attention à＋人／もの ...に気をつける　faire semblant de＋不定詞 ...するふりをする

faire le ménage 家の掃除をする　　　　　faire sa valise [ses valises] 出発の準備をする

　J'ai pensé que ça vous *ferait plaisir*.　　そのことにあなたは喜ぶだろうと私は思った。

　Fais attention aux voitures en traversant. 道路を横断するときは車に注意しなさい。

② **dire の動詞句**

dire＋もの＋à＋人（人に）...を訴える　　　On dirait＋人／もの／que... ...のようである

vouloir dire＋もの／que... ...を意味する

　Qu'est-ce que ça *veut dire*?　　　　　これはどういう意味ですか？

　*On dirait qu'*il va pleuvoir.　　　　　　雨になりそうな気がする。

③ **代名動詞の動詞句**

s'approcher de＋人／もの ...に近づく　　se mettre à＋もの／不定詞 ...し始める

s'occuper de＋人／もの／不定詞 ...に携わる　se passer de＋もの／不定詞 ...なしですます

se servir de＋もの ...を使う　　　　　　se souvenir de＋人／もの／不定詞 ...を覚えている

se rendre compte de＋もの／que... ...に気づく，...を理解する

　Ne *t'approche* pas *de* ce chien !　　　その犬に近づくな！

　Pierre *s'est rendu compte de* son erreur.　ピエールは自分の過ちに気づいた。

④ **その他の動詞句**

aller bien [mal, mieux]（事態が）よい[悪い，前よりよい]

aller à＋人／もの ...に似合う　　　　　　aller à＋人 ...に都合がいい

entendre dire que... ...といううわさを聞く　entendre parler de＋人／もの ...に関する話を聞く

finir par＋不定詞 ついに...する　　　　　hésiter entre＋もの ...のなかでどれにするか迷う

jouer à＋もの（スポーツ）をする　　　　　jouer de＋もの（楽器を）演奏する

manquer de＋もの ...が不足している　　　manquer de＋不定詞 危うく...しそうになる

ne pas manquer de＋不定詞 かならず...する

106

rendre service à＋人 …の役にたつ　　　　rendre visite à＋人 …を訪問する

tenir compte de＋もの …を考慮に入れる　　cesser de＋不定詞 …するのをやめる

permettre à＋人＋de＋不定詞（人に）…を可能にする，許す

oublier de＋不定詞／que... …を忘れる

　　J'espère que tout *va mieux*.　　　　　すべてが好転することを期待します。

　　Il *hésite entre* ces deux solutions.　彼はこれら２つの解決策のどちらにするか迷っている。

　　Hier, j'*ai rendu visite à* mes grands-parents.　きのう私は祖父母を訪問した。

◆　ジェロンディフ　en＋現在分詞

　　Jacques, ne travaille pas *en regardant* la télé. ジャック，テレビを見ながら勉強してはいけません。

EXERCICE 8

　次の文において，それぞれ下の①〜⑤の語をすべて用いて文を完成させたときに，（　　）内に入るのはどれでしょう。①〜⑤のなかから１つずつ選び，その番号を解答欄に記入してください。

(1)　Elle ne ＿＿＿ ＿＿＿ （＿＿＿） ＿＿＿ ＿＿＿ ce qu'elle dit.　　＿＿＿＿＿

　　　① compte　　② de　　　③ pas　　　④ rend　　　⑤ se

(2)　Il a fait ＿＿＿ ＿＿＿ （＿＿＿） ＿＿＿ ＿＿＿ voir.　　＿＿＿＿＿

　　　① de　　　② la　　　③ ne　　　④ pas　　　⑤ semblant

(3)　Je ne ＿＿＿ ＿＿＿ （＿＿＿） ＿＿＿ ＿＿＿ parler.　　＿＿＿＿＿

　　　① de　　　② en　　　③ lui　　　④ manquerai　⑤ pas

(4)　Je vais essayer ＿＿＿ ＿＿＿ （＿＿＿） ＿＿＿ ＿＿＿ de chacun.　　＿＿＿＿＿

　　　① compte　　② de　　　③ des　　　④ désirs　　⑤ tenir

(5)　Je veux ＿＿＿ ＿＿＿ （＿＿＿） ＿＿＿ ＿＿＿ ces jours.　　＿＿＿＿＿

　　　① de　　　② lui　　　③ rendre　　④ un　　　⑤ visite

(6)　Ne ＿＿＿ ＿＿＿ （＿＿＿） ＿＿＿ ＿＿＿ .　　＿＿＿＿＿

　　　① aux　　　② enfants　　③ faites　　④ pas　　　⑤ peur

(7)　Nous avons ＿＿＿ ＿＿＿ （＿＿＿） ＿＿＿ ＿＿＿ Moscou.　　＿＿＿＿＿

　　　① à　　　② dire　　　③ entendu　　④ ira　　　⑤ qu'il

(8)　Son ＿＿＿ ＿＿＿ （＿＿＿） ＿＿＿ ＿＿＿ .　　＿＿＿＿＿

　　　① chose　　② dit　　　③ me　　　④ quelque　⑤ visage

(9)　Tu ne peux ＿＿＿ ＿＿＿ （＿＿＿） ＿＿＿ ＿＿＿ ?　　＿＿＿＿＿

　　　① de　　　② fumer　　③ pas　　　④ passer　　⑤ te

(10)　Tu trouves ＿＿＿ ＿＿＿ （＿＿＿） ＿＿＿ ＿＿＿ ?　　＿＿＿＿＿

　　　① cette　　② me　　　③ que　　　④ robe　　　⑤ va

107

9．慣用句 ⑶

次の ⑴ ～ ⑵ において，それぞれ ① ～ ⑤ をすべて用いて文を完成させたときに，（　　）内に入るのはどれですか。① ～ ⑤ のなかから１つずつ選んでください。

⑴　Jean, _____ _____ （_____） _____ _____.

　　　　① de　　　　② ici　　　　③ suite　　　　④ tout　　　　⑤ viens

⑵　Je me _____ _____ （_____） _____ _____.

　　　　① bonne　　　② de　　　　③ heure　　　　④ levé　　　　⑤ suis

•解答•　⑴　④　Jean, viens ici (tout) de suite. 「ジャン，すぐここへ来なさい」
　　　　⑵　②　Je me suis levé (de) bonne heure. 「ぼくは早起きした」

覚えよう！

①　tout が使われる副詞句

tout à coup 突然	tout à fait まったく
tout à l'heure まもなく；さっき	tout de suite すぐに

tous les matins 毎朝	tous les après-midi 毎日午後	tous les soirs 毎晩
tous les jours 毎日	toutes les semaines 毎週	tous les mardis 毎週火曜日
toute la matinée 午前中一杯	toute la journée １日中	toute la nuit １晩中
toutes les heures １時間ごとに	tous les deux jours ２日ごとに	

　Je vous téléphonerai *tout à l'heure*.　　　　後ほどあなたには電話します。

　Il a plu *toute la matinée* hier.　　　　きのうは朝のあいだずっと雨だった。

②　plus や moins が使われる副詞句

plus ou moins 多かれ少なかれ	(tout) au plus せいぜい	au moins 少なくとも
de plus en plus ますます	de moins en moins だんだん少なく	
数詞＋名詞＋de plus …だけ多く	数詞＋名詞＋de moins …だけ少なく	
en plus それに加えて	en moins de... ....以内に	

　Il y avait *au plus* vingt personnes dans la salle.　　会場にはせいぜい20人ほどしかいなかった。

　Mon ordinateur coûte cent euros *de moins* que le tien.

　　　　　　　　　　　　　　　　　　私のパソコンは君のより100ユーロ安い。

　Je le trouve *de moins en moins* sympathique.　　彼のことがだんだん不愉快に思えてくる。

③　その他の副詞句

à l'heure 定刻に	à temps 遅れずに	en retard 遅刻して
de bonne heure 朝早く	depuis longtemps ずっと前から	de temps en temps ときどき
à pied 歩いて	au loin 遠くに	de loin 遠くから
sans cesse たえず	sans doute おそらく	

　Je le rencontre *de temps en temps* à l'arrêt d'autobus.　彼にはバス停でときどき会う。

　Je l'ai vu *de loin* dans la rue.　　　　通りで遠くから彼を見かけた。

　注１）trop [assez] ...pour＋不定詞　～であるにはあまりにも［じゅうぶんに］...である

Il a *assez* travaillé *pour* réussir à son examen.　彼は試験に合格できるだけの勉強をした。

　2）si...que〜　とても...なので〜

Le vent soufflait *si* fort *que* je suis resté chez moi.　風がとても強かったので私は家にいた。

④　**前置詞句**

à cause de... ...が原因で　　　　　à partir de... ...から

avant de＋不定詞 ...する前に　　　après＋不定詞複合形 ...した後で

près de ...の近くに　　　　　　　loin de... ...から遠くに

Après avoir mangé, il est parti en promenade.　食事をしたあと，彼は散歩に出かけた。

J'ai beaucoup arrosé les plantes *à cause de* la chaleur.

　　　　　　　　　　　　　　　　　　　暑いので私は植物に水をたくさんやった。

⑤　**単位を表わす名詞句**

un kilo de pommes	1キロのリンゴ	une heure de retard	1時間の遅延
une douzaine d'œufs	1ダースの卵	une bouteille de vin	1瓶のワイン
un paquet de bonbons	1箱のキャンディー	une paire de chaussures	1足の靴

EXERCICE 9

　次の文において，それぞれ下の①〜⑤の語をすべて用いて文を完成させたときに，（　　）内に入るのはどれでしょう。①〜⑤のなかから1つずつ選び，その番号を解答欄に記入してください。

(1)　Demandez-lui ＿＿＿ ＿＿＿ （＿＿＿） ＿＿＿ ＿＿＿ votre décision.　＿＿＿＿＿＿

　　① avant　　② avis　　③ de　　④ prendre　　⑤ son

(2)　Elle est ＿＿＿ ＿＿＿ （＿＿＿） ＿＿＿ ＿＿＿.　＿＿＿＿＿＿

　　① jeune　　② marier　　③ pour　　④ se　　⑤ trop

(3)　Il est arrivé ＿＿＿ ＿＿＿ （＿＿＿） ＿＿＿ ＿＿＿.　＿＿＿＿＿＿

　　① avec　　② de　　③ minutes　　④ retard　　⑤ vingt

(4)　Il ＿＿＿ ＿＿＿ （＿＿＿） ＿＿＿ ＿＿＿ ne peux pas le suivre.　＿＿＿＿＿＿

　　① je　　② marche　　③ que　　④ si　　⑤ vite

(5)　Ils vont au ＿＿＿ ＿＿＿ （＿＿＿） ＿＿＿ ＿＿＿.　＿＿＿＿＿＿

　　① cinéma　　② dimanches　③ les　　④ presque　　⑤ tous

(6)　Je l' ＿＿＿ ＿＿＿ （＿＿＿） ＿＿＿ ＿＿＿, elle était à la maison.　＿＿＿＿＿＿

　　① à　　② ai　　③ l'heure　　④ tout　　⑤ vue

(7)　Je ＿＿＿ ＿＿＿ （＿＿＿） ＿＿＿ ＿＿＿, s'il vous plaît.　＿＿＿＿＿＿

　　① de　　② kilos　　③ tomates　　④ trois　　⑤ voudrais

(8)　La bibliothèque ＿＿＿ ＿＿＿ （＿＿＿） ＿＿＿ ＿＿＿ neuf heures.　＿＿＿＿＿＿

　　① à　　② de　　③ est　　④ ouverte　　⑤ partir

(9)　Les jeux Olympiques ont ＿＿＿ ＿＿＿ （＿＿＿） ＿＿＿ ＿＿＿.　＿＿＿＿＿＿

　　① ans　　② les　　③ lieu　　④ quatre　　⑤ tous

(10)　Mon frère a ＿＿＿ ＿＿＿ （＿＿＿） ＿＿＿ ＿＿＿ moi.　＿＿＿＿＿＿

　　① ans　　② de　　③ deux　　④ plus　　⑤ que

まとめの問題

次の各設問において，それぞれ ① ～ ⑤ をすべて用いて文を完成させたときに，（　　）内に入るのはどれですか。① ～ ⑤ のなかから１つずつ選び，その番号を解答欄に記入してください。（配点　8 ）

1 (1)　Ce n'est pas ＿＿＿＿ ＿＿＿＿ （＿＿＿＿） ＿＿＿＿ ＿＿＿＿ télé.
　　　① ai　　　② cassé　　　③ la　　　④ moi　　　⑤ qui

(2)　Cet écrivain a ＿＿＿＿ ＿＿＿＿ （＿＿＿＿） ＿＿＿＿ ＿＿＿＿ celui-là.
　　　① de　　　② écrit　　　③ plus　　　④ que　　　⑤ romans

(3)　Elle ＿＿＿＿ ＿＿＿＿ （＿＿＿＿） ＿＿＿＿ ＿＿＿＿ de mer.
　　　① bain　　　② laisse　　　③ les　　　④ prendre　　　⑤ un

(4)　Je ＿＿＿＿ ＿＿＿＿ （＿＿＿＿） ＿＿＿＿ ＿＿＿＿ froid.
　　　① ai　　　② du　　　③ n'　　　④ plus　　　⑤ tout

(1)	(2)	(3)	(4)

2 (1)　Dites-moi ＿＿＿＿ ＿＿＿＿ （＿＿＿＿） ＿＿＿＿ ＿＿＿＿ bonne soirée.
　　　① avez　　　② passé　　　③ si　　　④ une　　　⑤ vous

(2)　J'ai ＿＿＿＿ ＿＿＿＿ （＿＿＿＿） ＿＿＿＿ ＿＿＿＿ .
　　　① de　　　② dire　　　③ le　　　④ l'intention　　　⑤ lui

(3)　Julie ＿＿＿＿ ＿＿＿＿ （＿＿＿＿） ＿＿＿＿ ＿＿＿＿ .
　　　① à　　　② est　　　③ mise　　　④ pleurer　　　⑤ s'

(4)　Il ＿＿＿＿ ＿＿＿＿ （＿＿＿＿） ＿＿＿＿ ＿＿＿＿ demandé.
　　　① a　　　② en　　　③ m'　　　④ ne　　　⑤ pas

(1)	(2)	(3)	(4)

3 (1)　Elle ＿＿＿＿ ＿＿＿＿ （＿＿＿＿） ＿＿＿＿ ＿＿＿＿ jus de fruit.
　　　① a　　　② acheté　　　③ bouteilles　　　④ de　　　⑤ deux

(2)　Il ＿＿＿＿ ＿＿＿＿ （＿＿＿＿） ＿＿＿＿ ＿＿＿＿ français.
　　　① a　　　② apprendre　　　③ fait　　　④ le　　　⑤ lui

(3)　Je ＿＿＿＿ ＿＿＿＿ （＿＿＿＿） ＿＿＿＿ ＿＿＿＿ je l'ai vu.
　　　① me　　　② ne　　　③ où　　　④ plus　　　⑤ souviens

(4)　La femme ＿＿＿＿ ＿＿＿＿ （＿＿＿＿） ＿＿＿＿ ＿＿＿＿ tante.
　　　① accompagne　　　② est　　　③ l'　　　④ qui　　　⑤ sa

(1)	(2)	(3)	(4)

4 (1) C'est _____ _____ (_____) _____ _____ allé à la pêche.
　　① dernier　② dimanche　③ je　　④ que　　⑤ suis

(2) Demain, _____ _____ (_____) _____ _____.
　　① aujourd'hui　② ça　　③ ira　　④ mieux　　⑤ qu'

(3) Il demande _____ _____ (_____) _____ _____ retard au cours.
　　① arriver　② de　　③ en　　④ ne　　⑤ pas

(4) Je n'avais pas _____ _____ (_____) _____ _____.
　　① bonjour　② de　　③ dire　　④ envie　　⑤ lui

(1)	(2)	(3)	(4)

5 (1) Il lui _____ _____ (_____) _____ _____ le lendemain.
　　① a　　② demandé　③ elle　④ qui　　⑤ verrait

(2) Je ne peux pas finir _____ _____ (_____) _____ _____ deux heures.
　　① ce　　② de　　③ en　　④ moins　⑤ travail

(3) L'ordinateur _____ _____ (_____) _____ _____ marche mal.
　　① acheter　② d'　　③ je　　④ que　　⑤ viens

(4) Ta voiture m'a _____ _____ (_____) _____ _____ mienne était en panne.
　　① la　　② pendant　③ que　　④ rendu　⑤ service

(1)	(2)	(3)	(4)

6 (1) Il n'y a pas d'avion _____ _____ (_____) _____ _____ la tempête.
　　① à　　② cause　　③ de　　④ Londres　⑤ pour

(2) Je me demande _____ _____ (_____) _____ _____ pas.
　　① il　　② me　　③ ne　　④ pourquoi　⑤ téléphone

(3) Parle-moi _____ _____ (_____) _____ _____ née.
　　① du　　② es　　③ pays　　④ où　　⑤ tu

(4) Ton idée _____ _____ (_____) _____ _____ sienne.
　　① la　　② me　　③ meilleure　④ que　　⑤ semble

(1)	(2)	(3)	(4)

6
応答問題

A と B の対話で，A→B→A の会話の流れを読みとって，B の応答を3つの選択肢から選ぶ問題です。設問は最後の B の発話文まで読まないと正解がえられないように作られています。基本的な質問形式にくわえて，さまざまな場面での会話形式を習得しておかなければなりません。

6 次の (1) 〜 (4) の **A** と **B** の対話を完成させてください。**B** の下線部に入れるのにもっとも適切なものを、それぞれ ① 〜 ③ のなかから1つずつ選び、解答欄のその番号にマークしてください。(配点　8)

(1) **A** : Il y a eu un accident de voiture ce matin.
　　 B : ＿＿＿＿＿＿＿＿＿＿＿
　　 A : Deux personnes ont été blessées.

　　　　 ① C'est quelqu'un que vous connaissez ?
　　　　 ② C'était à quel endroit ?
　　　　 ③ C'était grave ?

(2) **A** : Le bus de huit heures, il est déjà passé ?
　　 B : ＿＿＿＿＿＿＿＿＿＿＿
　　 A : Tant pis, je vais attendre le prochain.

　　　　 ① Non, il n'est pas encore huit heures.
　　　　 ② Oui, il est parti tout à l'heure.
　　　　 ③ Pas encore, il est en retard.

(3) **A** : On prend un café ?
　　 B : ＿＿＿＿＿＿＿＿＿＿＿
　　 A : Alors, ce sera pour une autre fois.

　　　　 ① C'est une bonne idée.
　　　　 ② Non, désolée, je dois rentrer maintenant.
　　　　 ③ Oh oui, j'ai très soif.

(4) **A** : Tu ne veux pas aller écouter ce chanteur avec moi ?
　　 B : ＿＿＿＿＿＿＿＿＿＿＿
　　 A : Le quatorze juillet.

　　　　 ① C'est à quelle date, ce concert ?
　　　　 ② Il est toujours vivant ?
　　　　 ③ Tu l'aimes tellement ?

1．社交

次の⑴，⑵の**A**と**B**の対話を完成させてください。**B**の下線部に入れるのに最も適切なものを，それぞれ①～③のなかから1つずつ選んでください。

⑴　**A**：Alors, comment ça va ?

　　B：＿＿＿＿＿＿＿＿＿＿＿＿＿＿＿＿＿

　　A：Il te faut aller chez le médecin.　Soigne-toi bien.

　　　① Ça va mal.　J'ai la grippe.

　　　② Comme ci comme ça.　J'ai trop de travail récemment.

　　　③ Pas mal, merci.

⑵　**A**：Monsieur, vous avez marché sur mon pied.

　　B：＿＿＿＿＿＿＿＿＿＿＿＿＿＿＿＿＿

　　A：Ce n'est pas grave.

　　　① C'est vraiment peu de chose.

　　　② Oh, excusez-moi, madame.　Je vous ai fait mal ?

　　　③ Tant mieux.　Je l'ai fait exprès.

・解答・　⑴　**A**：それで，元気？　　　　　① 具合が悪いんだ。流感にかかっているもので。

　　　　　　　B：①　　　　　　　　　　② まあまあだね。最近仕事が多すぎて。

　　　　　　　A：医者へ行かなくては。お大事に。　③ まあまあだ，ありがとう。

　　　　⑵　**A**：あなたは私の足を踏みましたよ。　① ほんとうにたいしたことではありません。

　　　　　　　B：②　　　　　　　　　　② ごめんなさい。痛かったですか？

　　　　　　　A：たいしたことはありません。　③ しめた。わざとしたんです。

覚えよう！

① 挨拶する

Vous allez bien ?	—Je vais très bien, et vous ?	元気ですか？　—元気です，あなたは？
Comment ça va ?	—Ça va bien, et toi ?	元気？　—元気だよ，君は？
Ça va ?	—Pas mal, merci.	元気？　—まあまあだよ，ありがとう。
Donne le bonjour à Jean de ma part.		ジャンによろしくと言ってくれ。

Au revoir, Daniel.	さよなら，ダニエル。	À tout à l'heure [À bientôt].	またあとで。
À un de ces jours.	また近日中に。	À la semaine prochaine.	また来週。
À ce soir.	また今晩。	On se revoit demain.	またあす会いましょう。

② 礼を言う，謝る

Je vous remercie beaucoup.	—Je vous en prie.	あなたに感謝します。—どういたしまして。
Merci bien.	— (Il n'y a) pas de quoi.	ありがとう。—どういたしまして。
Tu es gentil.	—De rien.	ありがとう。—どういたしまして。

Je suis désolé de vous avoir dérangé.		お邪魔してすみません。
—Ça ne fait rien.		—何でもありません。
Excusez-moi.	—Ce n'est pas grave.	ごめんなさい。—たいしたことはありません。
Je m'excuse.	—Ce n'est rien.	すみません。—何でもありません。
Pardon.	—Il n'y a pas de mal.	失礼。—何でもありません，大丈夫です。

EXERCICE 1

次の(1)～(4)の **A** と **B** の対話を完成させてください。**B** の下線部に入れるのに最も適切なものを，それぞれ① ～③のなかから１つずつ選び，解答欄にその番号を記入してください。

(1) **A**：Bonjour !

　　B：_____

　　A：Mais non.　Je viens d'arriver.

　　① Bonjour !　Comment ça va ?

　　② Bonjour !　Je suis arrivé le premier au rendez-vous.

　　③ Bonjour !　Tu m'as attendu longtemps ?

(2) **A**：Excusez-moi.　Je ne vous ai pas rencontrée quelque part ?

　　B：_____

　　A：Vous ne me reconnaissez pas ?　C'est Denis.

　　① Ah !　je me rappelle très bien de vous.

　　② C'est vous ?　Ça fait longtemps que nous ne nous sommes pas vus.

　　③ Je crois que vous vous trompez.

(3) **A**：Françoise, je te présente mon frère Pierre.

　　B：_____

　　A：Il s'intéresse à la musique classique comme vous.

　　① Bonjour, Jeanne.　Elle me parle souvent de vous.

　　② Bonjour.　Je sais par Jeanne que vous adorez le jazz.

　　③ C'est vrai ?　Moi aussi, je travaille à ce restaurant.

(4) **A**：Je t'ai apporté une petite surprise pour ton anniversaire.

　　B：_____

　　A：Pas de quoi.　Je l'ai déjà lu et je l'ai trouvé très intéressant.

　　① Oh !　des roses.　Elles sont très jolies.　Tu es très gentil.

　　② Oh !　un disque compact de Mozart.　Je suis son admirateur.
　　　　Merci beaucoup.

　　③ Oh !　un roman de Camus.　C'est mon auteur favori.　Merci bien.

(1)	(2)	(3)	(4)

２．予定について話す

　次の(1)，(2)の **A** と **B** の対話を完成させてください。**B** の下線部に入れるのに最も適切なものを，それぞれ①～③のなかから１つずつ選んでください。

(1)　**A**：Alors on ne peut pas partir ?

　　B：_____

　　A：C'est dommage.

　　　　①　Je regrette, cette année je n'ai pas de vacances.

　　　　②　Mais oui, justement je n'ai rien à faire.

　　　　③　Si, on peut partir ce week-end.

(2)　**A**：Tu es libre demain ?

　　B：_____

　　A：Comment ! Tu as des cours même le samedi !

　　　　①　Non, je dois aller à la faculté.

　　　　②　Non, je sors faire des courses.

　　　　③　Oui, mais pourquoi ?

・**解答**・　(1)　**A**：それじゃ，出かけることができないの？　　①　悪いけど，今年は休暇がないんだ。
　　　　　　　B：①　　　　　　　　　　　　　　　　　　　　②　もちろん，ちょうど用事がなにもない
　　　　　　　A：残念ね。　　　　　　　　　　　　　　　　　　　んだ。
　　　　　　　　　　　　　　　　　　　　　　　　　　　　　　③　いや，今週末に出かけることができる。

　　　　　　(2)　**A**：あすは暇かい？　　　　　　　　　　　　　①　いいえ，大学へ行かなければならない。
　　　　　　　B：①　　　　　　　　　　　　　　　　　　　　②　いいえ，買いものに出かけるんだ。
　　　　　　　A：何だって！　土曜日も授業があるんだ！　　③　はい，でもなぜ？

------ 覚えよう！ --

Je voudrais prendre rendez-vous avec M. Martin.

　　　　　　　　　　　　　　　　　　　マルタン氏と会う約束をしたいのですが。

　—Oui, madame. Quand voulez-vous venir ?　　—はい。いらっしゃるのはいつがいいですか？

Vendredi à 15 heures, tu es libre ?　　　　　金曜日の15時は空いてる？

　—Non, j'ai un cours à cette heure-là.　　　—いや，その時間は授業があるんだ。

Je compte prendre mes vacances en mai.　　　私は５月にヴァカンスをとるつもりです。

　—Tu pars pour combien de temps ?　　　　—どれくらいの予定ででかけるの？

Quand reviens-tu à Paris ?　　　　　　　　君はいつパリに帰って来るの？

　—Dans une semaine.　　　　　　　　　　—１週間後だよ。

Jusqu'à quand est-ce que tu as besoin de ma voiture ?

　　　　　　　　　　　　　　　　　　　私の車はいつまで必要なの？

　—J'en ai besoin jusqu'à lundi.　　　　　—月曜まで必要です。

Combien de temps restes-tu en Italie ?　　　君はどれくらいイタリアに滞在するの？

　—Je vais y rester trois mois.　　　　　　—３カ月滞在するつもりです。

116

Vers quelle heure rentres-tu chez toi ?   君は何時ごろ帰宅するの？

　—Je ne sais pas. Je te téléphonerai dès mon retour.

　　　　　　　　　　　　　　　　　—わからない。帰ったらすぐに電話するよ。

Pour les vacances, j'irai chez mes parents.   ヴァカンスには両親の家へ行きます。

　—Où est-ce qu'ils habitent ?   —彼らはどこに住んでいるのですか？

EXERCICE 2

　次の(1)〜(4)の **A** と **B** の対話を完成させてください。**B** の下線部に入れるのに最も適切な
ものを，それぞれ ① 〜 ③ のなかから１つずつ選び，解答欄にその番号を記入してください。

(1)　**A**：Dis, qu'est-ce que tu fais cet après-midi ?

　　B：＿＿＿＿＿＿＿＿＿＿＿＿＿＿＿＿＿

　　A：Alors, ça te dirait d'aller voir un film ?

　　　① 　Il me faut assister au cours.

　　　② 　J'ai rendez-vous cet après-midi.

　　　③ 　Pas grand-chose. Pourquoi ?

(2)　**A**：Je passerai à l'agence chercher les billets d'avion demain.

　　B：＿＿＿＿＿＿＿＿＿＿＿＿＿＿＿＿＿

　　A：Mais si on ne réserve pas maintenant, il n'y aura plus de places.

　　　① 　D'accord. Il faut réserver à l'avance.

　　　② 　Nous avons le temps, nous partons dans un mois.

　　　③ 　Nous pourrons louer une voiture sur place.

(3)　**A**：Je vais partir à Rome en vacances en août.

　　B：＿＿＿＿＿＿＿＿＿＿＿＿＿＿＿＿＿

　　A：Il faudrait qu'on parte plus tôt ?

　　　① 　En avion ou en train ?

　　　② 　En août, les hôtels sont presque tous complets.

　　　③ 　Moi, je vous conseillerais juillet.

(4)　**A**：Vous partez à Marseille, finalement ?

　　B：＿＿＿＿＿＿＿＿＿＿＿＿＿＿＿＿＿

　　A：Alors, je vous conseille de demander des congés payés.

　　　① 　Oui, c'est la première fois que j'y vais.

　　　② 　Oui, je quitterai mon emploi dans un mois.

　　　③ 　Oui, je serai absente deux jours.

(1)	(2)	(3)	(4)

3. 意向や好みをたずねる

------ 例題 ------

次の(1), (2)の**A**と**B**の対話を完成させてください。**B**の下線部に入れるのに最も適切なものを, それぞれ①～③のなかから1つずつ選んでください。

(1) **A**：Alors qu'est-ce qu'on fait ?

　　B：＿＿＿＿＿＿＿＿＿＿＿＿＿＿＿

　　A：D'accord, on y va maintenant ou après le dîner ?

　　　① Comme tu veux, ça m'est égal.

　　　② Eh bien ! si tu veux, on peut aller au cinéma.

　　　③ Si on allait manger au restaurant ?

(2) **A**：Tu aimes voyager à l'étranger ?

　　B：＿＿＿＿＿＿＿＿＿＿＿＿＿＿＿

　　A：Et maintenant ?

　　　① Avant, je partais en Afrique tous les étés.

　　　② Bien sûr, j'adore ça.

　　　③ Non, pas tellement.

・解答・　(1)　**A**：それじゃ, どうする？　　　　① お好きなように, 私はどちらでもいい。
　　　　　　　B：②　　　　　　　　　　　　　② そうね, よければ映画を見に行ってもいい。
　　　　　　　A：わかった, 今からそれとも夕食　③ レストランへ食事をしに行かない？
　　　　　　　　　　のあとで？
　　　　　(2)　**A**：海外旅行は好き？　　　　　　① 以前は, 夏になるとアフリカへ出かけていた。
　　　　　　　B：①　　　　　　　　　　　　　② もちろん, 大好きだよ。
　　　　　　　A：で, 今は？　　　　　　　　　③ いいえ, それほどでもない。

覚えよう！

① **意向をたずねる**

Ça te dirait d'aller au musée ?　　　　　美術館へ行くというのはどう？
　—Pourquoi pas.　　　　　　　　　　　　　—いいですねえ。

Qu'est-ce que je peux faire pour vous ?　あなたのために何かできることがありますか？
　—Non, ce n'est pas la peine.　　　　　　—いいえ, それにはおよびません。

Vous voulez qu'on dîne ensemble ?　　　いっしょに夕食をとりましょうか？
　—Oui, je veux bien.　　　　　　　　　　—はい, 喜んで。

Si tu veux, on peut louer une voiture.　もしよかったら, レンタカーを借りてもいい。
　—Je vais voir.　　　　　　　　　　　　　—考えてみます。

Tu veux que je t'accompagne ?　　　　　ぼくに送ってもらいたいの？
　—Oui, c'est très gentil, merci.　　　　　—そうです, ご親切さま, ありがとう。

② **好みをたずねる**

Vous ne vous intéressez pas à la politique ?　政治に関心はないのですか？
　—Pas du tout.　　　　　　　　　　　　　　—まったくありません。

Ce film t'a plu ?	その映画は気に入った？
—Non, pas tellement.	—いいえ，それほどでもないよ。
Vous n'aimez pas les chats ?	猫を好きではないのですか？
—Si, j'aime ça.	—いや，好きです。
Vous aimez la bière ?	ビールは好きですか？
—Non, je préfère le vin à la bière.	—いいえ，ビールよりワインのほうが好きです。
Quelle musique aimez-vous ? —Le jazz.	どんな音楽が好きですか？ —ジャズです。

EXERCICE 3

次の(1)〜(4)のＡとＢの対話を完成させてください。Ｂの下線部に入れるのに最も適切な
ものを，それぞれ①〜③のなかから1つずつ選び，解答欄にその番号を記入してください。

(1) **A**：Ça vous dirait d'aller faire du ski à Chamonix ?

   B：_____

   A：Ça dépend des prix.

   ① Avec plaisir. Où ça ?

   ② Merci. Ça fait combien ?

   ③ Pourquoi pas ? Combien de jours ?

(2) **A**：Comment ! tu n'as pas encore lu ce roman ?

   B：_____

   A：Je suis sûre que ça te plairait !

   ① Non, je n'ai pas trouvé ça très intéressant.

   ② Non, pas encore. Je n'ai pas le temps.

   ③ Si, je l'ai déjà lu. Ça m'a beaucoup plu.

(3) **A**：J'adore le sport, moi.

   B：_____

   A：Tous les genres de sport.

   ① Pour moi, c'est très fatigant.

   ② Tu aimes quel sport ?

   ③ Tu fais toi-même du sport ?

(4) **A**：Tiens ! Salut, Anne. On prend un petit café ?

   B：_____

   A：Tant pis. À un de ces jours, peut-être.

   ① Non, j'ai des choses à faire.

   ② Oui, d'accord.

   ③ Tu tombes bien.

(1)	(2)	(3)	(4)

4．食事をする，買いものをする

次の (1)，(2) の **A** と **B** の対話を完成させてください。**B** の下線部に入れるのに最も適切なものを，それぞれ ① 〜 ③ のなかから 1 つずつ選んでください。

(1) **A**：Assieds-toi et mange ta soupe.

B：＿＿＿＿＿＿＿＿＿＿＿＿＿＿＿＿

A：D'accord. Ne mange pas. Mais reste à table.

① J'aime beaucoup la soupe à l'oignon.

② Je vais manger ta part.

③ Mais je n'ai pas faim.

(2) **A**：Je voudrais un jean, s'il vous plaît.

B：＿＿＿＿＿＿＿＿＿＿＿＿＿＿＿＿

A：Je fais du 42.

① Bon, j'ai deux modèles à vous proposer.

② Oui. Ça fait combien ?

③ Oui, vous faites quelle taille ?

・解答・ (1) **A**：座って，スープを飲みなさい。　　① ぼくはオニオンスープが大好きなんだ。

B：③　　　　　　　　　　　　　② ぼくが君の分を食べよう。

A：わかった。飲まないでいいから。でも ③ でもぼくはお腹がすいていない。
席についていなさい。

(2) **A**：ジーンズが欲しいのですが。　　　① では，2 つのタイプをお勧めできますが。

B：③　　　　　　　　　　　　　② はい。いくらになりますか？

A：42です。　　　　　　　　　　③ はい，サイズはおいくつですか？

覚えよう！

① **食事をする**

Vous pouvez me passer le sel, s'il vous plaît ? —Voilà.　塩をとってくれますか？　—どうぞ。

Tu veux un petit café ?　　　　　　　　　コーヒーを少しいかがですか？

　—Oui, sans sucre, s'il te plaît.　　　　　　—はい，砂糖ぬきにしてね。

Vous prenez encore de la viande ?　　　　もっと肉を食べますか？

　—Non, merci. J'ai déjà bien mangé.　　　—いや，けっこう。もう，十分いただきました。

Qu'est-ce que je vous sers ?　　　　　　なにを召しあがりますか？

　—Un peu de fromage, s'il vous plaît.　　　—チーズを少しお願いします。

Qu'est-ce que vous prenez comme boisson ?　飲みものは何になさいますか？

　—Une carafe d'eau, s'il vous plaît.　　　　—水をカラフでお願いします。

② **買い物をする**

Donnez-moi un kilo de pommes, s'il vous plaît.　リンゴを 1 キロください。

　—Voilà, et avec ça ?　　　　　　　　　—はい，どうぞ，それでほかには？

Vous avez le dernier roman de Garnier ?　ガルニエの最新作はありますか？

—Je regrette. Nous n'en avons plus.　　　　—すみません。もうありません。

Je voudrais une cravate pour mon mari.　　夫のためにネクタイが欲しいのですが。

　　—Je vous recommande celle-ci.　　　　—こちらをお勧めします。

Comment trouves-tu cette jupe ?　　　　このスカートをどう思う？

　　—Je la trouve jolie.　　　　　　—すてきだと思うわ。

EXERCICE 4

次の(1)〜(4)の**A**と**B**の対話を完成させてください。**B**の下線部に入れるのに最も適切な
ものを，それぞれ①〜③のなかから1つずつ選び，解答欄にその番号を記入してください。

(1)　**A**：Ça fait 75 euros, madame.

　　B：_____

　　A：Mais non. J'ai vérifié l'addition.

　　① Ce n'est pas possible. Je crois qu'il y a une erreur, là.

　　② Cette robe coûte 75 euros ?

　　③ Vous avez compté tous mes livres ?

(2)　**A**：Dis donc, il est joli ton pull. Il a dû te coûter cher.

　　B：_____

　　A：Comment ! C'est trop cher.

　　① Ça oui, alors. Je l'ai payé beaucoup moins cher que le tien.

　　② Ça oui, alors. Je l'ai payé 150 euros.

　　③ Ça oui, alors. Je l'ai payé avec ma carte bleue.

(3)　**A**：Est-ce que je peux payer par chèque ?

　　B：_____

　　A：Bien sûr ! Voilà mon permis de conduire.

　　① Mais oui, madame. Ça fait 130 euros.

　　② Mais oui, madame. Dans ce cas, vous allez à la caisse 5.

　　③ Mais oui, madame. Vous avez une pièce d'identité ?

(4)　**A**：Voulez-vous me passer le poivre, s'il vous plaît ?

　　B：_____

　　A：Si, mais je poivre toujours beaucoup.

　　① Voilà. Il y en a assez.

　　② Voilà. Oh ! il n'y en a plus.

　　③ Volontiers. Il n'y en a pas assez ?

(1)	(2)	(3)	(4)

5．実用情報をもとめる

次の(1)，(2)のＡとＢの対話を完成させてください。Ｂの下線部に入れるのに最も適切なものを，それぞれ①～③のなかから1つずつ選んでください。

(1)　**A**：Dis, Louise, comment fait-on pour aller à Avignon ?

　　B：_____

　　A：Merci.

　　　①　Désolée, je n'y vais pas.

　　　②　Je n'ai jamais pris l'avion.

　　　③　Prends le TGV à la gare de Lyon.

(2)　**A**：Est-ce qu'il reste des places pour *Carmen* demain ?

　　B：_____

　　A：Dites-moi, pour le mardi d'après, il y en aurait ?

　　　①　Non, c'est complet.

　　　②　Oui, il reste encore quelques places.

　　　③　Oui, vous en voulez combien ?

・解答・　(1)　**A**：ねえ，ルイーズ，アヴィニョンへ行く　①　あいにく，私はそこへは行かない。
　　　　　　　　にはどうするの？　　　　　　　　　②　私は1度も飛行機に乗ったことがない。
　　　　　　B：③　　　　　　　　　　　　　　③　リヨン駅からTGVに乗りなさい。
　　　　　　A：ありがとう。
　　　　(2)　**A**：あすの「カルメン」の席は残っていますか？　①　いいえ，満席です。
　　　　　　B：①　　　　　　　　　　　　　　　　②　はい，まだいくつかの席が残って
　　　　　　A：それじゃ，来週の火曜日の席はありますか？　　います。
　　　　　　　　　　　　　　　　　　　　　　　　③　はい，何席欲しいのですか？

覚えよう！

Comment je fais pour aller chez toi ?　　　君の家へ行くにはどうするの？

　—C'est facile.　　　　　　　　　　　　　—簡単だよ。

Il y a un hôpital près d'ici ?　　　　　　この近くに病院はありますか？

　—Oui. Allez tout droit.　　　　　　　—はい。まっすぐ行ってください。

Il faut combien de temps pour y aller ?　そこへ行くにはどれくらいかかりますか？

　—Une heure et demie.　　　　　　　—1時間半です。

Où est la station de métro la plus proche, s'il vous plaît ?　最寄りの地下鉄の駅はどこですか？

　—Là-bas, près de la pharmacie.　　　　　　　　—あそこです，薬局の近くです。

Vous avez l'heure, s'il vous plaît ?　　　何時ですか？

　—Oui, il est tout juste huit heures.　　—はい，ちょうど8時です。

À quelle heure est-ce que la séance commence ?　上映は何時に始まるのですか？

　—Elle commence à quatorze heures.　　—14時に始まります。

Vous connaissez Lyon ?	あなたはリヨンをご存じですか？
—Non, je n'y suis jamais allé.	—いいえ，１度も行ったことがないので。
Quel temps fait-il en Provence en été ?	プロヴァンス地方の夏の天気はどうですか？
—Il fait chaud et il ne pleut pas beaucoup.	—暑くて，あまり雨が降りません。
Il y a encore des métros pour Boulogne ?	ブーローニュ行きの地下鉄はまだありますか？
—Vous pouvez attraper le dernier, monsieur.	—最終電車に乗ることができます。

EXERCICE 5

次の (1)〜(4) の **A** と **B** の対話を完成させてください。**B** の下線部に入れるのに最も適切な
ものを，それぞれ ①〜③ のなかから１つずつ選び，解答欄にその番号を記入してください。

(1) **A** : C'est combien le livre que tu as ?

     B : _____

     A : Où est-ce que tu l'as acheté ?

     ① Bien, c'est marqué 10 euros. Il est soldé.

     ② Ça pèse trente kilos.

     ③ Chez le libraire du coin.

(2) **A** : Est-ce que vous savez à quelle heure le musée ferme ?

     B : _____

     A : Tant pis ! Je vais revenir demain matin, à dix heures.

     ① À dix-sept heures mais attention, c'est fermé demain.

     ② À dix-sept heures. Vous avez assez de temps pour visiter ce musée.

     ③ Dans dix minutes. On ne vend plus de billets aujourd'hui.

(3) **A** : J'ai perdu mon sac cet après-midi. Je cherche mon sac.

     B : _____

     A : Il est vieux, grand et noir.

     ① Il est comment votre sac ?

     ② Où est-ce que vous l'avez perdu ?

     ③ Qu'est-ce qu'il y a dans ce sac ?

(4) **A** : S'il vous plaît, je cherche le musée municipal.

     B : _____

     A : Il faut prendre le métro ?

     ① À pied, c'est assez loin d'ici.

     ② C'est près d'ici.

     ③ Vous voyez le feu, là-bas ? C'est un peu avant le feu.

(1)	(2)	(3)	(4)

6．依頼する，願望を言う

次の(1)，(2)のAとBの対話を完成させてください。Bの下線部に入れるのに最も適切なものを，それぞれ①〜③のなかから1つずつ選んでください。

(1)　**A**：Tu peux passer me prendre demain en voiture ?

　　B：_____

　　A：Bonne soirée et à demain !

　　① À quelle heure ?

　　② D'accord ! Pas de problème.

　　③ Demain, je passe mon permis de conduire.

(2)　**A**：Je voudrais louer un appartement meublé.

　　B：_____

　　A：Si possible, près de la faculté.

　　① Oui. Dans quel quartier ?

　　② Oui. Je vais voir.

　　③ Vous avez de la chance ! J'en ai un.

・**解答**・ (1)　**A**：あす車で迎えに寄ってくれる？　　　　① 何時に？
　　　　　　B：②　　　　　　　　　　　　　　　　② わかった。たやすいことだよ。
　　　　　　A：では，さよなら，またあした！　　③ あすは運転免許の試験を受けるんだ。
　　　 (2)　**A**：家具付きのアパルトマンを借りたいのですが。① はい。どの地区にですか？
　　　　　　B：①　　　　　　　　　　　　　　　　② はい。調べてみます。
　　　　　　A：できれば，大学の近くに。　　　　③ あなたはついてます！　1部屋
　　　　　　　　　　　　　　　　　　　　　　　　　　ありますよ。

覚えよう！

① 依頼する

Vous voulez bien fermer la fenêtre, s'il vous plaît ?　窓を閉めていただけますか？

　—Vous avez froid ?　　　　　　　　　　　　　　　　—寒いのですか？

Je vous propose de passer me voir ce week-end.　　今週末に会いに来てください。

　—D'accord.　　　　　　　　　　　　　　　　　　　—わかりました。

Tu ne pourrais pas m'aider demain soir ?　　　　　あすの晩手伝ってくれませんか？

　—Je ne peux pas. J'ai rendez-vous avec Alain.　—だめだよ。アランと約束がある。

② 願望を言う

Je voudrais que vous passiez chez moi cet après-midi.

　　　　　　　　　　　　　　　　　　　　　　　きょうの午後，家に寄ってもらいたいのですが。

　—Je n'y manquerai pas.　　　　　　　　　　　　—きっとそうします。

J'espère que nous nous reverrons à Paris.　　　　パリで再会したいですね。

　—C'est promis.　　　　　　　　　　　　　　　　—そう約束します。

Je voudrais louer une place pour l'express de neuf heures.

9時発急行の座席券を予約したいのですが。

　—Pour aujourd'hui, monsieur ?　　　　—きょうの分ですか？

Je voudrais prendre l'avion pour Paris, samedi prochain.

来週の土曜日のパリ行きの飛行機に乗りたいのですが。

　—Je vais voir s'il y a encore des places.　—まだ席があるかどうか調べてみます。

J'aimerais bien aller à la piscine, et toi ?　ぼくはプールへ行きたいんだけど，君は？

　—Il n'en est pas question.　　　　　　—そんなの論外だわ。

EXERCICE 6

次の (1) 〜 (4) の **A** と **B** の対話を完成させてください。**B** の下線部に入れるのに最も適切な
ものを，それぞれ ① 〜 ③ のなかから1つずつ選び，解答欄にその番号を記入してください。

(1) **A** : Je voudrais réserver une chambre, s'il vous plaît.

　　B : _____

　　A : Deux adultes et un enfant.

　　　① C'est à quel nom ?

　　　② Pour combien de personnes ?

　　　③ Pour quand ?

(2) **A** : Je voudrais voir monsieur Dubrot, s'il vous plaît.

　　B : _____

　　A : C'est parfait.

　　　① Mardi à 15 heures ? Ça vous va ?

　　　② Où allez-vous cet après-midi ?

　　　③ Quand voulez-vous venir ?

(3) **A** : Vous n'avez pas l'intention de venir en France ?

　　B : _____

　　A : Alors, j'espère que nous nous reverrons à Paris.

　　　① C'est promis.

　　　② Il suffit d'une fois.

　　　③ J'en ai très envie bien sûr.

(4) **A** : Vous pouvez me réparer ma voiture pour la semaine prochaine ?

　　B : _____

　　A : Alors disons dans deux semaines au plus tard.

　　　① Je préférerais avoir un peu plus de temps.

　　　② Je vous ai promis pour la semaine prochaine.

　　　③ Quand est-ce que vous aurez besoin de votre voiture ?

(1)	(2)	(3)	(4)

7．人や物を評価する

次の(1), (2)の**A**と**B**の対話を完成させてください。**B**の下線部に入れるのに最も適切なものを，それぞれ①～③のなかから1つずつ選んでください。

(1) **A**：Elle est sympa, Monique ?

　　B：_____

　　A：Oui. Je la connais très bien depuis longtemps.

　　　　① Ah vous aussi, vous la connaissez ?

　　　　② Ah vous aussi, vous la trouvez désagréable ?

　　　　③ À mon avis, elle n'est pas bonne.

(2) **A**：Cette robe rouge, elle te plaît ?

　　B：_____

　　A：Ah oui, ça ne serait pas raisonnable.

　　　　① Oui, beaucoup. Celle à côté n'est pas mal non plus.

　　　　② Oui, beaucoup. C'est dommage qu'elle soit si chère.

　　　　③ Oui, beaucoup. Mais moi, c'est la bleue que je préfère.

・**解答**・　(1)　**A**：モニックは感じがいい？　　　① あれ，あなたも彼女と知り合いなの？

　　　　　　　　B：①　　　　　　　　　　② あれ，あなたも彼女を不愉快だと思うの？

　　　　　　　　A：そうよ，ずいぶん前から懇意にして③ 私の考えでは，彼女は親切ではない。
　　　　　　　　　　　るわ。

　　　　　　(2)　**A**：この赤いワンピースは気に入った？① はい，とても。となりのも悪くないわ。

　　　　　　　　B：②　　　　　　　　　　② はい，とても。こんなに高いのは残念だけど。

　　　　　　　　A：そうね，お手ごろとは言えないわね。③ はい，とても。でも私は青のほうが好きだわ。

覚えよう！

Qu'est-ce que tu penses de ma nouvelle voiture ?　ぼくの新しい車をどう思う？

　—Je la trouve pratique.　　　　　　　　　—実用的だと思う。

Vous avez déjà lu ce roman ?　　　　　　　もうこの小説を読んだのですか？

　—Oui, mais je l'ai trouvé très ennuyeux.　　—はい，でもとても退屈だと思いました。

Tu connais ma camarade Claudine ?　　　　私のクラスメートのクロディーヌを知ってる？

　—Bien sûr. Elle a beaucoup de charme.　　—もちろん。彼女はとても魅力がある。

Comment trouves-tu mon cousin Daniel ?　　私の従兄弟のダニエルをどう思う？

　—Je le trouve très sympathique.　　　　　—とても感じがいいと思うよ。

Il est comment ce restaurant ?　　　　　　このレストランはどう？

　—Pas mal. Mais c'est plutôt cher.　　　　—悪くない。でもどちらかというと高いよ。

Je voudrais essayer cette robe rouge ?　　　この赤いワンピースを試着したいのですが。

　—Je crois qu'elle est trop voyante pour vous.　—それはあなたには派手すぎると思います。

Vous êtes content de votre nouvel appartement ?　新しいアパルトマンには満足していますか？

　—Non, il est vieux. Moi, j'aime ce qui est moderne.　　—いいえ，古いので。私は近代的なのがいい。

Tu trouves que ce chapeau va à Eric ?

　—Non, il est ridicule avec ça.

あの帽子はエリックに似合うと思う？

　—いや，彼はあれを被っていると滑稽だよ。

EXERCICE 7

次の(1)〜(4)の**A**と**B**の対話を完成させてください。**B**の下線部に入れるのに最も適切なものを，それぞれ①〜③のなかから1つずつ選び，解答欄にその番号を記入してください。

(1)　**A**：Cette chambre donne sur la rue, mais la rue n'est pas très bruyante.

　　B：_____

　　A：100 euros.

　　　① Ça me semble bien.　Elle fait combien ?

　　　② Elle me plaît, cette jupe.　C'est combien ?

　　　③ Non, pas tellement.　Elle est située à quel étage ?

(2)　**A**：Il vous plaît, ce restaurant ?

　　B：_____

　　A：Hum.　Dommage qu'il soit si petit.

　　　① À mon avis, vu le prix, c'est le meilleur du quartier.

　　　② Je l'aime beaucoup parce qu'il est très travailleur.

　　　③ Je trouve qu'il a l'air sévère.

(3)　**A**：Qu'est-ce que tu penses de mon studio ?

　　B：_____

　　A：Mais la cuisine est trop petite.

　　　① Moi, je pense que tu es heureuse.

　　　② Moi, je pense toujours à ton studio.

　　　③ Moi, je trouve qu'il est très clair.

(4)　**A**：Regarde !　Tu trouves que cette chaise est de quelle époque ?

　　B：_____

　　A：Non, moi je pense qu'elle est plus ancienne.

　　　① Je suis sûr qu'elle est du dix-huitième siècle.

　　　② Je trouve qu'elle est très ancienne.

　　　③ On va demander au guide ?

(1)	(2)	(3)	(4)

8．人の消息や間柄を話題にする

次の(1)，(2)の**A**と**B**の対話を完成させてください。**B**の下線部に入れるのに最も適切なものを，それぞれ①〜③のなかから１つずつ選んでください。

(1) **A**：Ça fait longtemps que je n'ai pas vu monsieur Lanoux.

    B：＿＿＿＿＿＿＿＿＿＿＿＿＿＿＿＿＿＿＿

    A：Il travaille maintenant dans quel service ?

      ① Il a changé de service, c'est pour ça qu'il ne vient plus ici.

      ② Il a quitté la société l'année dernière.

      ③ Il est à l'hôpital depuis deux semaines.

(2) **A**：Tu sais que Sophie va se marier avec Simon ?

    B：＿＿＿＿＿＿＿＿＿＿＿＿＿＿＿＿＿＿＿

    A：Mais oui ! Juliette me l'a annoncé.

      ① Non. Je n'arrive pas à le croire.

      ② Non. Mais tu es sûre ?

      ③ Non. Tu n'es pas étonnée par la nouvelle ?

•解答• (1) **A**：ラヌーさんには長らく会っていないけど。 ① 彼は部署がかわりました。だからも
      B：①   うここへは来ません。
      A：彼は今どこの部署で働いているのですか？ ② 彼は去年退社しました。
                                          ③ 彼は２週間まえから入院しています。
    (2) **A**：ソフィーがシモンと結婚するのを知ってる？① いいえ。信じられないわ。
      B：②   ② いいえ。でも確かなの？
      A：もちろんよ！ ジュリエットから聞いたのよ。③ いいえ。そのニュースに驚かないの？

------ 覚えよう！ ------

Qu'est-ce qu'elle est devenue, Patricia ?	彼女はどうしたの，パトリシアは？
—Elle travaille à Air France comme hôtesse.	—エールフランスで客室乗務員として働いている。
J'ai reçu une lettre de Nicolas.	ニコラから手紙が来たよ。
—Où est-il maintenant ?	—彼は今どこにいるの？
Et votre mère, elle va bien ?	で，あなたのお母さんはお元気ですか？
—Oui, très bien. Elle va avoir 70 ans.	—はい，とても。もうすぐ70歳です。
Vous avez des nouvelles de votre fille ?	娘さんからお便りはありますか？
—Oui, je reçois une lettre toutes les semaines.	—はい，毎週手紙が来ます。
Tu te souviens de ton grand-père ?	おじいさんのことは覚えてる？
—Non, il est mort quand j'avais trois ans.	—いいえ，彼はぼくが３歳のときに亡くなった。
Tu connais mon frère Richard ?	私の兄[弟]のリシャールと知り合いなの？
—Oui, c'est un camarade de classe.	—うん，彼はクラスメイトだよ。
Tu vois Jacques ces jours-ci ?	最近ジャックに会う？
—Non, il est parti au Japon il y a une semaine.	—いいえ，彼なら１週間まえに日本へ発ったよ。

Tu savais que le père d'Alain est mort ?　　アランのお父さんが亡くなったのは知ってた？

　—Non, comment l'as-tu appris ?　　　　—いいえ，君はそれをどのようにして知ったの？

EXERCICE 8

次の(1)～(4)の**A**と**B**の対話を完成させてください。**B**の下線部に入れるのに最も適切な
ものを，それぞれ①～③のなかから１つずつ選び，解答欄にその番号を記入してください。

(1)　**A**：Charlotte n'est pas encore arrivée.

　　B：＿＿＿＿＿＿＿＿＿＿＿＿＿＿＿＿

　　A：Elle est peut-être malade.

　　　① C'est curieux.　Elle devait arriver à six heures.

　　　② C'est curieux.　Elle est partie pour l'Allemagne hier.

　　　③ C'est curieux.　Je l'ai vue ce matin, elle allait très bien.

(2)　**A**：Qu'est-ce qu'il est devenu, ton voisin ?

　　B：＿＿＿＿＿＿＿＿＿＿＿＿＿＿＿＿

　　A：Où est-ce qu'il habite maintenant ?

　　　① Il a déménagé, et il a quitté Paris.

　　　② Il doit être au café du coin.

　　　③ Il voyage beaucoup pour son travail.

(3)　**A**：Tu as des nouvelles de ton ami qui est parti au Japon ?

　　B：＿＿＿＿＿＿＿＿＿＿＿＿＿＿＿＿

　　A：Les nouvelles sont bonnes ?

　　　① Non, mais je ne m'inquiète pas.

　　　② Oui, j'ai reçu sa dernière lettre il y a une semaine.

　　　③ Oui, j'ai une lettre à mettre à la poste.

(4)　**A**：Tu connais Olivier ?

　　B：＿＿＿＿＿＿＿＿＿＿＿＿＿＿＿＿

　　A：Comment est-ce que tu l'as trouvé ?

　　　① Non, je ne l'ai pas vu hier soir.

　　　② Oui, il est super sympa.

　　　③ Oui, je l'ai rencontré à l'anniversaire de Samuel.

(1)	(2)	(3)	(4)

9. 日常のことを話す

次の(1), (2)のAとBの対話を完成させてください。Bの下線部に入れるのに最も適切なものを, それぞれ①~③のなかから1つずつ選んでください。

(1) **A**：Qu'est-ce qui vous arrive ?

 B：_____

 A：Je pense que vous avez un début de grippe.

  ① J'ai eu un petit accident hier.

  ② J'ai mal à la tête et un peu de fièvre.

  ③ Je me suis cassé un bras au ski.

(2) **A**：Ton examen d'anglais, ça a bien marché ?

 B：_____

 A：Pourquoi ? Tu es toujours premier en anglais.

  ① Ça ne me fait pas peur.

  ② Je suis assez content de moi.

  ③ Je suis complètement découragé.

・解答・ (1) **A**：どうしたのですか？　　　　　① きのうちょっとした事故にあいました。
　　　　　　　　B：②　　　　　　　　　　　　　② 頭が痛いし, 少し熱もあります。
　　　　　　　　A：風邪のひき始めだと思います。　③ スキーで腕を骨折しました。
　　　　　(2) **A**：英語の試験はうまくいった？　　① そんなの平気だよ。
　　　　　　　　B：③　　　　　　　　　　　　　② 十分満足しているよ。
　　　　　　　　A：どうして？　英語はいつもトップなのに。　③ すっかり気おちしているよ。

覚えよう！

① 体調について話す

Tu ne vas pas bien ?　　　　　　　　　　体調がよくないんじゃない？

　—Je crois que j'ai attrapé froid.　　　　　—風邪をひいたみたい。

Qu'est-ce que tu as ?　　　　　　　　　　どうしたの？

　—J'ai mal aux dents.　　　　　　　　　　—歯が痛いんだよ。

Tu as mauvaise mine.　　　　　　　　　　顔色がよくないよ。

　—Je ne suis pas en forme.　　　　　　　　—体調がよくないんだ。

② 雑談する

Qu'est-ce que tu as, Anne ? Tu as l'air triste.　どうしたの, アンヌ？ 落ちこんでるようだけど。

　—J'ai raté mon examen.　　　　　　　　　—試験に失敗したのよ。

Paul t'a rendu le disque compact que tu lui avais prêté ?

　　　　　　　　　　　　　　　　　　　　ポールは君が貸したCDを返してくれた？

　—Non, il veut le garder encore une semaine.　—いや, もう1週間借りていたいそうだよ。

Pourquoi tu es en colère ?　　　　　　　　なぜ怒ってるの？

　—Parce que tu n'es pas venu au rendez-vous.　—あなたが約束をすっぽかしたからよ。

Tu as combien de cours le lundi ?	月曜日は，授業は何時間あるの？
—J'en ai quatre.	—4時間です。
Il commence à pleuvoir.	雨が降り始めた。
—Mais la météo a prévu du beau temps.	—でも，天気予報では晴れると言っていたのに。

EXERCICE 9

次の(1)～(4)の**A**と**B**の対話を完成させてください。**B**の下線部に入れるのに最も適切なものを，それぞれ①～③のなかから1つずつ選び，解答欄にその番号を記入してください。

(1) **A**：C'est ma première visite en France.

B：_____

A：Non. Je viens du Japon.

① Vous êtes chinois ?

② Vous venez du Japon ?

③ Vous y resterez jusqu'à quand ?

(2) **A**：J'ai beaucoup de devoirs pour demain. Et toi ?

B：_____

A：J'aimerais bien être à ta place.

① Moi aussi, j'ai des devoirs à faire à la maison.

② Non, je n'ai pas encore fini mes devoirs.

③ Pas beaucoup, je n'ai qu'un devoir d'anglais.

(3) **A**：Tu as les horaires des trains pour Lyon ?

B：_____

A：Alors, dépêche-toi, sinon tu vas rater ton train.

① Non, le dernier train est déjà parti.

② Oui, j'aime voyager en train.

③ Oui, je vais prendre celui de huit heures.

(4) **A**：Tu as mal ?

B：_____

A：Tu as peut-être pris froid.

① Oui, beaucoup, au pied.

② Oui, un peu, à la gorge.

③ Oui, un peu, aux dents.

(1)	(2)	(3)	(4)

10. 電話で話す

次の(1),(2)の**A**と**B**の対話を完成させてください。**B**の下線部に入れるのに最も適切なものを,それぞれ①～③のなかから1つずつ選んでください。

(1) **A**：Bonjour, est-ce que je pourrais parler à Jean, s'il vous plaît ?

  B：＿＿＿＿＿＿＿＿＿＿＿＿＿＿＿＿＿＿

  A：Non merci, je le rappellerai plus tard.

   ① Désolée, il est sorti. C'est de la part de qui ?

   ② Désolée, il n'est pas là. Je peux prendre un message ?

   ③ Pardon, qui demandez-vous ?

(2) **A**：Allô, je suis bien chez madame Blanc ?

  B：＿＿＿＿＿＿＿＿＿＿＿＿＿＿＿＿＿＿

  A：Excusez-moi, je me suis trompé de numéro.

   ① Attendez, je vais voir si elle est là.

   ② Je suis désolé, elle est en ligne.

   ③ Non, vous avez fait erreur. Je ne suis pas madame Blanc.

•解答• (1) **A**：こんにちは,ジャンと話せますか？
   B：②
   A：いや,けっこうです,またあとで電話します。

   ① あいにく,彼は出かけました。どなたですか？
   ② あいにく,彼はいません。伝言をお受けしましょうか？
   ③ すみませんが,だれに用事があるのですか？

  (2) **A**：もしもし,ブラン夫人のお宅ですか？
   B：③
   A：ごめんなさい,番号をまちがえました。

   ① お待ちください,彼女がいるかどうか見に行きます。
   ② あいにく,彼女は電話で話し中です。
   ③ いいえ,おまちがえですよ。私はブラン夫人ではありません。

覚えよう！

Je voudrais parler à monsieur Fort, s'il vous plaît.	フォールさんと話したいのですが。
—Ne quittez pas, je vous le passe.	—そのままお待ちください,彼とかわります。
C'est de la part de qui ?	どなたですか？
—C'est de la part de Jean Dupuis.	—こちらはジャン・デュピュイといいます。
Il est en ligne, vous patientez ?	彼は電話中です,お待ちになりますか？
—Est-ce que je peux lui laisser un message ?	—彼に伝言を残してもいいですか？
Allô, est-ce que Nicolas est là ?	もしもし,ニコラはいますか？
—Oui, ne quittez pas, je vais l'appeler.	—はい,お待ちください,彼を呼びにいきますから。
Voulez-vous laisser un message ?	メッセージを残しますか？
—Non, je le rappellerai plus tard.	—いいえ,あとでまた彼に電話します。

Il a vos coordonnées ?	彼はあなたの連絡先を知っていますか？
—Oui, il a mon numéro de portable.	—はい，携帯電話の番号をご存じです。
Vous avez fait un faux numéro.	番号をおまちがえですよ。
—Excusez-moi de vous avoir dérangé.	—おじゃましてすみません。
Vous avez fait erreur.	番号をおまちがえですよ。
—Excusez-moi, je me suis trompé de numéro.	—すみません，番号をまちがえました。

EXERCICE 10

次の⑴～⑷の **A** と **B** の対話を完成させてください。**B** の下線部に入れるのに最も適切なものを，それぞれ①～③のなかから1つずつ選び，解答欄にその番号を記入してください。

⑴ **A**：Allô, Alice ? C'est Georges. Est-ce que Julien est là ?

   B：＿＿＿＿＿＿＿＿＿＿＿＿＿＿＿＿

   A：Tu peux lui dire de me rappeler quand il reviendra ?

   ① Attends, il arrive.

   ② Ne quitte pas, je te le passe.

   ③ Non, il est parti pour le week-end.

⑵ **A**：Allô, bonjour, Restaurant Chez Paul, j'écoute.

   B：＿＿＿＿＿＿＿＿＿＿＿＿＿＿＿＿

   A：Oui, monsieur. Pour combien de personnes ?

   ① Je voudrais réserver une table pour quatre personnes.

   ② Je voudrais réserver une table pour samedi midi.

   ③ Je voudrais un billet pour Rouen.

⑶ **A**：Allô ! Ici André Martin. Pourrais-je parler à Jeanne, s'il vous plaît ?

   B：＿＿＿＿＿＿＿＿＿＿＿＿＿＿＿＿

   A：Je suis désolé de t'appeler si tard.

   ① C'est de la part de qui ?

   ② C'est elle-même.

   ③ Vous vous êtes trompé. Il n'y a pas de Jeanne ici.

⑷ **A**：Bonjour, je voudrais parler à monsieur Robert, s'il vous plaît.

   B：＿＿＿＿＿＿＿＿＿＿＿＿＿＿＿＿

   A：Tant pis ! Pouvez-vous lui laisser un message ?

   ① Je suis désolée, mais il est absent du bureau, aujourd'hui.

   ② Ne quittez pas. Je vous le passe.

   ③ Un moment, il arrive.

(1)	(2)	(3)	(4)

まとめの問題

次の各設問において，(1)～(4)の**A**と**B**の対話を完成させてください。**B**の下線部に入れるのに最も適切なものを，それぞれ①～③のなかから１つずつ選び，解答欄にその番号を記入してください。(配点　8)

1 (1) **A**：Comment trouves-tu l'Allemagne, Julie ?

　　　B：_____

　　　A：D'accord, mais tu trouves la cuisine allemande délicieuse ?

　　　① J'aime beaucoup l'Allemagne !

　　　② L'Allemagne, ça te plaît ?

　　　③ Moi, je n'aime pas beaucoup la cuisine allemande.

(2) **A**：Jacques, tu peux aller faire des courses ?

　　　B：_____

　　　A：Alors, il n'y a rien à manger ce soir.

　　　① J'arrive tout de suite.

　　　② Je n'ai rien à dire.

　　　③ Je ne peux pas. J'ai beaucoup de travail aujourd'hui.

(3) **A**：J'ai soif.

　　　B：_____

　　　A：Ah oui, c'est une bonne idée.

　　　① À midi, j'ai déjeuné au restaurant.

　　　② Moi, j'ai faim.

　　　③ Si on allait boire une bière ?

(4) **A**：Je vais à Dijon.

　　　B：_____

　　　A：Environ deux heures.

　　　① Comment fais-tu pour arriver à l'heure ?

　　　② Il faut combien de temps pour y aller ?

　　　③ Prenez l'avion, ça ira plus vite.

(1)	(2)	(3)	(4)

2 (1) **A** : Je voudrais acheter une jupe.

      B : _____

      A : Oui. Je la prends.

       ①   Cette boutique, je vous la recommande.

       ②   Je connais un bon restaurant dans le quartier.

       ③   Je vous recommande celle-ci. C'est à la mode.

(2) **A** : N'oublie pas que nous allons voir mes parents demain.

      B : _____

      A : Dommage ! Ils seront déçus.

       ①   D'accord. Je rentre tôt demain.

       ②   Désolé. Demain, je ne peux pas.

       ③   Je vous assure que je n'oublierai pas.

(3) **A** : Qu'est-ce que tu fais en ce moment ?

      B : _____

      A : Tu sors avec moi ce soir ?

       ①   Je dois prendre l'avion de 17 heures 28 pour aller à New York.

       ②   Je m'habille, j'ai rendez-vous avec Jean à 18 heures.

       ③   Je range ma chambre, mais je vais bientôt finir.

(4) **A** : Tu as déjà acheté le dernier livre de Duras ?

      B : _____

      A : Ce n'est pas possible, il vient de sortir.

       ①   Mais oui ! Je l'ai acheté il y a deux mois.

       ②   Non, je préfère les romans de Balzac.

       ③   Oui, il sort tous les soirs.

(1)	(2)	(3)	(4)

3 (1) **A** : Bonjour, Louise. Pourquoi tu n'es pas venue au rendez-vous hier ?

B : _____

A : À quelle heure tu y es arrivée ?

① Excuse-moi, je suis allée dîner chez une amie hier.

② Mais je suis allée à ce café.

③ Mais tu m'avais donné rendez-vous ?

(2) **A** : Je vais rejoindre ma mère à Marseille demain.

B : _____

A : D'accord. Ma mère va être contente de te voir.

① Si on emmenait Claire au zoo ?

② Si on partait tous les deux ?

③ Si tu partais seul voir ta mère !

(3) **A** : Tu n'as pas l'air contente, ça ne va pas ?

B : _____

A : Peut-être que tu as attrapé un rhume.

① Non, j'ai trop mal à la tête, et j'ai même des frissons.

② Non, j'ai une dent qui me fait très mal depuis ce matin.

③ Si, je suis content que tu viennes.

(4) **A** : Zut ! Il pleut, je vais être trempé.

B : _____

A : Non, on avait annoncé du beau temps pour aujourd'hui.

① Alors, tu pars sous la pluie ?

② La pluie va s'arrêter ?

③ Tu n'as pas de parapluie ?

(1)	(2)	(3)	(4)

4 (1) **A** : Attendez un peu pour sortir, il pleut encore.

  B : _____

  A : Mais il n'y a pas de station de taxis près d'ici.

   ① Ça ne fait rien, j'ai pris mon parapluie.

   ② Ça ne fait rien, je prends un taxi.

   ③ La station de taxis est à deux minutes d'ici.

(2) **A** : Ça alors ! J'ai deux cours de droit aujourd'hui !

  B : _____

  A : C'est le professeur que je n'aime pas. Il est prétentieux.

   ① Tu as un autre cours à deux heures !

   ② Tu es très bon en français !

   ③ Tu n'as pas l'air d'aimer ça !

(3) **A** : J'ai de très bons poulets aujourd'hui.

  B : _____

  A : Sept euros le kilo.

   ① C'est combien ?

   ② C'est pour deux personnes.

   ③ Faites voir le rôti.

(4) **A** : J'ai un très beau deux pièces dans la rue Abel.

  B : _____

  A : 600 euros par mois.

   ① Je vous dois combien ?

   ② L'addition, s'il vous plaît.

   ③ Le loyer, c'est combien ?

(1)	(2)	(3)	(4)

5 (1) **A** : J'ai deux places pour aller à l'Opéra Garnier. Tu veux venir avec moi ?

   B : _____

   A : Rendez-vous au théâtre, alors ?

   ① Laissez-moi réfléchir un peu...euh...

   ② Oh oui, avec plaisir !

   ③ Rien de bien précis.

(2) **A** : Je m'appelle Philippe. Qu'est-ce que tu fais à Angers ?

   B : _____

   A : Moi, j'étudie la psychologie.

   ① J'attends mon amie Sophie.

   ② Je suis étudiante en lettres. Et toi ?

   ③ Je vais faire du tennis cet après-midi.

(3) **A** : Qu'est-ce que tu fais là ?

   B : _____

   A : Ah, elle est toujours en retard.

   ① Ça fait une demi-heure que je t'attends.

   ② J'attends Martine.

   ③ Je cherche un arrêt d'autobus.

(4) **A** : Tu ne sais pas que nous avons une réunion à trois heures ?

   B : _____

   A : Je te verrai après.

   ① Cette réunion a eu lieu hier.

   ② Désolé, impossible d'assister à cette réunion.

   ③ Non, c'est vrai ! J'oubliais.

(1)	(2)	(3)	(4)

6 (1) **A** : Comment ? Tu ne vas pas travailler aujourd'hui ?

       B : _____

       A : Alors, si on allait se promener en voiture à la campagne ?

        ①   Non, mais je dois ranger ma chambre aujourd'hui.

        ②   Non, je suis en vacances pour une semaine.

        ③   Si, je vais au travail à une heure.

  (2) **A** : En février, tous les hôtels sont complets.

       B : _____

       A : Moi, je vous conseillerais fin janvier.

        ①   Il faudrait d'abord qu'on voie les prix ?

        ②   Il faudrait qu'on parte plus tôt ?

        ③   Il faudrait qu'on réserve une chambre dans un hôtel ?

  (3) **A** : Regarde ces nuages, je crois qu'il va pleuvoir.

       B : _____

       A : Tant pis ! Dans la montagne, ça change vite.

        ①   Alors, que dit la météo ?

        ②   Ça ne fait rien, j'ai un imperméable.

        ③   Il faisait beau ce matin.

  (4) **A** : Vous n'avez pas moins cher ?

       B : _____

       A : Laissez-moi deux ou trois jours pour réfléchir.

        ①   C'est 900 euros par mois.

        ②   Eh bien, nous allons voir autre chose.

        ③   Pour un beau quatre pièces, c'est le prix.

(1)	(2)	(3)	(4)

7
条件にあった語を選択する問題

6つの問題文で示された条件をみたす単語を，8つの選択肢のなかから選ぶ問題です。形容詞，名詞および動詞句をふくめた語彙力，あるいは定型表現に関する知識をためす問題といえます。また，文意を正確に読みとる必要のある条件も提示されますから，そういう問題では読解力もためされることになります。

7 　次の (1) ～ (6) の (　　) 内に入れるのにもっとも適切なものを、下の ① ～ ⑧ のなかから1つずつ選び、解答欄のその番号にマークしてください。ただし、同じものを複数回用いることはできません。（配点 6）

(1) Beaucoup d'enfants étaient absents à cause de la (　　).

(2) Elle a ouvert un (　　) dans une banque.

(3) Il a cassé un (　　) quand il faisait le ménage.

(4) J'ai froid. J'ai besoin d'une autre (　　).

(5) Je n'aime pas leur (　　) de parler.

(6) Mon père a un grand (　　) de dix étages.

① compte 　② couverture 　③ façon 　④ grippe

⑤ immeuble 　⑥ pharmacie 　⑦ pied 　⑧ verre

1．時，方位，行事を表わすことば

---- 例題 --

次の(1)～(5)に最もよく対応するものを，下の①～⑧のなかから1つずつ選んでください。

(1) Il vient après l'été et avant l'hiver.

(2) Il a 29 jours une année sur quatre.

(3) C'est le dernier jour de la semaine où l'on se repose souvent.

(4) C'est le jour où l'on est.

(5) Il est opposé à l'ouest, là où le soleil se lève.

① aujourd'hui	② automne	③ dimanche	④ est
⑤ été	⑥ février	⑦ mardi	⑧ printemps

・解答・　(1) ② 秋　　「それは夏のあと，冬のまえにやってくる」
　　　　　(2) ⑥ 2月　　「それは4年に1回，29日間である」
　　　　　(3) ③ 日曜日　「それは週の最終日で，人々はたいてい休息をとる」
　　　　　(4) ① 今日　　「それは人々が今現在いる日である」
　　　　　(5) ④ 東　　「それは西の反対にあり，そこから太陽は昇る」
　　　　　　　その他の選択肢　⑤ 夏　　⑦ 火曜日　　⑧ 春

覚えよう！

① **季節**　la saison

(au) printemps 春(に)	(en) été 夏(に)	(en) automne 秋(に)	(en) hiver 冬(に)

② **月**　le mois

janvier	1月	février	2月	mars	3月	avril	4月
mai	5月	juin	6月	juillet	7月	août	8月
septembre	9月	octobre	10月	novembre	11月	décembre	12月

③ **週**　la semaine

lundi	月曜日	mardi	火曜日	mercredi	水曜日	jeudi	木曜日
vendredi	金曜日	samedi	土曜日	dimanche	日曜日		

　　　注 季節，月，曜日および方位を表わす名詞はすべて男性名詞です。

④ **日**　la journée

hier	きのう	aujourd'hui	きょう	demain	あす	
le matin	朝	l'après-midi	男 午後	le soir	夕方	la nuit 夜

⑤ **方位**　la direction

(à l') est 東(に)	(à l') ouest 西(に)	(au) sud 南(に)	(au) nord 北(に)

⑥ **行事**

le jour de l'an	元旦	Noël クリスマス	le jour de fête [le jour férié] 祝祭日
les grandes vacances	女・複 夏休み	la rentrée 新学期	l'anniversaire 男 誕生日

EXERCICE 1

1. 次の(1)〜(6)に最もよく対応するものを，下の①〜⑧のなかから1つずつ選んでください。ただし，同じものを複数回用いることはできません。

(1) Au Japon, c'est la saison la plus chaude de l'année.

(2) C'est la partie de la journée où l'on dort souvent.

(3) C'est le jour où l'on célèbre la naissance d'une personne.

(4) C'est le point cardinal opposé au nord.

(5) C'est le premier jour de la semaine.

(6) C'est le sixième mois de l'année, entre mai et juillet.

① anniversaire ② avril ③ été ④ hiver
⑤ juin ⑥ lundi ⑦ nuit ⑧ sud

(1)	(2)	(3)	(4)	(5)	(6)

2. 次の(1)〜(6)の（　　）内に入れるのに最も適切なものを，下の①〜⑧のなかから1つずつ選んでください。ただし，同じものを複数回用いることはできません。

(1) Après l'hiver, vient le (　　　　　　　).

(2) En France, les enfants ne vont pas à l'école le (　　　　　　　).

(3) En (　　　　　　　), les feuilles commencent à tomber.

(4) Noël est le 25 (　　　　　　　).

(5) L'année commence le premier (　　　　　　　).

(6) Le soleil se couche à l'(　　　　　　　).

① automne ② décembre ③ hiver ④ janvier
⑤ mercredi ⑥ ouest ⑦ printemps ⑧ vendredi

(1)	(2)	(3)	(4)	(5)	(6)

２．人を表わすことば

------- 例題 -------

次の (1)〜(5) に最もよく対応するものを，下の ①〜⑧ のなかから１つずつ選んでください。

(1) C'est le père de mon père ou de ma mère.

(2) C'est le fils de mon oncle ou de ma tante.

(3) C'est un organe qui fait circuler le sang à travers le corps.

(4) Il enseigne l'histoire de France aux étudiants.

(5) Il prépare de bons plats dans un restaurant.

①	acteur	②	cœur	③	cousin	④	cuisinier
⑤	frère	⑥	grand-mère	⑦	grand-père	⑧	professeur

・解答・ (1) ⑦ 祖父 「それは私の父もしくは母の父親である」
        (2) ③ 従兄弟 「それは私のおじもしくはおばの息子である」
        (3) ② 心臓 「それは体中に血液を循環させる器官である」
        (4) ⑧ 教師 「彼は学生たちにフランス史を教えている」
        (5) ④ コック 「彼はレストランでおいしい料理を用意する」
           その他の選択肢 ① 男優　⑤ 兄弟　⑥ 祖母

覚えよう！

① **家族** la famille

père	父	mère	母	parents	男・複 両親
grand-père	祖父	grand-mère	祖母	grands-parents	男・複 祖父母
mari	夫	femme	妻	enfant	子ども
fils	息子	fille	娘	frère 兄弟　　sœur 姉妹	

② **親戚や周囲の人々**

oncle	おじ	tante	おば	cousin 従兄弟	cousine 従姉妹
ami,e	友人	garçon	男の子	fille 女の子	voisin,e 隣人
étranger,ère	外国人	touriste	観光客	élève 生徒	étudiant,e 学生

③ **職業**

acteur,trice	俳優	architecte	建築家	avocat,e	弁護士
boulanger,ère	パン屋	professeur	男 教師	chanteur,euse	歌手
chauffeur	男 運転手	cuisinier,ère	コック	médecin	男 医者
employé,e	従業員	écrivain	男 作家	peintre	男 画家
dentiste	歯医者	fermier,ère	農夫[婦]	fonctionnaire	公務員
guide	ガイド	instituteur,trice	小学校の先生	journaliste	ジャーナリスト
musicien,enne	音楽家	ouvrier,ère	労働者	pêcheur,euse	漁師，釣り人
photographe	カメラマン	secrétaire	秘書		

144

④ **身体**

la tête	頭	les cheveux	男・複 髪	le visage	顔	l'œil(les yeux)	男 眼
la bouche	口	la dent	歯	la gorge	喉	le nez	鼻
la main	手	le doigt	指	le bras	腕	le ventre	腹
la jambe	脚	le pied	足	l'épaule	女 肩	le dos	背中
la peau	皮膚	le sang	血	le cœur	心臓	l'estomac	男 胃

EXERCICE 2

1. 次の(1)〜(6)に最もよく対応するものを，下の①〜⑧のなかから1つずつ選んでください。ただし，同じものを複数回用いることはできません。

(1) Il conduit un taxi.

(2) Il dessine des plans de maison.

(3) Il écrit des livres.

(4) Il joue au théâtre, au cinéma.

(5) Il poursuit ses études à l'université.

(6) Il soigne les malades.

① acteur	② architecte	③ avocat	④ chauffeur
⑤ écrivain	⑥ étudiant	⑦ médecin	⑧ photographe

(1)	(2)	(3)	(4)	(5)	(6)

2. 次の(1)〜(6)の（　　）内に入れるのに最も適切なものを，下の①〜⑧のなかから1つずつ選んでください。ただし，同じものを複数回用いることはできません。

(1) Elle se met de la crème pour se protéger la (　　　　　).

(2) Elle se met des lunettes de soleil pour se protéger les (　　　　　).

(3) Il n'y avait plus de pain chez le (　　　　　).

(4) Le frère de mon père ou de ma mère, c'est mon (　　　　　).

(5) L'homme a cinq doigts à chaque (　　　　　).

(6) Monsieur Dubois est (　　　　) de banque.

① boulanger	② cheveux	③ employé	④ fermier
⑤ main	⑥ oncle	⑦ peau	⑧ yeux

(1)	(2)	(3)	(4)	(5)	(6)

3．身につけるものを表わすことば

---- 例題 ----

次の(1)～(5)の（　　）内に入れるのに最も適切なものを，下の①～⑧のなかから1つず
つ選んでください。

(1) On met un (　　　　　　) pour marcher sous la pluie.

(2) On met un (　　　　　　) pour s'abriter du soleil.

(3) On se sert d'un (　　　　　) pour écrire.

(4) On se sert d'une (　　　　　) pour effacer.

(5) Ma mère est très en (　　　　　) quand j'ai de mauvaises notes en français.

　　① bruit　　　　　② chapeau　　　③ colère　　　④ gomme

　　⑤ imperméable　　⑥ robe　　　　⑦ stylo　　　　⑧ valise

•解答• 　(1)　⑤　レインコート　「人は雨のなかを歩くためにレインコートを着る」

　　　　(2)　②　帽子　　　　「人は太陽をよけるために帽子をかぶる」

　　　　(3)　⑦　万年筆　　　「人は書くために万年筆を使う」

　　　　(4)　④　消しゴム　　「人は消すために消しゴムを使う」

　　　　(5)　③　怒り　　　　「フランス語で悪い点をとると，母はとても怒る」

　　　　　　その他の選択肢　①　物音　　⑥　ワンピース　　⑧　スーツケース

　　覚えよう！

① **衣類**　les vêtements

le chapeau	帽子	le foulard	スカーフ	les gants　男・複 手袋
la robe	ワンピース	la jupe	スカート	le pull(-over)　セーター
le costume	スーツ	la veste	ジャケット	la chemise　ワイシャツ
la cravate	ネクタイ	le T-shirt	Tシャツ	le pyjama　パジャマ
le pantalon	ズボン	le jean	ジーンズ	la ceinture　ベルト
le manteau	コート	l'imperméable 男 レインコート		le bouton　ボタン

les chaussettes　女・複 ソックス　　　les chaussures　女・複 靴

② **持ちもの**

le sac (à main)　ハンドバッグ　　le sac à dos　リュックサック　la valise　スーツケース

le portefeuille　財布　　　　　la montre　腕時計　　　le parapluie　傘

le (téléphone) portable 携帯電話　les lunettes　めがね　　le mouchoir　ハンカチ

le stylo　　　　　万年筆　　　le crayon　鉛筆　　　la gomme　消しゴム

la clef, la clé　　鍵　　　　　le guide　ガイドブック　le plan　地図

l'agenda　　　　男 手帳　　　le passeport　パスポート　le cadeau　プレゼント

la carte d'identité　身分証明書　　la carte de crédit　クレジットカード

◆ **抽象名詞**

l'amour	男 愛情	l'amitié	女 友情	le plaisir	喜び	la tristesse	悲しみ
la paix	平和	la guerre	戦争	la vie	生	la mort	死
la colère	怒り	la patience	忍耐	le silence	沈黙	le bruit	物音
le courage	勇気	l'appétit	男 食欲	le projet	計画	l'aide	女 援助

EXERCICE 3

1．次の(1)〜(6)に最もよく対応するものを，下の①〜⑧のなかから1つずつ選んでください。ただし，同じものを複数回用いることはできません。

(1) C'est l'absence de bruit, de sons, de paroles.

(2) C'est l'envie de manger.

(3) C'est un objet que l'on met pour maintenir un pantalon en place.

(4) C'est un objet que l'on porte pour mieux voir.

(5) C'est un objet que l'on porte pour savoir l'heure.

(6) C'est un objet dont on se sert pour noter tout ce qu'on a à faire.

① agenda	② appétit	③ ceinture	④ courage
⑤ gants	⑥ lunettes	⑦ montre	⑧ silence

(1)	(2)	(3)	(4)	(5)	(6)

2．次の(1)〜(6)の（　　）内に入れるのに最も適切なものを，下の①〜⑧のなかから1つずつ選んでください。ただし，同じものを複数回用いることはできません。

(1) Elle porte une (　　　　　　) du soir pour aller la soirée.

(2) Il fait très froid, mets un gros (　　　　　　).

(3) Il faut avoir beaucoup de (　　　　　　) pour apprendre les langues étrangères.

(4) Je compte mettre tous mes vêtements dans cette (　　　　　　).

(5) Ne fais pas de (　　　　　　), ta sœur dort.

(6) N'oublie pas de fermer ta porte à (　　　　　　) quand tu pars.

① bruit	② clef	③ jean	④ manteau
⑤ mouchoir	⑥ patience	⑦ robe	⑧ valise

(1)	(2)	(3)	(4)	(5)	(6)

4．住まいを表わすことば

次の(1)～(5)に最もよく対応するものを，下の①～⑧から１つずつ選んでください。

(1) On s'y assoit.

(2) On y cultive des fleurs.

(3) On y met les vêtements.

(4) On y prend un repas.

(5) On y prépare les repas.

① armoire   ② chaise   ③ cuisine   ④ jardin

⑤ lit   ⑥ salle à manger   ⑦ salle de bains   ⑧ toit

・解答・
(1) ② 椅子 「人はそこに座る」
(2) ④ 庭 「人はそこで花を栽培する」
(3) ① 衣装ダンス 「人はそこに衣類をしまう」
(4) ⑥ 食堂 「人はそこで食事をする」
(5) ③ 台所 「人はそこで食事の用意をする」
その他の選択肢 ⑤ ベッド ⑦ 浴室 ⑧ 屋根

覚えよう！

① 住居

la maison	家	l'appartement	男 アパルトマン	la maison de campagne		別荘
la chambre	寝室	le salon	応接間	la salle à manger		食堂
la cuisine	台所	le séjour	居間	la salle de bains		浴室
l'entrée	女 玄関	la porte	出入り口，ドア	la fenêtre		窓
le jardin	庭	la cour	中庭	le balcon		バルコニー
la cave	地下倉庫	le toit	屋根	le mur		壁
le couloir	廊下	l'étage	男 階	l'escalier		男 階段

② 生活用品

le meuble	家具	le lit	ベッド	l'armoire	女	衣装ダンス
le placard	戸棚	la table	テーブル	le bureau		デスク
le tiroir	引きだし	la chaise	椅子	le fauteuil		肘掛け椅子
le canapé	ソファー	la douche	シャワー	le savon		石けん
le vase	花瓶	la lumière	照明	le téléphone		電話
la chaîne stéréo	ステレオ	la télévision	テレビ	la radio		ラジオ
le chauffage	暖房装置	le réfrigérateur	冷蔵庫	l'aspirateur	男	掃除機
la machine à laver	洗濯機	l'ordinateur	男 パソコン	le livre		本
le dictionnaire	辞書	le titre	タイトル	l'enveloppe	女	封筒
le papier à lettres	便せん	la carte postale	(絵) 葉書	le timbre		切手
l'argent	男 お金	le médicament	薬			

EXERCICE 4

1．次の(1)〜(6)に最もよく対応するものを，下の①〜⑧のなかから1つずつ選んでください。ただし，同じものを複数回用いることはできません。

(1) On en a besoin pour chercher le sens des mots.

(2) On en a besoin pour conserver les aliments au froid.

(3) On en a besoin pour couvrir la maison et la protéger.

(4) On en a besoin pour monter et descendre dans une maison.

(5) On en a besoin pour recevoir des visiteurs.

(6) On en a besoin pour se laver.

① dictionnaire   ② douche   ③ escalier   ④ médicament
⑤ réfrigérateur   ⑥ salon   ⑦ table   ⑧ toit

(1)	(2)	(3)	(4)	(5)	(6)

2．次の(1)〜(6)の（　　）内に入れるのに最も適切なものを，下の①〜⑧のなかから1つずつ選んでください。ただし，同じものを複数回用いることはできません。

(1) Elle a passé l'(　　　　　) dans le salon.

(2) Il a réservé une (　　　　　) à l'hôtel.

(3) J'ai mis une clé USB dans mon (　　　　　).

(4) Nous avons acheté un (　　　　　) de deux pièces.

(5) Qu'est-ce qu'il fait froid ici, ferme la (　　　　　).

(6) Vous avez collé un (　　　　　) sur l'enveloppe ?

① appartement   ② argent   ③ aspirateur   ④ chambre
⑤ chauffage   ⑥ fenêtre   ⑦ ordinateur   ⑧ timbre

(1)	(2)	(3)	(4)	(5)	(6)

5．食事を表わすことば

------ 例題 ------

次の(1)〜(5)に最もよく対応するものを，下の①〜⑧から1つずつ選んでください。

(1)　On en a besoin pour boire du café.

(2)　On en a besoin pour faire des frites.

(3)　On en a besoin pour manger de la viande.

(4)　On en a besoin pour faire des sandwichs.

(5)　On en a besoin pour manger de la soupe.

①　couteau	②　cuillère	③　déjeuner	④　pain
⑤　pomme de terre	⑥　riz	⑦　tasse	⑧　vin

・解答・　(1)　⑦　カップ　　　　「それはコーヒーを飲むために必要である」
　　　　　(2)　⑤　ジャガイモ　「それはフライドポテトを作るために必要である」
　　　　　(3)　①　ナイフ　　　　「それは肉を食べるために必要である」
　　　　　(4)　④　パン　　　　　「それはサンドイッチを作るために必要である」
　　　　　(5)　②　スプーン　　　「それはスープを飲むために必要である」
　　　　　　　その他の選択肢　③　昼食　　⑥　ライス　　⑧　ワイン

覚えよう！

① **食事**　le repas

le petit déjeuner	朝食	le déjeuner	昼食	le dîner	夕食
le dessert	デザート	le plat du jour	本日のおすすめ料理		
le service compris [non-compris]	サービス料込みで［別で］				

② **食品や食材など**

le sandwich	サンドイッチ	la salade	サラダ	les frites	囡 フライドポテト
la soupe	スープ	le gâteau	ケーキ	la glace	アイスクリーム
le pain	パン	le riz	ライス	les pâtes	囡 パスタ
le croissant	クロワッサン	l'œuf	男 卵		
les légumes	男 野菜	la tomate	トマト	la pomme de terre	ジャガイモ
le fruit	果物	l'orange	囡 オレンジ	la pomme	リンゴ
la poire	ナシ	la fraise	イチゴ	le raisin	ブドウ
la viande	肉	le poisson	魚	le jambon	ハム
le café	コーヒー	le thé	紅茶	le jus de fruit	フルーツジュース
le lait	牛乳	l'eau	囡 水	le yaourt	ヨーグルト
le vin	ワイン	la bière	ビール		
le fromage	チーズ	la confiture	ジャム	le beurre	バター
le sucre	砂糖	le sel	塩	le poivre	胡椒
l'huile	囡 油				
la tasse	カップ	le verre	グラス	l'assiette	囡 皿
le couteau	ナイフ	la cuillère	スプーン	la fourchette	フォーク

◆ 色　la couleur

blanc,*che*	白い	rouge	赤い	noir,*e*	黒い	bleu,*e*	青い
vert,*e*	緑の	jaune	黄色の	gris,*e*	グレーの	blond,*e*	ブロンドの
brun,*e*	褐色の	rosé,*e*	バラ色の				

EXERCICE 5

1．次の⑴～⑹に最もよく対応するものを，下の①～⑧のなかから１つずつ選んでください。ただし，同じものを複数回用いることはできません。

⑴　C'est le premier repas de la journée.

⑵　Ce sont des morceaux de pomme de terre cuites dans l'huile.

⑶　C'est une boisson qui peut être rouge, blanc ou rosé.

⑷　C'est un fruit rond et jaune.

⑸　C'est un légume rouge que l'on peut manger cru.

⑹　C'est un plat que l'on mange à la fin du repas.

　　① déjeuner　　② dessert　　③ frites　　④ orange

　　⑤ petit déjeuner　　⑥ poisson　　⑦ tomate　　⑧ vin

⑴	⑵	⑶	⑷	⑸	⑹

2．次の⑴～⑹の（　　）内に入れるのに最も適切なものを，下の①～⑧のなかから１つずつ選んでください。ただし，同じものを複数回用いることはできません。

⑴　Cette（　　　　　　　　）est si dure que l'on ne peut même pas la couper.

⑵　François a tellement de travail qu'il a déjeuné d'un（　　　　　　）.

⑶　J'ai oublié de mettre du（　　　　　　）dans la soupe.

⑷　Je vous offre une（　　　　　　）de café ?

⑸　Nous avons bu une bouteille de（　　　　　　）.

⑹　Vous avez mis du（　　　　　　）dans votre thé ?

　　① beurre　　② bière　　③ glace　　④ sandwich

　　⑤ sel　　⑥ sucre　　⑦ tasse　　⑧ viande

⑴	⑵	⑶	⑷	⑸	⑹

６．街にあるものを表わすことば

-------- 例題 --------

次の(1)〜(5)に最もよく対応するものを，下の①〜⑧から１つずつ選んでください。

(1) On s'y promène.

(2) On y achète des livres, des magazines.

(3) On y envoie un paquet.

(4) On y achète des médicaments.

(5) On y achète des tartes, des gâteaux.

①	bibliothèque	②	forêt	③	librairie	④	neige
⑤	pâtisserie	⑥	pharmacie	⑦	poste	⑧	restaurant

・解答・　(1)　②　森　　　　「人はそこを散歩する」

　　　　　(2)　③　書店　　　「人はそこで本や雑誌を買う」

　　　　　(3)　⑦　郵便局　　「人はそこで小包を送る」

　　　　　(4)　⑥　薬局　　　「人はそこで薬を買う」

　　　　　(5)　⑤　ケーキ屋　「人はそこでタルトやケーキを買う」

　　　　　　　　その他の選択肢　①　図書館　　④　雪　　⑧　レストラン

覚えよう！

① 街

la ville	都市	le centre-ville	中心街	le quartier	地区
la banlieue	郊外	le village	村	le pont	橋
le parc	公園	la place	広場	le commissariat de police	警察署
la capitale	首都	le province	地方		

② 公共の建物や店など

le bâtiment	建物	la banque	銀行	la bibliothèque	図書館
l'école	囡 学校	l'église	囡 教会	l'hôpital	男 病院
l'hôtel	男 ホテル	la mairie	市役所	la poste	郵便局
l'université	囡 大学	le cinéma	映画館	le concert	コンサート
le musée	美術館	la piscine	プール	le théâtre	劇場
la boucherie	肉屋	la boulangerie	パン屋	le bureau	会社
l'épicerie	囡 食料品店	le garage	自動車修理工場	le kiosque	キオスク
la librairie	書店	le magasin	商店	le marché	市場
la pâtisserie	ケーキ屋	la pharmacie	薬局	le restaurant	レストラン
le supermarché	スーパー	le prix	値段	les soldes	男 バーゲン

◆ 自然

la terre	陸	le soleil	太陽	la lune	月	le ciel	空
le nuage	雲	la campagne	田舎	la mer	海	la plage	海岸
la montagne	山	l'arbre	男木	la fleur	花	le bois	森, 林
la forêt	森	la rivière	川	le fleuve	河	le lac	湖
le désert	砂漠	la pierre	石	le sable	砂	le temps	天気
le vent	風	la pluie	雨	la neige	雪		

EXERCICE 6

1．次の(1)〜(6)に最もよく対応するものを，下の①〜⑧のなかから1つずつ選んでください。ただし，同じものを複数回用いることはできません。

(1) Elle tombe en hiver en flocons blancs et légers.

(2) Elle est la principale ville d'un pays.

(3) Il a des chambres où on peut loger.

(4) Il désigne le bâtiment où on peut voir des tableaux célèbres.

(5) Il est dans le ciel et annonce quelquefois la pluie.

(6) Il permet de passer au-dessus d'une rivière.

① capitale ② hôpital ③ hôtel ④ musée
⑤ neige ⑥ nuage ⑦ parc ⑧ pont

(1)	(2)	(3)	(4)	(5)	(6)

2．次の(1)〜(6)の（　　）内に入れるのに最も適切なものを，下の①〜⑧のなかから1つずつ選んでください。ただし，同じものを複数回用いることはできません。

(1) Françoise emprunte souvent des livres à la (　　　　　　).

(2) Il n'habite plus à Paris, il habite la (　　　　　　).

(3) Ils se sont mariés seulement à la (　　　　　　).

(4) J'ai acheté une table moderne en (　　　　　) et en verre.

(5) Mon bureau se trouve dans le (　　　　　) très animé.

(6) Un coup de (　　　　　) a emporté mon chapeau.

① banlieue ② banque ③ bibliothèque ④ bois
⑤ mairie ⑥ piscine ⑦ quartier ⑧ vent

(1)	(2)	(3)	(4)	(5)	(6)

7．交通

次の(1)～(5)に最もよく対応するものを，下の①～⑧から1つずつ選んでください。

(1) Les piétons y marchent.
(2) Les voitures y circulent.
(3) On y achète le billet de train.
(4) On y prend l'avion.
(5) Plusieurs rues s'y croisent.

① aéroport	② autobus	③ carrefour	④ chaussée
⑤ douane	⑥ feu	⑦ guichet	⑧ trottoir

・解答・ 　(1)　⑧　歩道　「歩行者はそこを歩く」
　　　　　(2)　④　車道　「車はそこを走る」
　　　　　(3)　⑦　窓口　「人はそこで列車の切符を買う」
　　　　　(4)　①　空港　「人はそこで飛行機に乗る」
　　　　　(5)　③　交差点　「何本もの道がそこで交差する」
　　　　　　　　その他の選択肢　②　バス　　⑤　税関　　⑥　信号

覚えよう！

① **道路や乗り場など**

la rue	通り	le boulevard	大通り	le chemin	道
la route	街道	l'autoroute	男 高速道路	le carrefour	交差点
le feu	信号	le trottoir	歩道	la chaussée	車道
la gare	鉄道の駅	le quai	プラットホーム	le port	港
l'aéroport	男 空港	la douane	税関	le guichet	窓口
le billet	列車や飛行機の切符	le ticket	地下鉄やバスの切符		
la station de métro	地下鉄の駅	l'arrêt d'autobus	男 バス停		
la station de taxis	タクシー乗り場				
le voyage	旅行	l'horaire	男 時刻表		

② **乗り物**

la voiture	車	la voiture d'occasion	中古車	le piéton	歩行者
le train	列車	le métro	地下鉄	le taxi	タクシー
l'(auto)bus	男 バス	l'avion	男 飛行機	le bateau	船
le camion	トラック	la bicyclette, le vélo	自転車	la moto	バイク
l'ascenseur	男 エレベーター	le permis de conduire	運転免許証		

◆ **形容詞**

grand,*e*	大きい	petit,*e*	小さい	haut,*e*	高い	bas,*se*	低い
lourd,*e*	重い	lég*er*,*ère*	軽い	long,*ue*	長い	court,*e*	短い
rond,*e*	丸い	carré,*e*	四角い	large	広い	étroit,*e*	狭い
différent, *e*	異なった	pareil,*le*	同様の	pauvre	貧乏な	riche	裕福な

sec, sèche	乾いた	humide	湿った	chaud,*e*	暑い	froid,*e*	寒い
doux, douce	温暖な	frais, fraîche	涼しい	difficile	難しい	facile	易しい
gros,*se*	太った	maigre	痩せた	fort,*e*	強い	malade	病気の
heur*eux,euse*	幸せな	content,*e*	満足した	intéressant,*e*	興味深い	ennuy*eux,euse*	退屈な
gentil,*le*	親切な	méchant,*e*	意地悪な	sér*ieux,euse*	まじめな	paress*eux,euse*	怠惰な
élégant,*e*	上品な	timide	内気な	gai,*e*	陽気な	bavard,*e*	おしゃべりな

EXERCICE 7

1．次の(1)〜(6)に最もよく対応するものを，下の①〜⑧のなかから1つずつ選んでください。ただし，同じものを複数回用いることはできません。

(1) Elle roule sur deux roues.

(2) Il a une lumière rouge, orange et verte.

(3) Il circule généralement sous terre.

(4) Il est utilisé pour aller d'un aéroport à un autre.

(5) Il sert à savoir les heures de départ et d'arrivée des trains.

(6) Il transporte beaucoup de personnes dans les villes.

　　① autobus 　　② avion 　　③ bicyclette 　　④ camion

　　⑤ feu 　　⑥ horaire 　　⑦ métro 　　⑧ quai

(1)	(2)	(3)	(4)	(5)	(6)

2．次の(1)〜(6)の（　　）内に入れるのに最も適切なものを，下の①〜⑧のなかから1つずつ選んでください。ただし，同じものを複数回用いることはできません。

(1) J'aime beaucoup le temps (　　　　　　) du Midi.

(2) Le train entre en (　　　　　) à 13 heures 36.

(3) Pour aller en Angleterre, j'ai pris le (　　　　　) à Calais.

(4) Le train pour Toulon partira au (　　　　　) numéro treize.

(5) Tu dois composter ton (　　　　　) avant de monter dans le train.

(6) Un chemin (　　　　　) mène au lac.

　　① bateau 　　② billet 　　③ étroit 　　④ gare

　　⑤ gros 　　⑥ moto 　　⑦ quai 　　⑧ sec

(1)	(2)	(3)	(4)	(5)	(6)

まとめの問題 (1)

　次の各設問において，(1)～(6)に最もよく対応するものを，下の①～⑧のなかから1つずつ選び，解答欄にその番号を記入してください。ただし，同じものを複数回用いることはできません。（配点　6）

1 (1)　Il conduit les touristes aux musées, aux monuments historiques.
　　(2)　C'est le début du jour.
　　(3)　C'est le jour de la semaine entre le lundi et le mercredi.
　　(4)　Il joue dans une pièce de théâtre, dans un film.
　　(5)　Il peint des tableaux.
　　(6)　Il suit l'automne et précède le printemps.

　　　　① acteur　　　② dimanche　　③ guide　　　④ hiver
　　　　⑤ mardi　　　⑥ matin　　　　⑦ peintre　　⑧ voisin

(1)	(2)	(3)	(4)	(5)	(6)

2 (1)　Le médecin le prescrit pour soigner des malades.
　　(2)　On en a besoin pour boire de l'eau.
　　(3)　On en a besoin pour envoyer une lettre par la poste.
　　(4)　On en a besoin pour faire le vin.
　　(5)　On le porte pour ranger des billets de banque.
　　(6)　On s'en sert pour dessiner.

　　　　① cadeau　　　② crayon　　　③ enveloppe　　④ médicament
　　　　⑤ portefeuille　⑥ pull　　　　⑦ raisin　　　　⑧ verre

(1)	(2)	(3)	(4)	(5)	(6)

3 (1)　On doit y déclarer les marchandises achetées à l'étranger.
　　(2)　On y met des fleurs coupées.
　　(3)　On y met les divers objets dont on peut avoir besoin quand on sort.
　　(4)　On y passe souvent les vacances.
　　(5)　On y trouve des pains au chocolat, des croissants, du pain.
　　(6)　On s'y couche pour dormir.

　　　　① boucherie　　② boulangerie　③ douane　　④ lit
　　　　⑤ montagne　　　⑥ sac　　　　　⑦ théâtre　　⑧ vase

(1)	(2)	(3)	(4)	(5)	(6)

まとめの問題 (2)

次の各設問において，(1)〜(6)の（　　）内に入れるのに最も適切なものを，下の①〜⑧のなかから１つずつ選び，解答欄にその番号を記入してください。同じものを複数回用いることはできません。（配点　6）

1 (1) Au (　　　　　) de la France, il y a la Belgique.
(2) En France, la rentrée des classes est en (　　　　　).
(3) En guerre depuis dix ans, ces deux pays ont enfin signé la (　　　　).
(4) Il pleut, prends ton (　　　　).
(5) J'ai besoin de ton (　　　　) pour porter cette armoire.
(6) Un Japonais est un (　　　　) en France.

　　① aide　　　　② écrivain　　　③ épaule　　　④ étranger
　　⑤ nord　　　　⑥ paix　　　　⑦ parapluie　　⑧ septembre

(1)	(2)	(3)	(4)	(5)	(6)

2 (1) Asseyez-vous, non, pas sur la chaise, dans ce (　　　　).
(2) Demain, je conduirai ma voiture au (　　　　) pour une révision.
(3) Jacques a pêché un énorme (　　　　) hier.
(4) Je vais descendre à la (　　　　) chercher une bouteille de vin.
(5) Tu préfères des tartines avec du (　　　　) ou de la confiture ?
(6) Voulez-vous encore une (　　　　) de soupe ?

　　① assiette　　② beurre　　　③ cave　　　④ cour
　　⑤ fauteuil　　⑥ garage　　　⑦ mur　　　⑧ poisson

(1)	(2)	(3)	(4)	(5)	(6)

3 (1) Il faut un permis spécial pour conduire un (　　　　).
(2) J'ai acheté ces chaussures en (　　　　).
(3) Montez par l'escalier, l'(　　　　) est en panne.
(4) On doit acheter le (　　　　) pour prendre l'autobus.
(5) Quel est le (　　　　) de la voiture que tu as achetée ?
(6) Va au (　　　　) acheter du sel et du lait.

　　① ascenseur　② camion　　　③ église　　④ hôpital
　　⑤ prix　　　⑥ solde　　　　⑦ supermarché　⑧ ticket

(1)	(2)	(3)	(4)	(5)	(6)

8
長文読解

　10数行からなるフランス語の文章を読んで，その内容に一致する日本語文を選択する問題です。読解に必要な語彙力は日々の学習の蓄積によって培うしかありません。使われている単語に関心をはらいながら，やさしい文章をできるだけたくさん通読するようにしましょう。単語帳の作成をおすすめします。

8　　次の文章を読み、下の (1) ～ (6) について、文章の内容に一致する場合は解答欄の ① に、一致しない場合は ② にマークしてください。（配点　6）

　　Michel tient un petit café dans le village où il est né. Son village est dans les montagnes, loin des grandes villes et l'on ne peut y aller qu'en voiture. Autrefois, peu de touristes osaient visiter son village. Mais il y a cinq ans, un journal parisien a parlé de sa beauté et de sa bonne cuisine.

　　Depuis, environ 10 000 touristes arrivent en autocar tous les mois. C'est ainsi que son café, un des trois du village, est plein de monde tous les jours. Parmi les clients, il y a des touristes étrangers, surtout asiatiques. C'est une chose qu'on ne pouvait pas imaginer avant. Quand Michel les sert, ils lui posent des questions sur l'histoire du village et de sa région. Il leur répond avec plaisir. Il veut qu'ils passent un bon moment dans son village.

(1)　ミシェルが暮らす村には鉄道が通っていない。

(2)　以前、ある新聞でミシェルの住む村が話題になった。

(3)　毎週 1 万人ほどの観光客がミシェルの住む村を訪れる。

(4)　ミシェルの村にはカフェが 3 軒ある。

(5)　ミシェルのカフェには以前から多くのアジア人観光客が訪れていた。

(6)　客はミシェルに村の歴史について質問する。

次の文章を読み，下の⑴〜⑹について，文章の内容に一致する場合は解答欄に①と，一致しない場合は②と記入してください。（配点　6）

C'est en Campine que j'ai passé mon enfance. La Campine de l'époque était une région de landes couvertes de bruyère. Le rouge et le jaune des fleurs contrastaient avec le sable gris des chemins déserts qui filaient entre les bois de pins. Ce paysage que j'ai parcouru dans tous les sens avec mon ami allemand, compagnon de toutes mes promenades, est fixé en moi de façon inoubliable. Il est l'image première qui a formé ma sensibilité. Je vais développer ce thème dans un roman qui doit sortir bientôt. Je visite souvent ces lieux où le besoin de ne rien oublier, de tout conserver dans ma mémoire pour ne jamais laisser s'évanouir* ce bonheur, est apparu en moi de façon pressante. C'est là que, flânant parmi les bruyères, j'ai senti se former ma vocation** poétique. Enfant unique de parents aimants, j'ai grandi parmi les champs et les bois, dans une nature apaisante dont j'explorais*** tous les recoins.

* s'évanouir：消滅する
** vocation：資質
*** explorer：探検する

⑴　筆者が少年時代を過ごしたカンピーヌの一帯は花１本育たない荒野だった。

⑵　筆者は少年時代，この地域をひとりで散策してまわった。

⑶　筆者にとって，この地域の風景は感性を育ててくれた原イメージである。

⑷　この地域を題材にした筆者の小説は出版されたばかりである。

⑸　筆者は，カンピーヌを訪れるたびに，そこで過ごした幸福な少年時代を思い出す。

⑹　筆者は優しい両親と姉，および気持ちを和らげてくれる自然によって育てられた。

・解答・　(1) ②　　(2) ②　　(3) ①　　(4) ②　　(5) ①　　(6) ②

　　筆者は，少年時代を過ごした故郷の自然を思いおこしながら，自然が自己形成にいかに大きな役割を果たしたかを語っています。

全文訳

　　私はカンピーヌで少年時代を過ごした。当時のカンピーヌは，ヒースに覆われた荒れ地だった。赤や黄色の花々が，松林のあいだを抜ける人気のない道の灰色の砂地とコントラストをなしていた。どこを散歩するときもいっしょだったドイツ人の友だちとあちこちを駆けまわったこの風景は，忘れがたく心に焼きついている。それは，私の感性を育んだ原イメージである。もうすぐ出版されるはずの小説のなかで，このテーマを発展させるつもりだ。私はよくこの土地を訪れる。そこへ行くと，なにも忘れないようにしたい，この幸福感がいつまでも消滅しないようにあらゆることを記憶のなかにとどめておきたい，という欲求がわいてくるのを抑えることができない。ヒースのあいだを散策しているとき，私は詩的資質が培われていくのを感じた。優しい両親をもつひとりっ子として，畑や森に囲まれ，すみずみまで探索してまわった，気持ちを癒してくれる自然のなかで私は育った。

1 次の文章を読み，下の(1)〜(6)について，文章の内容に一致する場合は解答欄に ① と，一致しない場合は ② と記入してください。

　　Je suis né à Maca, dans le sud du Sénégal, mais j'ai quitté le pays très jeune. Lorsque j'avais quatre ans, ma mère est retournée au Mali, où ses parents vivaient. J'ai donc eu une enfance et scolarité maliennes, à Mopti. Tous les quartiers étaient des quartiers plutôt populaires. J'y ai fait mes études primaires et secondaires, et je suis parti car il y avait une révolte contre le régime militaire. Les écoles ont été fermées à la suite de cela, et j'ai pu rejoindre ma mère, qui avait déjà quitté le Mali, pour le Sénégal. J'ai ensuite obtenu une bourse du centre culturel soviétique. C'est une bourse que le centre culturel donnait indépendamment* du gouvernement soviétique, et non une bourse programmée par l'État. Il faut dire que je ne m'intéressais pas aux études auxquelles les pays en voie de développement** attachaient de l'importance : celles d'ingénieur, de médecine et d'agriculture. Mais j'avais envie de faire des études de cinéma, et envie de raconter ce que j'avais vu et vécu depuis tout petit.

* indépendamment：無関係に

** en voie de développement：発展途上の

(1) 筆者はセネガルのマカで少年時代を過ごした。

(2) 筆者が4歳のとき，祖父母はマリに住んでいた。

(3) 筆者がマリを離れたのは，軍事クーデターが起こったためである。

(4) 筆者はマリで母親との再会をはたすことができた。

(5) 筆者は，発展途上国が推奨する分野で奨学金を取得した。

(6) 筆者は映画を通して子どものころの経験を伝えたいと考えている。

(1)	(2)	(3)	(4)	(5)	(6)

2 次の文章を読み，下の (1) ～ (6) について，文章の内容に一致する場合は解答欄に ① と，一致しない場合は ② と記入してください。

Je m'appelle Jeanne Fort. Je suis née le 9 février 1975 à Vernon. De 1990 à 1993, je suis allée au lycée de Vernon. J'ai obtenu le baccalauréat en 1993. Après, je suis allée à l'IUT* de Melun. J'ai fait deux ans d'études et j'ai eu le diplôme universitaire de technologie en 1995. Après, je suis allée un an à Munich pour apprendre l'allemand. Puis j'ai travaillé deux ans à la SSCI** de Vernon. Après, en 1999, je suis partie pour New York. J'ai étudié l'anglais et j'ai cherché du travail. J'ai rencontré Albert Calment, attaché à l'ambassade de France en 2000. Nous sommes partis pour Marseille en 2001 et nous nous sommes mariés. J'ai deux enfants : Daniel, né en 2003, et Caroline, née en 2004.

* IUT：技術短期大学部
** SSCI：ソフトウェア・コンサルタント会社

(1) ジャンヌはヴェルノンの高校で大学入学資格を取得した。

(2) ジャンヌは高校卒業後すぐにドイツ語を学ぶためにミュンヘンへ行った。

(3) ジャンヌはドイツ語のほかに英語も話せるはずである。

(4) ジャンヌはフランスのヴェルノンでアルベールと出会った。

(5) アルベールはニューヨークのフランス大使館員だった。

(6) ジャンヌとアルベールはニューヨークで結婚式をあげた。

(1)	(2)	(3)	(4)	(5)	(6)

3 次の文章を読み，下の (1) ～ (6) について，文章の内容に一致する場合は解答欄に ① と，一致しない場合は ② と記入してください。

J'ai fait mes études de médecine à Paris de 1985 à 1993. C'était l'été 90. La première fois que j'ai vu Sarah, elle était en train de travailler, elle accueillait les clients d'un bureau de tourisme. Elle semblait sympathique et souriante, mais j'ai pensé que cela faisait partie de son métier. Ensuite, je lui ai posé quelques questions sur un séjour au Portugal que je voulais faire et lui ai proposé d'aller dîner ensemble. Elle m'a regardé droit dans les yeux et elle a accepté ; nous sommes allés dîner dans un restaurant à Saint-Germain-des-Prés. Le lendemain, très tôt, elle m'a passé un coup de fil à mon laboratoire ; à ce moment-là, j'ai senti que je lui plaisais aussi. Tout à coup, j'avais compris : c'était la femme de ma vie.

(1) 筆者はサラと初めて会ったときすぐに，生涯をともにする女性だと直観した。

(2) 筆者は1990年の夏，ポーランド旅行を計画していた。

(3) サラとの出会いは，筆者が客としてある旅行代理店に旅行の相談をしに行ったときのことだった。

(4) サラと初めて会ったとき，彼女の愛想のよさを筆者は客あしらいの一種だと思った。

(5) サラは１回目のデートの申し込みを断った。

(6) サラと初めてデートした日の翌日，彼女は筆者の研究室へ電話をかけてきた。

(1)	(2)	(3)	(4)	(5)	(6)

4 次の文章を読み，下の(1)〜(6)について，文章の内容に一致する場合は解答欄に①と，一致しない場合は②と記入してください。

« Prépare-toi, demain matin, promenons-nous sur le bord de la mer. J'ai réservé une chambre à l'hôtel. » Ces quelques mots, laissés par mon mari sur le répondeur téléphonique*, me font plaisir. Cela fait cinq ans que je suis mariée à Jacques et il n'est pas question pour nous de tomber dans la routine quotidienne. Il me surprend comme ça deux ou trois fois par mois. J'ai alors toute la journée pour y penser et me préparer. Le petit voyage est notre parenthèse, loin du téléphone, des camarades, des ennuis quotidiens. C'est aussi le seul moment où je prends tout mon temps pour parler avec lui, car le reste du temps, entre mon travail de styliste, ma belle-mère, les courses et le ménage, il arrive en dernier**.

À 18 heures, Jacques sonne à l'interphone et je me précipite à la porte. Dans ma voiture qui roule le long de la belle plage, nous parlons de notre travail, de notre famille et des plans pour notre avenir.

* répondeur téléphonique：留守番電話
** arriver en dernier：後回しになる

(1) 筆者は，夫から誘われる小旅行を楽しみにしている。

(2) この夫婦は結婚して5年になるが，マンネリ化した日常生活を送っている。

(3) この夫婦は月に2，3回，旅行の計画を話し合う。

(4) 筆者は，小旅行をすることで日常的な煩わしさから解放される。

(5) 筆者は，買いものや家事にばかり時間をとられる専業主婦である。

(6) 旅行中，車のなかでの会話は話題に事欠く。

(1)	(2)	(3)	(4)	(5)	(6)

次の文章を読み，下の (1) ～ (6) について，文章の内容に一致する場合は解答欄に ① と，
一致しない場合は ② と記入してください。

　　C'est au printemps dernier que mes problèmes de santé sont arrivés. J'ai commencé à avoir mal partout, les médecins n'en trouvaient pas la cause. J'ai connu Grégoire à cette époque-là. Il était menuisier* et venait chez moi remplacer les fenêtres.
C'est en sortant de l'hôpital que je l'ai croisé, son atelier se trouvait à côté. Il m'a dit :
«Vous semblez fatiguée, je vous fais un thé ?» Sa gentillesse m'a touchée et, au milieu
de l'odeur de bois, je lui ai tout raconté. Il n'a pas dit grand-chose, mais il m'a écoutée,
rien que ça, c'était très consolant pour moi. Je l'ai invité à déjeuner pour le remercier.
Nous sommes devenus amis.

　　Cet été, nous sommes partis en vacances tous les deux, en Bretagne, à vélo et en
bus. Dix jours de bonheur. Ma vie ressemble peu à peu à ce que je voulais, excepté
que je suis malade. Les médecins n'ont pas encore trouvé le bon traitement, mais je
crois dur comme fer que je vais m'en sortir pour mes parents, pour Grégoire, et aussi,
bien sûr, pour moi-même.

* menuisier：木工職人

(1)　筆者の病気が発症したのとグレゴワールと知り合ったのは同じ時期である。

(2)　筆者は病院から出てくるとき初めてグレゴワールと出会った。

(3)　筆者はグレゴワールの仕事場で病気のことを洗いざらい告白した。

(4)　筆者は，話を聞いてくれたお礼にとグレゴワールを食事に招待した。

(5)　筆者は病気のせいで生活に希望を見いだせずにいる。

(6)　筆者は，医者が治療法を見つけてくれたことで，病気の治癒を固く信じている。

(1)	(2)	(3)	(4)	(5)	(6)

6 次の文章を読み，下の (1) ～ (6) について，文章の内容に一致する場合は解答欄に ① と，一致しない場合は ② と記入してください。

Les autodidactes* nous montrent qu'on peut réussir dans la vie sans l'université et sans diplôme.

Tout d'abord, l'école demande un travail de mémoire et de réflexion sur des sujets abstraits, éloignés de la vie quotidienne. Les autodidactes n'ont pas ces qualités. Mais ils ont le goût de l'action et de la création.

Ensuite, les autodidactes découvrent très tôt la vraie vie. Ils se forment par l'expérience. Ils rencontrent des problèmes et des difficultés et ils apprennent à se battre pour gagner la vie.

D'autre part, ils travaillent beaucoup. Un journaliste autodidacte le dit bien : «Quand je présentais le journal de 13 heures, je commençais ma journée à 5 heures du matin pour tout vérifier** et ne pas faire d'erreur.»

Enfin, les autodidactes ont horreur de l'école mais ils adorent lire. Ce sont souvent des lecteurs passionnés.

* autodidactes：独学の人たち
** vérifier：校閲する

(1) 独学の人たちは身をもって，学歴が成功の秘訣であることを証明している。

(2) 学校での勉強は日々の生活に直結した問題をとりあつかう。

(3) 独学の人たちが教養をつむのは，経験を通してである。

(4) 独学の人たちは若くして現実的な難問にぶつかる。

(5) 独学の人たちは努力することをきらう傾向がある。

(6) 独学の人たちは往々にしてたいへんな読書家である。

(1)	(2)	(3)	(4)	(5)	(6)

7 次の文章を読み，下の(1)〜(6)について，文章の内容に一致する場合は解答欄に ① と，一致しない場合は ② と記入してください。

Eurêka est un grand programme de coopération* technologique entre les pays d'Europe. Environ mille projets sont à l'étude dans les secteurs de la haute technologie comme l'informatique, l'énergie, etc. Voici un exemple.

La voiture d'aujourd'hui est polluante et chère. Elle cause beaucoup d'accidents. Il faut inventer des voitures propres, économiques et sûres.

Le projet Elégie essaie de produire une voiture de ville très légère avec moteur électrique. La voiture du projet Elégie consommera 1,4 litre d'essence aux 100 kilomètres.

Le projet Prométhéus crée des équipements** informatiques pour les automobiles et les réseaux routiers. Ils informent les conducteurs*** des dangers. Ils renseignent sur les embouteillages.

* coopération：協力
** équipement：装備，施設
*** conducteur：ドライバー

(1) ユーレカというのはヨーロッパ諸国が共同ですすめているハイテクノロジー分野での開発計画である。

(2) ユーレカというのは，自動車の開発を専門にすすめている研究である。

(3) 今日の自動車は，安全性が高い反面，大気を汚染し，高価である。

(4) エレジー計画は，電動エンジンを装備した都市型自動車の開発をめざしている。

(5) エレジー計画によって開発されようとしている自動車はガソリンを使用しない。

(6) プロメテウス計画が実現すれば，渋滞もへり，より安全な自動車走行が可能になる。

(1)	(2)	(3)	(4)	(5)	(6)

8 次の文章を読み，下の (1) 〜 (6) について，文章の内容に一致する場合は解答欄に ① と，一致しない場合は ② と記入してください。

Je vais vous parler du dauphin que vous connaissez bien. Le dauphin est un mammifère. Le petit se développe dans le ventre de la femelle. Le dauphin ne forme pas de couple permanent ; il choisit un nouveau partenaire chaque année. Il existe environ quarante-cinq espèces de dauphins : le plus connu est le grand dauphin. Il est très joueur et fait souvent des bonds fantastiques hors de l'eau. On le voit souvent faire des acrobaties* dans les parcs marins. Dans la nature, on le rencontre près des côtes et au large en groupes d'une dizaine. Il aime surfer sur la vague produite par les bateaux. C'est un animal social qui vit parfois en troupeau de plusieurs centaines d'individus. Les groupes sont mixtes : mâles, femelles et jeunes.

Le grand dauphin n'est pas une espèce en voie de disparition, mais d'autres espèces de dauphins sont en danger, principalement à cause de la pollution. De plus, beaucoup de dauphins meurent pris dans les vastes filets utilisés dans les zones de pêche commerciale. Incapables de faire surface** pour respirer, ils se noient très vite.

* faire des acrobaties：曲芸をする

** faire surface：水面に浮上する

(1)　イルカの赤ん坊は人間とおなじように，まず雌の胎内で育てられる。

(2)　イルカは1度カップルになると，生涯，相手を代えることはない。

(3)　マリンパークで芸をしているのを見かけるイルカは大イルカという種類である。

(4)　大イルカはいつも何百頭もの群れをなして生息している。

(5)　大イルカは絶滅の危機に瀕している。

(6)　イルカの数が減っている原因は，海洋汚染と漁師の定置網である。

(1)	(2)	(3)	(4)	(5)	(6)

9 次の文章を読み，下の (1)〜(6) について，文章の内容に一致する場合は解答欄に ① と，一致しない場合は ② と記入してください。

Vendredi soir, Jean Martin, employé de banque, a quitté Paris pour rentrer chez lui, à Lyon, par l'autoroute. Après 300 km, vers deux heures du matin, il s'est arrêté sur une aire de repos. À cette heure tardive, le parking était désert. Monsieur Martin s'est alors endormi dans sa voiture. Tout à coup, deux inconnus l'ont réveillé. Ils disaient vouloir du feu. Quand monsieur Martin a ouvert sa portière*, ils l'ont frappé violemment et lui ont pris son argent. Heureusement, il n'a été que légèrement blessé. Quelques minutes après, il a téléphoné à la police et a été conduit à l'hôpital. Un quart d'heure après, la police a arrêté deux jeunes délinquants**.

　　　　　　　　　　　　　　　　　　　　　　　* portière：乗りもののドア
　　　　　　　　　　　　　　　　　　　　　　　** délinquant：軽罪の犯人

(1) マルタン氏はパリからリヨンにある自宅へ帰る途中で被害にあった。

(2) マルタン氏が被害にあったのは，高速道路のサービスエリアに車を止めて，煙草を一服しているときだった。

(3) マルタン氏を襲ったのは，彼も知っている若者たちだった。

(4) マルタン氏は殴られたうえに，お金をとられた。

(5) マルタン氏は重傷を負って，入院した。

(6) 犯人たちはその日のうちに逮捕された。

(1)	(2)	(3)	(4)	(5)	(6)

10 次の文章を読み，下の (1) ～ (6) について，文章の内容に一致する場合は解答欄に ① と，一致しない場合は ② と記入してください。

J'étais en train d'arroser mes plantes dans le jardin. J'écoutais les informations à la radio. Il était une heure et demie. J'ai vu un homme sur le trottoir d'en face, près de la porte de la bijouterie. D'abord je n'y ai pas prêté attention. Vous savez, à cette heure-là, il y a du monde dans les rues ! Et puis une femme a voulu entrer dans la bijouterie. L'homme lui a dit quelque chose et elle est repartie. Aussitôt après une voiture s'est garée en double file* devant la bijouterie. C'était une R 25 blanche. Je l'ai reconnue, parce que ma fille a la même. Ensuite, tout s'est passé très vite. Deux hommes sont sortis en courant de la bijouterie. Ils portaient deux sacs. Ils sont montés dans la voiture ainsi que celui qui était sur le trottoir et qui faisait le guet. La voiture est partie à toute vitesse. C'est à ce moment-là que l'alarme** s'est déclenchée. Cinq minutes après, la police est arrivée.

* en double file：二重に
** alarme：警報

(1) 筆者はラジオニュースを聞いて，事件のことを知った。

(2) 事件が起こったのは人通りの多い夕方のことだった。

(3) 強盗犯は通りすがりの女性から金品を奪った。

(4) 筆者の娘は強盗に使われた車と同じ車種の車に乗っている。

(5) 強盗が行われたとき，1人の男が見張り役になっていた。

(6) 強盗犯は駆けつけた警察官によって逮捕された。

(1)	(2)	(3)	(4)	(5)	(6)

9
会話文読解

　会話文に含まれる４ヵ所の空欄に，適切な語句や文を７つの選択肢から選んで挿入する問題です。会話のさまざまな場面が切りとられた形で題材になっていますから，それがどういう場面における会話なのか，なにが話題になっているのかを読みとり，会話の流れにそうような表現を選ぶ必要があります。「６応答問題」を，10数行の会話文のなかにおきかえた応用問題ともいえます。

9 　次の会話を読み、（ 1 ）〜（ 4 ）内に入れるのにもっとも適切なものを、下の① 〜 ⑦ のなかから１つずつ選び、解答欄のその番号にマークしてください。ただし、同じものを複数回用いることはできません。なお、① 〜 ⑦ では、文頭にくるものも小文字にしてあります。（配点　8）

Le père : Tu as choisi un cadeau d'anniversaire ?
　　Félix : Oui. Je voudrais des accessoires de magie*.
Le père : (1) d'accessoires ?
　　Félix : Un mouchoir qui disparaît dans la main, par exemple.
Le père : Ça a l'air amusant ! Mais (2) ces choses-là ?
　　Félix : Au grand magasin. Là-bas, j'ai trouvé une boîte avec des accessoires pour faire 20 tours**.
Le père : 20 tours ? (3) ! Tu n'as pas vu de boîtes plus petites ?
　　Félix : Si, mais dans les autres boîtes, il n'y a pas le mouchoir.
Le père : Bon, alors, (4) demain.
　　Félix : Merci papa !

> * accessoires de magie : 手品の道具一式
> ** tour : 手品の技

① ça ne suffit pas

② c'est beaucoup

③ je vais aller au grand magasin

④ je vais en acheter une petite

⑤ où est-ce qu'on peut acheter

⑥ quel type

⑦ tu n'aimes pas

次の会話を読み，（ 1 ）～（ 4 ）に入れるのに最も適切なものを，下の①～⑦のなかから1つずつ選び，その番号を解答欄に記入してください。ただし同じものを複数回用いることはできません。なお，①～⑦では，文頭にくるものも小文字にしてあります。
（配点　8）

Pierre：Bonjour, Gilles. Comment vas-tu ?

Gilles：Pas mal et toi ? Tu as fait bon voyage ?

Pierre：Oui, merci. Mais （ 1 ）. Il y avait un monde fou dans ce train. J'ai eu du mal à avoir une place au wagon-restaurant.

Gilles：Je sais ce que c'est...

Pierre：Il y a bien longtemps que （ 2 ）. Tu as bonne mine.

Gilles：Je te remercie, toi aussi, tu sais. Tu es bien bronzé. Il a fait beau, là-bas, à Marseille ?

Pierre：Oui, il a fait un temps magnifique !

Gilles：Tu n'es pas trop déçu en voyant le temps qu'il fait ici à Paris ?

Pierre：Je dois t'avouer que ça me flanque un peu le cafard*.

Gilles：Bon alors, remets-toi. （ 3 ）... au buffet de la gare, hein ? Qu'est-ce que tu en penses ?

Pierre：Écoute, un café, c'est bien gentil. Mais （ 4 ）.

Gilles：D'accord. Prenons un verre.

* ça me flanque le cafard：そのことを考えると憂鬱になる

① c'est amusant

② c'était fatigant

③ il est temps de partir

④ j'aimerais mieux boire une bière

⑤ nous ne nous sommes pas vus

⑥ si nous allions prendre un café là-bas

⑦ tu as l'air fatigué

　　ジルはパリのある駅まで，マルセイユから上京する友だちのピエールを出迎えに来ました。
パリに降りたったばかりのピエールとのあいだで，車中の様子や天候のことが話題になります。

全文訳

　　ピエール：こんにちは，ジル。元気かい？
　　　　ジル：まあまあだよ，君は？　快適な旅行だった？
　　ピエール：うん，ありがとう。しかし（　1　）。車内がたいへんな込みようでねえ。食堂車
　　　　　　　で席をとるのに苦労したよ。
　　　　ジル：わかるよ。
　　ピエール：ずいぶん長いこと（　2　）。元気そうだね，顔色もいいし。
　　　　ジル：ありがとう，君も。よく焼けてるねぇ。あちらは，マルセイユはいい天気だった？
　　ピエール：そう，すばらしい天気だったよ。
　　　　ジル：パリの天気を見て，あまりがっかりしないでね？
　　ピエール：ほんとうのことを言うと，そのことを考えると少し憂鬱になるよ。
　　　　ジル：まあ，気をとりなおして。駅のビュッフェで…（　3　）？　どう思う？
　　ピエール：そうね，コーヒーか，ありがとう。でも，（　4　）。
　　　　ジル：いいよ，それじゃあ1杯やるとしよう。

選択肢の訳

① それはおもしろい
② たいへんだったよ
③ さあ出かける時間だ
④ ビールのほうがいいんだけどなあ
⑤ ぼくたちは会わなかったね
⑥ あそこへコーヒーでも飲みに行かない
⑦ 君は疲れているようだ

1 次の会話を読み，（ 1 ）〜（ 4 ）に入れるのに最も適切なものを，下の①〜⑦の
なかから1つずつ選び，その番号を解答欄に記入してください。ただし同じものを複数回用
いることはできません。なお，①〜⑦では，文頭にくるものも小文字にしてあります。
（配点 8）

Antoine : Où est mon portefeuille ? Je ne le trouve plus.

　Louise : Il n'est pas dans ta poche ?

Antoine : Non, je ne le trouve pas.

　Louise : Tu es sûr que （ 1 ）?

Antoine : Bien sûr.　J'espère que je ne l'ai pas perdu.

　Louise : Voyons, （ 2 ）, la dernière fois ?

Antoine : Chez le libraire.

　Louise : Il est possible que tu l'aies laissé chez le libraire.

Antoine : Non, non... j'ai payé, puis （ 3 ）.

　Louise : Alors, je pense que tu l'as laissé tomber dans la rue, ou alors on te l'a volé.

Antoine : Peut-être. （ 4 ）, mais je n'ai pas fait attention.　Zut, qu'est-ce que je dois
faire ?

　Louise : Si c'est le cas, retourne chez le libraire.

① j'ai entendu un bruit après être sorti de la librairie

② j'ai fait une déclaration de perte au commissariat de police

③ j'ai mis mon portefeuille dans ma poche

④ on me l'a volé dans la rue

⑤ où est-ce que tu as trouvé ton portefeuille

⑥ quand est-ce que tu l'as sorti de ta poche

⑦ tu as bien cherché

(1)	(2)	(3)	(4)

176

2 次の会話を読み，（ 1 ）～（ 4 ）に入れるのに最も適切なものを，下の ① ～ ⑦ のなかから１つずつ選び，その番号を解答欄に記入してください。ただし同じものを複数回用いることはできません。なお，① ～ ⑦ では，文頭にくるものも小文字にしてあります。
（配点 8 ）

Charles : Alors, comment s'est passée la rentrée ?

Julien : J'ai eu le bac en juin, j'entre en fac en octobre. Je vais faire des études de médecine. J'espère que tout ira bien !

Charles : (1). Tu as toujours été un bon élève. Et ta sœur ?

Julien : Lise ? Elle est encore en terminale. Mais (2). Elle veut travailler. Elle sait bien ce qu'elle veut faire. Elle veut être cuisinière.

Charles : C'est un très beau métier. J'aime bien manger chez toi, ta mère est bonne cuisinière. Elle tient de sa mère.

Julien : Probablement. (3). Et toi ? Tu as eu le bac ?

Charles : Non, j'ai échoué à mon bac, donc (4). Je n'ai pas du tout travaillé cette année. Mais je dois à tout prix réussir mon bac l'année prochaine.

① j'en suis sûr

② je passerai en cinquième

③ je pense qu'elle veut faire des études universitaires

④ je redouble ma terminale

⑤ elle aura son bac l'année prochaine

⑥ elle ne passera pas son bac

⑦ elle trouvera facilement du travail dans ce domaine

(1)	(2)	(3)	(4)

3 次の会話を読み，（ 1 ）〜（ 4 ）に入れるのに最も適切なものを，下の①〜⑦のなかから1つずつ選び，その番号を解答欄に記入してください。ただし同じものを複数回用いることはできません。なお，①〜⑦では，文頭にくるものも小文字にしてあります。
（配点 8）

Bertrand : Brigitte ! Toi ici ! Quelle bonne surprise !

Brigitte : Bertrand ! Ce n'est pas possible ! (1).

Bertrand : Mais qu'est-ce que tu fais ici ?

Brigitte : J'habite à Lyon depuis deux ans. Je me suis mariée avec un médecin qui travaille à l'hôpital ici.

Bertrand : Toutes mes félicitations ! Mais (2).

Brigitte : Merci bien. Et toi, qu'est-ce que tu fais ici ?

Bertrand : (3). Je viens inspecter notre entreprise qui vient de s'implanter ici.

Brigitte : Ça fait combien de temps qu'on ne s'est pas vus ?

Bertrand : (4), je crois.

Brigitte : Et on se retrouve ici, dans ce restaurant, à Lyon... Le monde est petit !

① au moins cinq ans

② il y a trois ans

③ je ne le savais pas

④ je n'en reviens pas

⑤ je suis en vacances

⑥ je suis en voyage d'affaires

⑦ je viens de m'installer à Lyon

(1)	(2)	(3)	(4)

178

4 次の花屋での会話を読み，（ 1 ）～（ 4 ）に入れるのに最も適切なものを，下の ①～⑦のなかから1つずつ選び，その番号を解答欄に記入してください。ただし同じもの を複数回用いることはできません。なお，①～⑦では，文頭にくるものも小文字にしてあ ります。（配点 8 ）

    Denise：Bonjour, mademoiselle.

La vendeuse：Bonjour, madame. （ 1 ）?

    Denise：Est-ce que vous avez des tulipes ?

La vendeuse：Désolée, （ 2 ）, madame.

    Denise：Alors des roses, est-ce que vous avez des roses ?

La vendeuse：Bien sûr ! Regardez, elles sont jolies.　Vous en voulez ?

    Denise：Oh... je ne sais pas... c'est cher.　Non, je vais prendre autre chose.

La vendeuse：Alors （ 3 ）? Ils sont très beaux en ce moment.

    Denise：Ils sentent bon ?

La vendeuse：Oui, sentez ! Ils sont superbes.

    Denise：Bon alors, j'en prends sept ; quatre blancs et trois jaunes.

La vendeuse：（ 4 ）?

    Denise：Oui, faites-moi un beau bouquet blanc, jaune et vert ! Je vous dois combien ?

La vendeuse：Dix-huit euros, madame.　Au revoir.

 ① ce n'est pas la saison

 ② c'est la saison

 ③ je n'aime pas les tulipes

 ④ vous désirez

 ⑤ vous n'aimez pas la couleur blanche

 ⑥ vous aimez les lys

 ⑦ vous voulez des feuilles

(1)	(2)	(3)	(4)

5 次の洋服店での会話を読み，（　1　）〜（　4　）に入れるのに最も適切なものを，下の①〜⑦のなかから1つずつ選び，その番号を解答欄に記入してください。ただし同じものを複数回用いることはできません。なお，①〜⑦では，文頭にくるものも小文字にしてあります。（配点　8）

Chrisitine : Bonjour, mademoiselle, （　1　）. Ceux-là ne sont pas mal.

La vendeuse : Oui ; en voilà un rouge.

Jacqueline : Le rouge te plaît ?

Chrisitine : Oui, beaucoup. C'est dommage qu'il soit si cher !

La vendeuse : （　2　）! C'est de la très belle qualité. Essayez-le !

Chrisitine : (sortant du salon d'essayage) : Voilà ! À ton avis, ça va ?

Jacqueline : Très bien ! C'est parfait !

La vendeuse : Et vous, mademoiselle : regardez celui-ci. Il est ravissant.

Jacqueline : Euh non... je suis trop grosse : je trouve que les pantalons ne me vont pas.

La vendeuse : Nous avons de jolies robes, si vous voulez. En voici une blanche ; （　3　）.

Jacqueline : Mais, c'est le rose que j'aime.

Chrisitine : Alors, essaye celle-là à côté ! Elle est rose et （　4　）.

La vendeuse : Oui. Essayez-la !

Jacqueline : Pourquoi pas ?

① celle-ci devrait vous aller

② celui-ci vous va bien

③ elle n'est pas mal non plus

④ mais pas du tout

⑤ je voudrais essayer des pantalons

⑥ je cherche une jolie robe

⑦ si tu veux

(1)	(2)	(3)	(4)

6 次の会話を読み，（ 1 ）〜（ 4 ）に入れるのに最も適切なものを，下の①〜⑦のなかから１つずつ選び，その番号を解答欄に記入してください。ただし同じものを複数回用いることはできません。なお，①〜⑦では，文頭にくるものも小文字にしてあります。
（配点 8）

        M. Dubois : Bonjour, monsieur. Je désire une chambre à un lit, avec douche.

Le réceptionniste : Je regrette, mais toutes nos chambres avec douche sont occupées. (1). L'une est au premier étage, l'autre est au quatrième.

        M. Dubois : Quel est le prix de vos chambres au mois ?

Le réceptionniste : Nous ne louons pas au mois, mais à la journée. La chambre du premier est très belle, elle donne sur l'avenue. Le prix est de 150 euros par jour.

        M. Dubois : Et (2) ?

Le réceptionniste : Elle est petite, mais elle est aussi claire et moins chère : 110 euros par jour.

        M. Dubois : Bon, je prends la chambre à 110 euros.

Le réceptionniste : (3).

        M. Dubois : Oui... Voilà.

Le réceptionniste : Vous avez la chambre 410. (4). L'ascenseur est à droite. Le garçon va monter avec vous. Pierre, conduisez monsieur à la 410 ! Voici ses valises.

        M. Dubois : Merci beaucoup.

① je monte l'escalier

② la chambre du premier

③ la chambre du quatrième

④ nous avons seulement deux chambres libres avec salle de bains

⑤ nous avons une chambre libre avec douche

⑥ veuillez remplir cette fiche

⑦ voici votre clé

(1)	(2)	(3)	(4)

181

7 次の会話を読み，（ 1 ）～（ 4 ）に入れるのに最も適切なものを，下の ① ～ ⑦ のなかから1つずつ選び，その番号を解答欄に記入してください。ただし同じものを複数回用いることはできません。（配点 8）

M. Dufour : Bonjour, monsieur. Jacques Dufour à l'appareil.

L'employée : Oui. Bonjour, monsieur Dufour. （ 1 ）?

M. Dufour : Je pars au Japon, samedi soir et je voudrais acheter des chèques de voyage.

L'employée : （ 2 ）?

M. Dufour : Je voudrais cinq mille dollars.

L'employée : Voulez-vous des chèques de cinquante ou de cent dollars ?

M. Dufour : De cinquante dollars. Et je voudrais aussi une carte de crédit internationale pour mes voyages à l'étranger. （ 3 ）?

L'employée : Oui, bien sûr. （ 4 ）?

M. Dufour : Vendredi, vers deux heures, ça va ?

L'employée : Pas de problème. Apportez votre passeport.

① Combien voulez-vous

② Pour combien de personnes

③ Quand passez-vous les prendre

④ Quand partez-vous au Japon

⑤ Que puis-je faire pour vous

⑥ Vous pouvez la préparer

⑦ Vous pouvez me prêter

(1)	(2)	(3)	(4)

8 次の会話を読み，（ 1 ）～（ 4 ）に入れるのに最も適切なものを，下の①～⑦のなかから１つずつ選び，その番号を解答欄に記入してください。ただし同じものを複数回用いることはできません。なお，①～⑦では，文頭にくるものも小文字にしてあります。
（配点 8 ）

M. Martin : Allô ! Est-ce que je pourrais parler à monsieur Duval, s'il vous plaît ?

La secrétaire : Je suis désolée, monsieur. Il est absent. C'est de la part de qui ?

M. Martin : De monsieur Martin. Est-ce que vous travaillez avec monsieur Duval ?

La secrétaire : Oui. Voulez-vous laisser un message ?

M. Martin : Non merci. （ 1 ）.

La secrétaire : Rappelez dans une demi-heure, monsieur.

M. Martin : Je ne peux pas. （ 2 ）. Et je n'ai pas de portable.

La secrétaire : Alors, voulez-vous que monsieur Duval vous appelle chez vous demain ?

M. Martin : Non, je ne sais pas à quelle heure je serai chez moi. Il risque de ne pas me trouver.

La secrétaire : Alors, （ 3 ）.

M. Martin : C'est ça. Est-ce qu'il sera là demain, vers une heure ?

La secrétaire : Oui.

M. Martin : Pouvez-vous lui dire que je le rappellerai ?

La secrétaire : Entendu. Je lui ferai la commission.

M. Martin : Alors, demain vers une heure. Est-ce qu'il a reçu la lettre que je lui ai envoyée hier ?

La secrétaire : Non, elle est arrivée, mais （ 4 ）. Il ne l'a pas encore ouverte.

M. Martin : Ah, c'est dommage. Enfin, tant pis ! Merci bien, madame. Au revoir.

La secrétaire : Au revoir, monsieur. À votre service.

① après son départ

② avant de rentrer

③ il est arrivé à l'heure

④ il reviendra bientôt

⑤ il vaut mieux que vous rappeliez vous-même

⑥ je pars dans une demi-heure

⑦ je voudrais lui parler directement

(1)	(2)	(3)	(4)

9 次の会話を読み，（　1　）～（　4　）に入れるのに最も適切なものを，下の①～⑦のなかから1つずつ選び，その番号を解答欄に記入してください。ただし同じものを複数回用いることはできません。なお，①～⑦では，文頭にくるものも小文字にしてあります。
（配点　8）

Françoise : Pardon, monsieur, pourriez-vous me renseigner ?

L'agent de police : Mais certainement, mademoiselle !

Françoise : Eh bien, je dois aller à la Défense, mais （　1　）.

L'agent de police : Ce n'est pas difficile ! Vous êtes à pied ?

Françoise : Oui. （　2　）?

L'agent de police : Prenez le RER*, c'est très rapide. Il faut vingt minutes seulement.

Françoise : Comment faut-il faire ?

L'agent de police : D'ici ? Le mieux, c'est d'aller à pied jusqu'au Luxembourg. Et là, vous trouverez le RER. （　3　）. On n'avance pas à cette heure-ci ! Vous verrez, c'est facile.

Françoise : Merci bien.

L'agent de police : Ah, mais attendez ! Il faut prendre la ligne B et changer à ...

Françoise : C'est indiqué, non ? （　4　）.

L'agent de police : Oui, mais il faut regarder sur le plan !

Françoise : Oui, oui, je sais. Merci beaucoup, monsieur.

* RER : 首都圏高速交通網

① à quelle heure est-ce que vous devez y arriver

② je ne sais pas bien où c'est

③ je trouverai bien.

④ ne prenez pas l'autobus

⑤ prenez un taxi

⑥ qu'est-ce qu'il faut faire pour aller là-bas

⑦ si vous voulez, je peux vous aider

(1)	(2)	(3)	(4)

10 次の会話を読み，（　1　）〜（　4　）に入れるのに最も適切なものを，下の①〜⑦のなかから1つずつ選び，その番号を解答欄に記入してください。ただし同じものを複数回用いることはできません。なお，①〜⑦では，文頭にくるものも小文字にしてあります。
（配点　8）

L'interviewer : Marie Moreau, vous êtes une très jeune actrice.
　　　　　　　　（　1　）?

Mlle Moreau : J'aime beaucoup voyager. Vous savez, je n'aime pas beaucoup rester à Paris. J'adore la mer, les promenades en montagne, le ski.

L'interviewer : Et（　2　）?

Mlle Moreau : Oui, je vais au restaurant, au cinéma.

L'interviewer : Vous n'allez pas au théâtre ?

Mlle Moreau : Pas souvent. Je ne déteste pas, mais je préfère la musique.

L'interviewer : （　3　）?

Mlle Moreau : Pas quand elle est trop branchée*! J'aime la mode très féminine. Dans la journée, j'aime les styles décontractés : jean ou collant avec des pulls.

L'interviewer : Et le soir,（　4　）?

Mlle Moreau : De temps en temps, ça m'arrive, même si je m'habille toujours en noir.

* branché：流行の

① à Paris, vous sortez beaucoup

② qu'est-ce que vous aimez faire

③ robe ou pantalon

④ vous aimez la musique classique

⑤ vous allez faire du ski

⑥ vous mettez une tenue très élégante pour sortir

⑦ vous vous intéressez à la mode

(1)	(2)	(3)	(4)

第1回

実用フランス語技能検定模擬試験
試験問題冊子　〈3級〉

問題冊子は試験開始の合図があるまで開いてはいけません。

筆 記 試 験　14時15分 ～ 15時15分
（休憩なし）
聞き取り試験　15時15分から約15分間

　◇問題冊子は表紙を含め16ページ、筆記試験が9問題、聞き取り試験が3問題です。

注 意 事 項

1　途中退出はいっさい認めません。

2　筆記用具は**HBまたはBの黒鉛筆**(シャープペンシルも可) を用いてください。

3　解答用紙の所定欄に、**受験番号**と**氏名**が印刷されていますから、間違いがないか、**確認**してください。

4　**マーク式の解答は、解答用紙の解答欄にマークしてください。**例えば、③の(1)に対して③と解答する場合は、次の例のように解答欄の③にマークしてください。

例	3	解答番号	解　答　欄
		(1)	① ② ●

5　記述式の解答の場合、正しく判読できない文字で書かれたものは採点の対象となりません。

6　解答に関係のないことを書いた答案は無効にすることがあります。

7　解答用紙を折り曲げたり、破ったり、汚したりしないように注意してください。

8　問題内容に関する質問はいっさい受けつけません。

9　不正行為者はただちに退場、それ以降および来季以後の受験資格を失うことになります。

10　**携帯電話等の電子機器の電源は必ず切って、かばん等にしまってください。**

11　**時計のアラームは使用しないでください。**

筆記試験終了後、休憩なしに聞き取り試験にうつります。

1 次の日本語の表現(1)〜(4)に対応するように，（　）内に入れるのに最も適切なフランス語（各1語）を，**示されている最初の文字とともに**，解答欄に書いてください。(配点　8)

(1) カロリーヌ，いい子にしてるんですよ。

(S　　　　　　) sage, Caroline !

(2) 今日は何もすることがない。

Je n'ai (r　　　　　　) à faire aujourd'hui.

(3) どうすればいいのかわからない。

Je ne sais pas (q　　　　　) faire.

(4) 私は工場にフルタイムで勤めている。

Je travaille à (p　　　　　) temps en usine.

2 次の対話(1)～(5)の（　　）内の語を必要な形にして，解答欄に書いてください。(配点　10)

(1) ─Cécile, tu as été au Canada ?

　　─Oui, j'y (aller) il y a trois ans.

(2) ─Je veux visiter Rome.

　　─Alors, il faut que vous y (rester) au moins quinze jours.

(3) ─Mes parents n'aiment pas beaucoup les voyages.

　　─S'ils voyageaient plus souvent, ils (voir) le monde qu'il y a partout.

(4) ─Quand votre mari rentre-t-il ?

　　─D'habitude, il est là vers six heures. (Attendre)-le.

(5) ─Qu'est-ce qu'il faisait avant ?

　　─Il (être) employé de banque.

3

次の (1) ～ (4) の (　　　) 内に入れるのに最も適切なものを，それぞれ ① ～ ③ のなかから 1 つずつ選び，解答欄のその番号にマークしてください。

(配点　8)

(1) Ces chaussures ne me plaisent pas, mais (　　　　　　)-là sont très bien.

　　　① ce　　　　　　　② celles　　　　　③ celui

(2) J'ai (　　　　　　) d'autre à faire ?

　　　① quelque chose　　② quoi　　　　　③ rien

(3) Patrick vient d'avoir un fils, il (　　　　　) est très fier.

　　　① en　　　　　　　② lui　　　　　　③ s'

(4) Vous n'auriez pas un bon conseil à (　　　　　　) donner ?

　　　① me　　　　　　　② se　　　　　　③ te

4 次の(1)～(4)の（　）内に入れるのに最も適切なものを，下の①～⑥の なかから1つずつ選び，解答欄のその番号にマークしてください。ただし， 同じものを複数回用いることはできません。なお，①～⑥では，文頭にくる ものも小文字にしてあります。(配点　8)

(1) Il y a un restaurant (　　　　　　) face du cinéma.

(2) Monsieur Girard est professeur (　　　　　　) mon lycée.

(3) Qu'est-ce que tu feras (　　　　　) le cours ?

(4) (　　　　　) le travail, vous réussirez à votre bac cette année.

　　① à 　　　② après 　　③ avec
　　④ contre 　　⑤ en 　　　⑥ entre

5　例にならい，次の(1)～(4)において，それぞれ①～⑤をすべて用いて文を完成したとき，(　　)内に入るのはどれですか。①～⑤のなかから1つずつ選び，解答欄のその番号にマークしてください。(配点　8)

例：Je ＿＿＿ ＿＿＿ (　　) ＿＿＿ ＿＿＿ la vérité.

　　① disiez　　② me　　③ que　　④ veux　　⑤ vous

　　Je <u>veux</u> <u>que</u> (<u>vous</u>) <u>me</u> <u>disiez</u> la vérité.
　　　　④　　③　　⑤　　②　　①

　　となり，④③⑤②①の順なので，(　　)内に入るのは⑤。

(1)　André ＿＿＿ ＿＿＿ (　　) ＿＿＿ ＿＿＿ sa sœur.

　　① autant　　② bonbons　　③ de　　④ mange　　⑤ que

(2)　Je voudrais savoir ＿＿＿ ＿＿＿ (　　) ＿＿＿ ＿＿＿ comme entrée.

　　① avez　　② ce　　③ pris　　④ que　　⑤ vous

(3)　Notre prochaine ＿＿＿ ＿＿＿ (　　) ＿＿＿ ＿＿＿ dix octobre.

　　① aura　　② le　　③ lieu　　④ réunion　　⑤ vendredi

(4)　Voilà ＿＿＿ ＿＿＿ (　　) ＿＿＿ ＿＿＿ en Espagne.

　　① ans　　② Denise　　③ deux　　④ est　　⑤ que

6   次の(1)〜(4)の**A**と**B**の対話を完成させてください。**B**の下線部に入れるのに最も適切なものを，それぞれ①〜③のなかから1つずつ選び，解答欄のその番号にマークしてください。(配点　8)

(1)   **A** : C'est dommage, il ne fait vraiment pas beau.

　　　B : ＿＿＿＿＿＿＿＿＿＿＿＿＿＿＿＿＿

　　　A : On n'a pas de chance.

　　　① C'est vrai. Il fait vraiment doux pour la saison.

　　　② C'est vrai. Il y a un soleil magnifique.

　　　③ C'est vrai. Regarde le ciel.

(2)   **A** : Et toi, tu voyages comment, en train ou en avion ?

　　　B : ＿＿＿＿＿＿＿＿＿＿＿＿＿＿＿＿＿

　　　A : Ah, pas moi ! C'est tellement plus rapide en avion.

　　　① Moi, je préfère l'avion.

　　　② Moi, je préfère le train.

　　　③ Moi, je prends le train de 14 heures 28.

(3)   **A** : Mon père veut que nous nous mariions le mois prochain.

　　　B : ＿＿＿＿＿＿＿＿＿＿＿＿＿＿＿＿＿

　　　A : À moi aussi.

　　　① Ça me convient.

　　　② C'est toi qui décides.

　　　③ Je suis d'accord avec elle.

(4)   **A** : Vous partez déjà ?

　　　B : ＿＿＿＿＿＿＿＿＿＿＿＿＿＿＿＿＿

　　　A : Alors, transmettez-leur mes amitiés.

　　　① J'ai rendez-vous avec mon amie.

　　　② Je vais partir en vacances pour trois jours.

　　　③ Il faut que j'aille voir mes parents.

7 次の(1)～(6)の（　　　）内に入れるのに最も適切なものを，下の①～⑧のなかから1つずつ選び，解答欄のその番号にマークしてください。ただし，同じものを複数回用いることはできません。(配点　6)

(1) C'est la sœur de mon père ou de ma mère, c'est ma (　　　　　　　　).

(2) Je suis très ami avec mon (　　　　　　　) de palier.

(3) La (　　　　　　　) de son mari lui a fait du chagrin.

(4) Le printemps commence au mois de (　　　　　　　).

(5) On met un (　　　　　　　) pour dormir.

(6) Un (　　　　　　　) anglais prend une photo du château de Versailles.

① guerre　　② juillet　　③ mars　　④ mort
⑤ pyjama　　⑥ tante　　⑦ touriste　　⑧ voisin

8 次の文章を読み，下の(1)〜(6)について，文章の内容に一致する場合は解答欄の①に，一致しない場合は②にマークしてください（配点　6）

Je me lève à six heures chaque matin. Je me prépare un café au lait, je consulte mes e-mails, les dernières nouvelles sur Internet, ensuite, je réveille la famille. J'aide Lucie à s'habiller. À quatre ans, elle est très précoce. Elle adore faire du shopping. Ses frères partagent une chambre à côté. Éric dort dans un lit. Henri l'y rejoint souvent la nuit. Pour le petit déjeuner : grand verre de lait, céréales, pain et tranches de viande froide. Tout le monde me dit : «Vos enfants sont trop minces», mais nous avons une alimentation* très saine, sans graisses et sans rien de sucré. Après le petit déjeuner, les enfants font chacun la vaisselle. Pour que ces gestes soient automatiques, il faut les apprendre dès le plus jeune âge. À sept heures trente, je mets un T-shirt, un jean, et je conduis les deux aînés à l'école. Voir Éric et Henri dans leur classe, si heureux, me remplit de joie. Au retour, je m'arrête au club de gymnastique pour faire du yoga. Je suis écrivain. J'écris rarement le matin parce que, à treize heures, il faut déjà aller chercher les enfants à l'école.

* alimentation：食生活

(1)　筆者は，毎朝起きるとすぐに子どもたちを起こしに行く。

(2)　3人の子どもたちは同じ部屋に寝ている。

(3)　筆者は子どもたちの食生活にとても気をつけている。

(4)　子どもたちは朝食後の後片づけをめいめいするようにしつけられている。

(5)　筆者は，3人の子どもを学校へ送って行ったあと，スポーツジムに立ち寄る。

(6)　筆者は午前中に執筆の仕事をすませてしまう。

9 次の会話を読み，（ 1 ）～（ 4 ）に入れるのに最も適切なものを，下の①～⑦のなかから1つずつ選び，解答欄のその番号にマークしてください。ただし同じものを複数回用いることはできません。（配点 8）

M. Moreau：Bonjour. (1).

Le réceptionniste：Ah, oui, monsieur Moreau. Vous êtes en déplacement pour la société Frantexport, n'est-ce pas ? (2), s'il vous plaît ?

M. Moreau：Oui, voilà mon passeport.

Le réceptionniste：Merci, monsieur. Voulez-vous remplir la fiche ?

M. Moreau：Bien sûr !

Le réceptionniste：Voilà votre clef. Vous avez la chambre 305, avec douche.

M. Moreau：(3) ?

Le réceptionniste：C'est au troisième à gauche en sortant de l'ascenseur. Il y a un ascenseur au fond du couloir.

M. Moreau：À quelle heure est le dîner ?

Le réceptionniste：(4), monsieur.

① À partir de dix-neuf heures

② C'est à quel étage

③ Donnez-moi le numéro de ma chambre

④ J'ai réservé une chambre au nom de Michel Moreau

⑤ Je voudrais réserver une chambre

⑥ Pour combien de personnes

⑦ Vous avez une pièce d'identité

196

聞きとり試験問題
（部分的な書きとりを含む）

15時00分から約15分間

注意事項

1　聞きとり試験は、録音テープで行いますので、テープの指示に従ってください。

2　解答はすべて筆記試験と同じ解答用紙の所定欄に、**HBの黒鉛筆**（シャープペンシルも可）で記入してください。

※聞きとり試験問題の音声は別誌『完全予想仏検3級聞きとり問題編』に付属しているCDに吹き込まれています

197

1 次は、パトリックとナディーヌの会話です。

・1回目は全体をとおして読みます。

・2回目は、ポーズをおいて読みますから、(1)～(5)の部分を解答欄に書きとってください。それぞれの（　　）内に入るのは1語とはかぎりません。

・最後（3回目）に、もう1度全体をとおして読みます。

・読み終えてから60秒、見なおす時間があります。

・数を記入する場合は、算用数字で書いてください。

（メモは自由にとってかまいません）（配点　10）

Patrick　: Tu vas à la (1) chez Christine ?

Nadine　: C'est quand ?

Patrick　: Samedi soir. Il y a un groupe. Ça va être sympa.

Nadine　: D'accord. Tu sais (2) elle habite ?

Patrick　: Oui, ce n'est pas très (3) de la fac.

Nadine　: Tu m'expliques (4) on va chez elle ?

Patrick　: On peut partir ensemble samedi soir.

Nadine　: C'est une (5) . Tu lui as acheté quelque chose ?

Patrick　: Pas encore.

メモ欄

2

・フランス語の文(1)〜(5)を、それぞれ3回聞いてください。

・それぞれの文に最もふさわしい絵を、下の①〜⑨のなかから1つずつ選び、解答欄のその番号にマークにしてください。ただし、同じものを複数回用いることはできません。

（メモは自由にとってかまいません）（配点　10）

(1)

(2)

(3)

(4)

(5)

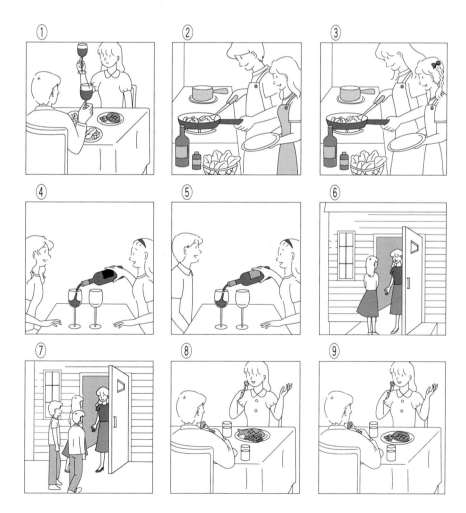

3

・エロディとアランの会話を3回聞いてください。

・次の(1)～(5)について、会話の内容に一致する場合は解答欄の①に、一致しない場合は②にマークしてください。

（メモは自由にとってかまいません）（配点　10）

(1) エロディは2つの良いニュースを知らせた。

(2) エロディは運転免許の試験に落ちた。

(3) エロディが運転免許の試験をうけたのは2回目である。

(4) エロディはミシェルと最近結婚した。

(5) エロディの結婚をアランは祝福している。

メモ欄

第1回 実用フランス語技能検定模擬試験 （3級） 解答用紙

筆記

1
解答番号	解答欄	採点欄
(1)		② ⓪
(2)		② ⓪
(3)		② ⓪
(4)		② ⓪

2
解答番号	解答欄	採点欄
(1)		② ⓪
(2)		② ⓪
(3)		② ⓪
(4)		② ⓪
(5)		② ⓪

3
解答番号	解答欄
(1)	① ② ③
(2)	① ② ③
(3)	① ② ③
(4)	① ② ③

4
解答番号	解答欄
(1)	① ② ③ ④ ⑤ ⑥
(2)	① ② ③ ④ ⑤ ⑥
(3)	① ② ③ ④ ⑤ ⑥
(4)	① ② ③ ④ ⑤ ⑥

5
解答番号	解答欄
(1)	① ② ③ ④ ⑤
(2)	① ② ③ ④ ⑤
(3)	① ② ③ ④ ⑤
(4)	① ② ③ ④ ⑤

6
解答番号	解答欄
(1)	① ② ③
(2)	① ② ③
(3)	① ② ③
(4)	① ② ③

7
解答番号	解答欄
(1)	① ② ③ ④ ⑤ ⑥ ⑦ ⑧
(2)	① ② ③ ④ ⑤ ⑥ ⑦ ⑧
(3)	① ② ③ ④ ⑤ ⑥ ⑦ ⑧
(4)	① ② ③ ④ ⑤ ⑥ ⑦ ⑧
(5)	① ② ③ ④ ⑤ ⑥ ⑦ ⑧
(6)	① ② ③ ④ ⑤ ⑥ ⑦ ⑧

8
解答番号	解答欄
(1)	① ②
(2)	① ②
(3)	① ②
(4)	① ②
(5)	① ②
(6)	① ②

9
解答番号	解答欄
(1)	① ② ③ ④ ⑤ ⑥ ⑦
(2)	① ② ③ ④ ⑤ ⑥ ⑦
(3)	① ② ③ ④ ⑤ ⑥ ⑦
(4)	① ② ③ ④ ⑤ ⑥ ⑦

聞き取り

1
解答番号	解答欄	採点欄
(1)		② ⓪
(2)		② ⓪
(3)		② ⓪
(4)		② ⓪
(5)		② ⓪

2
解答番号	解答欄
(1)	① ② ③ ④ ⑤ ⑥ ⑦ ⑧ ⑨
(2)	① ② ③ ④ ⑤ ⑥ ⑦ ⑧ ⑨
(3)	① ② ③ ④ ⑤ ⑥ ⑦ ⑧ ⑨
(4)	① ② ③ ④ ⑤ ⑥ ⑦ ⑧ ⑨
(5)	① ② ③ ④ ⑤ ⑥ ⑦ ⑧ ⑨

3
解答番号	解答欄
(1)	① ②
(2)	① ②
(3)	① ②
(4)	① ②
(5)	① ②

会 場 名

氏 名

受 験 番 号
⓪①②③④⑤⑥⑦⑧⑨
⓪①②③④⑤⑥⑦⑧⑨
⓪①②③④⑤⑥⑦⑧⑨
⓪①②③④⑤⑥⑦⑧⑨
⓪①②③④⑤⑥⑦⑧⑨

会場コード
⓪①②③④⑤⑥⑦⑧⑨
⓪①②③④⑤⑥⑦⑧⑨
⓪①②③④⑤⑥⑦⑧⑨
⓪①②③④⑤⑥⑦⑧⑨

記入およびマークについての注意事項
1. 解答には必ずHBまたはBの黒鉛筆（シャープペンシル可）を使用してください。
2. 記入は太線の枠内に、マークは〇の中を正確に塗りつぶしてください（下記マーク例参照）。採点欄は塗りつぶさないでください。
3. 訂正の場合は、プラスチック製消しゴムできれいに消してください。
4. 解答用紙を折り曲げたり、破ったり、汚したりしないでください。

マーク例

良い例	悪い例
●	⊗ ✕ ◑ ◓ ◖

第2回

実用フランス語技能検定模擬試験
試験問題冊子　〈３級〉

問題冊子は試験開始の合図があるまで開いてはいけません。

> 筆 記 試 験　14時30分 〜 15時30分
> （休憩なし）
> 聞き取り試験　15時30分から約15分間

◇問題冊子は表紙を含め16ページ、筆記試験が9問題、聞き取り試験が3問題です。

注 意 事 項

1　途中退出はいっさい認めません。

2　筆記用具は**HB**または**B**の黒鉛筆 (シャープペンシルも可) を用いてください。

3　解答用紙の所定欄に、**受験番号**と**氏名**が印刷されていますから、間違いがないか、**確認**してください。

4　**マーク式の解答は、解答用紙の解答欄にマークしてください。**例えば、③の(1)に対して③と解答する場合は、次の例のように解答欄の③にマークしてください。

例

解答番号	解 答 欄
3	
(1)	① ② ●

5　記述式の解答の場合、正しく判読できない文字で書かれたものは採点の対象となりません。

6　解答に関係のないことを書いた答案は無効にすることがあります。

7　解答用紙を折り曲げたり、破ったり、汚したりしないように注意してください。

8　問題内容に関する質問はいっさい受けつけません。

9　不正行為者はただちに退場、それ以降および来季以後の受験資格を失うことになります。

10　**携帯電話等の電子機器の電源は必ず切って、かばん等にしまってください。**

11　**時計のアラームは使用しないでください。**

筆記試験終了後、休憩なしに聞き取り試験にうつります。

1 次の日本語の表現(1)～(4)に対応するように，（　　）内に入れるのに最も適切なフランス語（各1語）を，**示されている最初の文字とともに**，解答欄に書いてください。（配点　8）

(1) いずれ，また近いうちに！

À un de ces (j   ) !

(2) 今から4日後までにはこの仕事を終えているでしょう。

J'aurai terminé ce travail d'(i   ) quatre jours.

(3) この鍵はあわない。

Ce n'est pas la (b   ) clé.

(4) これとは別のタイプがありますか？

Vous avez un (a   ) modèle que celui-ci ?

2 次の対話(1)〜(5)の（　　）内の語を必要な形にして，解答欄に書いてください。(配点　10)

(1) —Il y a eu un grave accident d'avion hier.

　　—Oui, nous (lire) cela dans le journal.

(2) —Je me fais une fête de vous revoir à la soirée.

　　—Moi aussi. Je suis heureux que vous (accepter) mon invitation.

(3) —On va manger au restaurant chinois ce soir ?

　　—Je suis désolée, je ne (pouvoir) pas.

(4) —Qu'est-ce qu'on va faire pendant ces vacances ?

　　—Si on (faire) du vélo au bord d'un lac ?

(5) —Si tu avais l'argent pour le voyage, qu'est-ce que tu visiterais ?

　　—J'(aimer) visiter la Chine.

3 次の(1)～(4)の (　　　) 内に入れるのに最も適切なものを，それぞれ①～③ のなかから1つずつ選び，解答欄のその番号にマークしてください。

(配点　8)

(1) Dépêche-(　　　　　　　) de rentrer, tes parents te cherchent partout.
  ① les　　　　　　② te　　　　　　③ toi

(2) Il n'y a (　　　　　　) dans la classe.
  ① personne　　　② quelque chose　　③ quelqu'un

(3) Le lycée (　　　　　　) nous faisons nos études est devant l'église.
  ① dont　　　　　② où　　　　　③ que

(4) Mes enfants ?　Je ne pars jamais en vacances sans (　　　　　　).
  ① eux　　　　　② les　　　　　③ lui

4 次の(1)～(4)の（　）内に入れるのに最も適切なものを，下の①～⑥のなかから1つずつ選び，解答欄のその番号にマークしてください。ただし，同じものを複数回用いることはできません。（配点　8）

(1) Comment dit-on «Bonjour» (　　　　　　) japonais ?

(2) Il cherche un logement (　　　　　　) Paris.

(3) Je veux boire quelque chose (　　　　　　) chaud.

(4) Je voudrais une chambre (　　　　　　) la mer.

　　　　① avant　　　② chez　　　③ dans
　　　　④ de　　　　⑤ en　　　　⑥ sur

5　例にならい，次の(1)〜(4)において，それぞれ①〜⑤をすべて用いて文を完成したとき，（　　）内に入るのはどれですか。①〜⑤のなかから1つずつ選び，解答欄のその番号にマークしてください。(配点　8)

例：Je ＿＿＿ ＿＿＿ （＿＿） ＿＿＿ ＿＿＿ la vérité.
　　① disiez　② me　　③ que　　④ veux　　⑤ vous

Je <u>veux</u> <u>que</u> (<u>vous</u>) <u>me</u> <u>disiez</u> la vérité.
　　④　　③　　⑤　　②　　①

となり，④③⑤②①の順なので，（　　）内に入るのは⑤。

(1)　Ça ＿＿＿ ＿＿＿ （＿＿） ＿＿＿ ＿＿＿ petit voyage à la campagne ?
　　① de　　　② dit　　　③ faire　　④ un　　　⑤ vous

(2)　François ＿＿＿ ＿＿＿ （＿＿） ＿＿＿ ＿＿＿ il a besoin.
　　① a　　　② acheté　③ dictionnaires　④ dont　　⑤ les

(3)　Je ＿＿＿ ＿＿＿ （＿＿） ＿＿＿ ＿＿＿ après-midi.
　　① ai　　　② attendu　③ l'　　　④ tout　　⑤ vous

(4)　La politique ＿＿＿ ＿＿＿ （＿＿） ＿＿＿ ＿＿＿ tout.
　　① du　　　② intéresse　③ les　　④ ne　　　⑤ pas

208

6 次の(1)～(4)の **A** と **B** の対話を完成させてください。**B** の下線部に入れるのに最も適切なものを，それぞれ①～③のなかから1つずつ選び，解答欄のその番号にマークしてください。（配点　8）

(1)　**A**：Je meurs de faim.

　　B：_____

　　A：Oh, oui, c'est une bonne idée.

　　　①　Ça t'ennuie tellement ?

　　　②　Moi aussi j'ai faim, et j'ai soif aussi.

　　　③　On va manger quelque chose ?

(2)　**A**：On se voit demain ?

　　B：_____

　　A：Alors après-demain ?

　　　①　D'accord, où est-ce qu'on se retrouve ?

　　　②　Je ne peux pas, je suis prise.

　　　③　Non, ce n'est pas possible. Je suis absent de Paris pour quelques jours.

(3)　**A**：Qu'est-ce que c'est que ça ? Il doit y avoir une erreur !

　　B：_____

　　A：Mais j'ai commandé une sole, pas un steak !

　　　①　Mais monsieur, c'est votre numéro de portable !

　　　②　Mais monsieur, c'est votre numéro de table !

　　　③　Mais monsieur, vous avez commandé une table ronde !

(4)　**A**：Qu'est-ce que tu penses de ton expérience à ce village ?

　　B：_____

　　A：Qu'est-ce qui te plaît ?

　　　①　J'ai des problèmes avec mes voisins.

　　　②　Je connais tout le monde ici.

　　　③　J'en suis très contente.

7 次の (1) ～ (6) の (　　) 内に入れるのに最も適切なものを，下の ① ～ ⑧ の
なかから 1 つずつ選び，解答欄のその番号にマークしてください。ただし，
同じものを複数回用いることはできません。(配点　6)

(1) Il aime prendre un bain de soleil sur la (　　　　　　).

(2) Je vais prendre un sandwich au (　　　　　　).

(3) Nous habitons un (　　　　　　) de montagne.

(4) On sort d'une maison par la (　　　　　　).

(5) Où est la (　　　　　　) de métro la plus proche ?

(6) Son bureau est au bout du (　　　　　　).

① couloir　　② jambon　　③ lit　　④ plage
⑤ porte　　⑥ station　　⑦ vent　　⑧ village

次の文章を読み，下の(1)～(6)について，文章の内容に一致する場合は解答欄の①に，一致しない場合は②にマークしてください（配点　6）

J'ai grandi à Lille, cette ville industrielle située au nord de Paris. Et aujourd'hui encore, bien que j'habite Montpellier depuis l'âge de dix-neuf ans, je me sens profondément un homme du Nord.

Mon père était médecin, et pendant les quinze premières années de ma vie, nous avons vécu dans un appartement situé au-dessus de son cabinet, dans un quartier à cent pour cent ouvrier. Je suis allé à l'école primaire et ensuite au lycée de ce même quartier. Ainsi j'ai grandi, petit garçon de la classe moyenne, dans un milieu ouvrier. Mais je ne suis pas arrivé à me faire à la vie scolaire, je supportais mal les rapports avec mes camarades de classe, les jeux brutaux de la récréation*, le rôle de souffre-douleur** qui pesait parfois sur moi. J'ai pensé à prendre ma revanche en classe. Devenir premier prenait à mes yeux de l'autorité. En travaillant beaucoup, j'ai été reçu au certificat d'études primaires avec une mention «très bien» rarement attribuée. Désormais, mes camarades ont modifié leur attitude à mon égard.

* récréation：休み時間

** souffre-douleur：いじめられっ子

(1) 筆者は今でも自分が生まれ故郷の血をひいていると感じる。

(2) 筆者たちが住むアパルトマンは，医者だった父親の病院から歩いて数十分のところにあった。

(3) 筆者は医者の息子として，とても裕福な少年時代を過ごした。

(4) 筆者はなかなか学校生活になじめなかった。

(5) 筆者は，クラスメイトを見返すために猛勉強した。

(6) 筆者はクラスでトップの成績をとったが，クラスメイトの態度に変化はなかった。

9 次の会話を読み，（　1　）〜（　4　）に入れるのに最も適切なものを，下の①〜⑦のなかから1つずつ選び，解答欄のその番号にマークしてください。ただし同じものを複数回用いることはできません。なお，①〜⑦では，文頭にくるものも小文字にしてあります（配点　8）

Françoise : Oh là là ! Qu'est-ce que tu as ?

Karine : Je me suis cassé le bras !

Françoise : Je vois ! (　1　) ?

Karine : C'est vraiment bête, je suis tombée dans l'escalier.

Françoise : Dans l'escalier ?

Karine : Mais oui, vendredi dernier, je suis descendue pour faire mes courses, j'étais assez pressée. (　2　) et je me suis retrouvée un étage plus bas. Et voilà ! Un bras cassé !

Françoise : Bien dis donc ! Ça fait mal ?

Karine : Non, mais (　3　).

Françoise : Pas de chance ! Si tu as quelque chose à me demander, (　4　).

Karine : Merci, mais mon mari m'aide beaucoup.

① ça me gêne
② comment tu as fait ça
③ j'ai eu un accident de voiture
④ j'ai raté une marche
⑤ n'hésite pas à me téléphoner
⑥ quand est-ce que tu t'es cassé le bras
⑦ tu dois partir

212

聞きとり試験問題
（部分的な書きとりを含む）

15時00分から約15分間

注 意 事 項

1　聞きとり試験は、録音テープで行いますので、テープの指示に従ってください。
2　解答はすべて筆記試験と同じ解答用紙の所定欄に、**HBの黒鉛筆**（シャープペンシルも可）で記入してください。

※聞きとり試験問題の音声は別誌『完全予想仏検3級聞きとり問題編』に付属している CD に吹き込まれています

次は、ホテルのフロントでの会話です。

・1回目は全体をとおして読みます。

・2回目は、ポーズをおいて読みますから、（ 1 ）〜（ 5 ）の部分を解答欄に書きとってください。それぞれの（　）内に入るのは1語とはかぎりません。

・最後（3回目）に、もう1度全体をとおして読みます。

・読み終えてから60秒、見なおす時間があります。

・数を記入する場合は、算用数字で書いてください。

（メモは自由にとってかまいません）（配点　10）

L'hôtelier	:	Oh! Bonjour, madame. Vous partez ?
Madame Dupré	:	Bonjour, monsieur. Vous pouvez préparer notre (1), s'il vous plaît ?
L'hôtelier	:	Vous partez tout de suite ?
Madame Dupré	:	Oui.
L'hôtelier	:	Je vous la prépare (2)… Voilà, madame, deux nuits, pour deux (3), chambre et petit déjeuner, et quatre menus à 12 euros ; (4) euros, madame.
Madame Dupré	:	Vous acceptez les (5) ?
L'hôtelier	:	Bien sûr, madame. Un instant, je vous prie… Très bien, madame.
Madame Dupré	:	Au revoir, monsieur, merci.
L'hôtelier	:	Au revoir, messieurs-dames, bon voyage.

メモ欄

214

2

・フランス語の文(1)～(5)を、それぞれ3回聞いてください。

・それぞれの文に最もふさわしい絵を、下の①～⑨のなかから1つずつ選び、解答欄のその番号にマークにしてください。ただし、同じものを複数回用いることはできません。

（メモは自由にとってかまいません）（配点　10）

(1)

(2)

(3)

(4)

(5)

3

・ヴァンサン夫人とアパルトマンの管理人の会話を3回聞いてください。

・次の(1)～(5)について、会話の内容に一致する場合は解答欄の ① に、一致しない
　場合は ② にマークしてください。

　（メモは自由にとってかまいません）（配点　10）

(1)　ヴァンサン家の人たちは引っ越して来たアパルトマンにすっかり慣れてしまった。

(2)　ヴァンサン夫人には9歳になる娘と5歳になる息子がいる。

(3)　ヴァンサン夫人は娘については友だちが多いので安心している。

(4)　ヴァンサン夫人は息子に友だちができないことを心配している。

(5)　管理人の子どもたちは全員結婚している。

〜〜〜〜〜〜〜〜〜〜〜〜〜〜〜〜〜〜〜〜〜〜〜〜〜〜〜〜〜〜〜〜〜〜〜〜〜〜〜

メモ欄

第2回 実用フランス語技能検定模擬試験（3級） 解答用紙

会場名

氏名

受験番号

⓪ ① ② ③ ④ ⑤ ⑥ ⑦ ⑧ ⑨	
⓪ ① ② ③ ④ ⑤ ⑥ ⑦ ⑧ ⑨	
⓪ ① ② ③ ④ ⑤ ⑥ ⑦ ⑧ ⑨	
⓪ ① ② ③ ④ ⑤ ⑥ ⑦ ⑧ ⑨	
⓪ ① ② ③ ④ ⑤ ⑥ ⑦ ⑧ ⑨	
⓪ ① ② ③ ④ ⑤ ⑥ ⑦ ⑧ ⑨	

会場コード

⓪ ① ② ③ ④ ⑤ ⑥ ⑦ ⑧ ⑨	
⓪ ① ② ③ ④ ⑤ ⑥ ⑦ ⑧ ⑨	
⓪ ① ② ③ ④ ⑤ ⑥ ⑦ ⑧ ⑨	

記入およびマークについての注意事項

1. 解答には必ずHBまたはBの黒鉛筆（シャープペンシル可）を使用してください。
2. 記入は太線の枠内に、マークは◯の中を正確に塗りつぶしてください（下記マーク例参照）。採点欄は塗りつぶさないでください。
3. 訂正の場合は、プラスチック製消しゴムできれいに消してください。
4. 解答用紙を折り曲げたり、破ったり、汚したりしないでください。

マーク例
良い例	悪い例
●	◑ ⊗ ◐ ⊖

筆記

1

解答番号	解答欄	採点欄
(1)		⓪ ②
(2)		⓪ ②
(3)		⓪ ②
(4)		⓪ ②

2

解答番号	解答欄	採点欄
(1)		⓪ ②
(2)		⓪ ②
(3)		⓪ ②
(4)		⓪ ②
(5)		⓪ ②

3

解答番号	解答欄
(1)	① ② ③ ④
(2)	① ② ③ ④
(3)	① ② ③ ④
(4)	① ② ③ ④

4

解答番号	解答欄
(1)	① ② ③ ④ ⑤ ⑥
(2)	① ② ③ ④ ⑤ ⑥
(3)	① ② ③ ④ ⑤ ⑥
(4)	① ② ③ ④ ⑤ ⑥

5

解答番号	解答欄
(1)	① ② ③ ④ ⑤
(2)	① ② ③ ④ ⑤
(3)	① ② ③ ④ ⑤
(4)	① ② ③ ④ ⑤

6

解答番号	解答欄
(1)	① ② ③ ④ ⑤
(2)	① ② ③ ④ ⑤
(3)	① ② ③ ④ ⑤
(4)	① ② ③ ④ ⑤

7

解答番号	解答欄
(1)	① ② ③ ④ ⑤ ⑥ ⑦ ⑧
(2)	① ② ③ ④ ⑤ ⑥ ⑦ ⑧
(3)	① ② ③ ④ ⑤ ⑥ ⑦ ⑧
(4)	① ② ③ ④ ⑤ ⑥ ⑦ ⑧
(5)	① ② ③ ④ ⑤ ⑥ ⑦ ⑧
(6)	① ② ③ ④ ⑤ ⑥ ⑦ ⑧

8

解答番号	解答欄
(1)	① ②
(2)	① ②
(3)	① ②
(4)	① ②
(5)	① ②
(6)	① ②

9

解答番号	解答欄
(1)	① ② ③ ④ ⑤ ⑥ ⑦
(2)	① ② ③ ④ ⑤ ⑥ ⑦
(3)	① ② ③ ④ ⑤ ⑥ ⑦
(4)	① ② ③ ④ ⑤ ⑥ ⑦

聞き取り

1

解答番号	解答欄	採点欄
(1)		⓪ ②
(2)		⓪ ②
(3)		⓪ ②
(4)		⓪ ②
(5)		⓪ ②

2

解答番号	解答欄
(1)	① ② ③ ④ ⑤ ⑥ ⑦ ⑧ ⑨
(2)	① ② ③ ④ ⑤ ⑥ ⑦ ⑧ ⑨
(3)	① ② ③ ④ ⑤ ⑥ ⑦ ⑧ ⑨
(4)	① ② ③ ④ ⑤ ⑥ ⑦ ⑧ ⑨
(5)	① ② ③ ④ ⑤ ⑥ ⑦ ⑧ ⑨

3

解答番号	解答欄
(1)	① ②
(2)	① ②
(3)	① ②
(4)	① ②
(5)	① ②

著者紹介
富田　正二（とみた　しょうじ）
1951年熊本生まれ。1979年，中央大学大学院
文学研究科仏文学専攻博士課程満期退学。
中央大学，法政大学，獨協大学ほか元講師。
仏検対策に関する著書多数。ジョルジュ・ポ
リツェル「精神分析の終焉―フロイトの夢理
論批判」，ジャン＝リュック・ステンメッツ
「アルチュール・ランボー伝」（共訳，水声
社）など。

＜新訂二版＞完全予想　仏検3級
― 筆記問題編 ―

2024.7.1　新訂二版1刷発行

著　　者　　Ⓒ富田正二
発 行 者　　上野名保子
発 行 所　　株式会社　駿河台出版社
〒101-0062 東京都千代田区神田駿河台3の7
電話03(3291)1676　FAX03(3291)1675

製版・フォレスト　印刷・三友印刷

ISBN978-4-411-00573-1　C1085

http://www.e-surugadai.com